TEXTOS DE ECONOMÍA

EL CAMINO MEXICANO DE LA TRANSFORMACIÓN ECONÓMICA

PEDRO ASPE ARMELLA

EL CAMINO MEXICANO DE LA TRANSFORMACIÓN ECONÓMICA

CÁTEDRA EN EL CICLO DE CONFERENCIAS
THE LIONEL ROBBINS LECTURES 1992
DE LA LONDON SCHOOL OF ECONOMICS

FONDO DE CULTURA ECONÓMICA
MÉXICO

Primera edición en español (del autor), 1993
Primera edición en inglés (MIT),   1993
Segunda edición en español (FCE),   1993

D. R. © 1993, Pedro Aspe Armella
ISBN 908-806-596-X

Título en inglés:
Economic Transformation: The Mexican Way
D. R. © 1993, MASSACHUSETTS INSTITUTE OF TECHNOLOGY, 55 Hayward Street, Cambridge
ISBN 0-262-01135-2

D. R. © 1993, FONDO DE CULTURA ECONÓMICA, S. A. de C. V.
Carretera Picacho-Ajusco, 227; 14200 México, D. F.

ISBN 968-16-4245-7

Impreso en México

Para SOFÍA, MÓNICA, PEDRO y CARLOS,
esperando que vivan en un México
más justo y más próspero.

PREFACIO

En la Nochebuena de 1990 recibí una agradable aunque inesperada llamada. Al otro lado de la línea se encontraba mi buen amigo Richard Layard, quien deseaba darme una magnífica noticia: el Comité Lionel Robbins de la London School of Economics me invitaba para que fuese su ponente en 1992. Cuando finalizamos nuestra conversación, no solamente estaba emocionado por el honor de esta distinción sino también conmovido por los recuerdos de la influencia que tuvieron los escritos del profesor Robbins sobre mi carrera como estudiante de economía, profesor y servidor público.

Es necesario regresar al inicio de mi experiencia como economista para rastrear lo que aprendí de las ideas de Lionel Robbins. Fue durante mi primer curso sobre economía que leí su *Teoría de la política económica*. A partir de entonces me parece que debí haber estudiado cada una de las obras que salieron de su fértil pluma: *El economista en el siglo veinte, Autobiografía de un economista, Un ensayo sobre la naturaleza* y *Significado de la ciencia económica* y una amplia sucesión de artículos, tan constructivos como polémicos, que elaboró para numerosas revistas especializadas.

En muchos aspectos me parece que el profesor Robbins es uno de los economistas más sobresalientes de nuestro tiempo. Su visión sobre el papel que el Estado y la política económica tienen sobre el crecimiento económico y el bienestar de los pueblos, antecedió a la gran cantidad de cambios vertiginosos de los que ahora somos testigos en la mayoría de los países. Hace casi medio siglo, el debate entre las políticas económicas keynesianas y clásicas parecían dividir las opciones para las economías de mercado entre una fuerte presencia estatal en cada área o un predominio sin restricciones del mercado por encima de las necesidades sociales. Robbins fue el único en establecer que no correspondía al Estado intervenir cuando los mercados pueden, de manera más eficiente, asignar los recursos y distribuir el ingreso. Sin embargo, también indicó que era igualmente imprudente limitar la capacidad del Estado para regular los mercados cuando éstos no ofrecen igual acceso a cada individuo, o permanecen ciegos ante las realidades de la pobreza y la marginación. En la medida en que la política económica se ha emparejado con la realidad de nuestro tiempo, las ideas de los economistas políticos como Robbins adquieren una nueva dimensión social e inspiran para generar una mayor equidad y riqueza dentro de la sociedad.

Hace casi 9 años México eligió el camino hacia la modernización. En el momento en que nos encontrábamos inmersos en la confusión de una crisis económica y engañados por el espejismo de nuestro Estado paternalista, retornamos a nuestros principios fundamentales y tuvimos que definir la manera en que las fuerzas productivas de nuestro país tendrían que reorganizarse para producir bienes y servicios y ofrecer los beneficios del crecimiento a todos los miembros de la sociedad.

Tal vez la razón por la cual me conmovieron tanto las cándidas, pero profundas explicaciones del profesor Robbins, tenga algo que ver con las contradicciones que encontré entre el proyecto nacional mexicano, como está establecido en nuestra Constitución, y la forma en que como Nación buscábamos lograrlo. Nuestro objetivo es y seguirá siendo permanecer como una nación soberana. Sin embargo, respondimos al llamado de la soberanía aislándonos de nuevas ideas en lugar de interpretar que la soberanía en un mundo integrado, se logra a partir de la innovación, la imaginación, la competencia y la cooperación.

El objetivo constitucional de México es un objetivo democrático, adquirido no sólo a partir del libre acceso a las urnas electorales y la libertad de expresión, sino también por el derecho a la educación, a un trabajo, a un salario justo, a realizar actividades empresariales, a tener buena salud, a una pensión adecuada, a viviendas dignas y a satisfacer otras necesidades básicas. Nuestra falla al llevar a cabo este mandato radicó en la idea de que el Estado, por sí solo, tenía que proveer todo, sin respeto a las iniciativas y creatividad de los individuos y de la sociedad civil.

La modernización, como se está llevando a cabo en México, no es un concepto abstracto para un debate académico; por el contrario, contiene una profunda dimensión social. Es el compromiso de respetar las iniciativas de la comunidad y la promoción de logros individuales; se basa en la inevitable necesidad de elevar la importancia del ciudadano, de organizar mejor la edificación y manejo del Estado y del gobierno. Está enfocado hacia el fortalecimiento de México por medio de la unidad, del progreso y de la justicia social. Mi generación se educó dentro de un contexto en el que una mayor presencia del Estado era considerada como sinónimo de una mayor justicia social. Durante muchos años, cuando fue necesario promover la industrialización del país, el Estado creó empresas y entidades públicas para canalizar recursos y subsidios. Compró compañías que se encontraban en dificultades financieras para salvar empleos y apoyar la producción.

A partir de la evidencia proporcionada por los años de crisis, ahora podemos decir que éstas no siempre fueron las mejores decisiones. Sabemos que un Estado grande no es siempre un Estado más capaz. En realidad, en el caso de México, un Estado más grande significó la reducción de su eficiencia para responder a las necesidades sociales de nuestros compatriotas y finalmente resultó en un Estado más débil. Mientras que la actividad productiva del sector público aumentó, la atención hacia problemas de agua potable, salud, inversiones agrícolas, nutrición, vivienda, medio ambiente e impartición de justicia se deterioró rápidamente. La estabilización de la economía a partir de un manejo realista del presupuesto, la privatización de empresas paraestatales, la reforma fiscal, la desregulación económica, la reforma financiera, la liberalización del comercio, la renegociación de la deuda externa y el fortalecimiento de la tenencia de la tierra, es el nuevo camino con el que el pueblo de México y su gobierno están llevando a cabo una ambiciosa Reforma del Estado. Estamos enfrentando el reto de la transición hacia una economía y una sociedad abiertas. Al abandonar su papel de propietario, el Estado ha asumido una mayor solidaridad con las necesidades de los que menos tienen.

Puedo afirmar, con Robbins, que he tenido la gran oportunidad de haber vivido en un periodo de extensos cambios en la historia económica de mi país y ha sido mi buena fortuna observar parte de ella desde una posición privilegiada. El propósito de este libro es presentar un relato sobre la forma en que México está efectuando esta transición.

Como lo interpreto, Lionel Robbins acostumbraba comentar a cualquiera que trabajara con él, que mientras la descripción de política económica, en un momento dado, nos puede ayudar a entender cómo interactúan los diferentes elementos de la sociedad, es solamente por medio de la historia económica que se puede entender por qué estas relaciones existen de la manera en que lo hacen. Haciendo uso de este valioso comentario, decidí preparar estas conferencias observando los desarrollos recientes en México desde una perspectiva de largo plazo, especialmente en cuanto a cambios estructurales.

En la primera conferencia narro la experiencia de la estabilización macroeconómica en México, con especial énfasis en sus aspectos económicos, políticos y sociales. El éxito alcanzado en términos de estabilización, producción y empleo, especialmente durante los últimos cuatro años, ha sido tanto el resultado de una estricta disciplina fiscal y monetaria como de las ordenadas negociaciones y consenso de obreros, campesinos, empresarios y el gobierno a través de los canales institucionales existentes.

En la segunda conferencia (capítulos dos, tres y cuatro), el análisis de la economía mexicana se enfoca a los aspectos estructurales de la Reforma del Estado con respecto al sector externo y la eficiencia e impacto distributivo de la reforma fiscal y financiera. Se muestra, además, cómo la participación de la sociedad se ha incrementado por el ajuste macroeconómico y ahora se encuentra reemplazando al gobierno en su papel de motor del crecimiento económico.

Finalmente, en la tercera conferencia (capítulo cinco), resumo la manera en que estos cambios han traído consigo profundas transformaciones a la economía, por lo que ahora se encuentra mejor preparada para enfrentar la incertidumbre de un mundo de rápidos cambios y para responder de manera más efectiva ante las necesidades sociales de nuestra población.

I. AJUSTE MACROECONÓMICO Y CONCERTACIÓN SOCIAL. EL PROGRAMA DE ESTABILIZACIÓN EN MÉXICO (1983-1991)

PARA muchos países en vías de desarrollo, la década pasada representó el prolongado esfuerzo por restablecer la estabilidad de precios y consolidar la base de un crecimiento económico sostenido. Desafortunadamente, después de reiteradas tentativas de estabilización basadas en la corrección parcial de los desequilibrios presupuestales y de balanza de pagos, es frecuente que algunas economías enfrenten nuevamente una hiperinflación, debilitadas por la fuga de capitales y por la desintegración de sus sistemas financieros, viéndose inmersas en procesos recesivos muy serios que deterioran, de manera acelerada y desigual, los niveles de vida de la población.

Desde el punto de vista del diseño y evaluación de la política económica, no siempre puede afirmarse que estas economías llegaron a esa precaria situación simplemente porque sus gobiernos no estuvieron dispuestos a seguir las medidas de estabilización convencionales, apoyadas en la austeridad financiera y la realineación del tipo de cambio real. De hecho, el problema para las autoridades de estos países se agravó cuando, a pesar de todos los intentos por llevar a cabo estos ajustes, sus resultados fueron muy limitados. Por lo mismo, ha sido indispensable buscar medios no recesivos para controlar la inflación.

Desde 1985, varios países en desarrollo como Bolivia, Israel y México decidieron buscar alternativas a los programas convencionales de ajuste de la demanda agregada. Con el fin de detener una inflación alta y persistente, introdujeron una serie de medidas de política de ingresos como complemento a las políticas fiscal y monetaria. Estos programas de estabilización "no ortodoxos", representan un cambio profundo en la forma en que quienes diseñan los programas económicos interpretan las relaciones económicas fundamentales. Desde esta perspectiva, la dinámica de los precios, salarios, de organización industrial y las características reglamentarias e institucionales de los mercados de divisas y financiero, ayudan a explicar tanto las causas de una inflación elevada y persistente como los desequilibrios fiscales y monetarios. La concepción y aplicación de los programas mencionados parten de la idea que las políticas monetaria y de gasto público no son capaces de reducir la inflación y evitar, al mismo tiempo, una profunda recesión. Para lograr una estabilización exitosa es necesario corregir la inercia de la inflación y la debilidad estructural de los sistemas económicos.

Con el propósito de explicar la relación entre el desarrollo institucional y el desarrollo macroeconómico de la economía mexicana, este capítulo se ha dividido en cuatro secciones. La primera se ocupa de los principales aspectos de las crisis inflacionarias y recesivas en los países en vías de desarrollo. Se hace especial hincapié en la influencia de los mercados imperfectos, la rigidez presupuestal y la dinámica de los contratos de precios y salarios sobre la severidad y duración de las crisis. En la segunda sección se comparan las teorías de estabilización para los países en vías de desarrollo, desde el punto de vista heterodoxo de los programas de cambio estructural; en ella, se explicarán también el alcance y los límites de las políticas monetaria, fiscal y cambiaria. La tercera sección presenta los antecedentes del Pacto de Solidaridad Económica (PSE) y describe las características de la economía mexicana entre 1982 y 1987. Finalmente, en la cuarta sección se elabora un resumen del planteamiento y aplicación de la política macroeconómica en el último año de gobierno del Presidente Miguel de la Madrid y los primeros tres de su sucesor Carlos Salinas de Gortari. Se pone especial atención al manejo de la política monetaria, fiscal, comercial y de precios y salarios, así como el papel de la opinión pública y las expectativas en la consolidación del programa de estabilización.

1. Inflación y estabilización en las economías en desarrollo: cronología de la ruta típica hacia una crisis

En los países en desarrollo, las experiencias en torno a la inflación presentan numerosas semejanzas. Un análisis de éstas nos puede ayudar a entender mejor su dinámica y persistencia. La cronología de las crisis de los ochenta, en la mayoría de los casos, comienza con una fase de aceleración del crecimiento de la demanda agregada, casi siempre originada por déficit presupuestales que trastornan la estabilidad del tipo de cambio y de precios. En sus comienzos, este incremento en el gasto público y en el déficit fiscal tiene efectos parciales en la inflación interna; ello se debe, en buena medida, al hecho de que el crecimiento acelerado de las importaciones en los sectores público y privado va acompañado por una mayor contratación de deuda externa.

Durante esta etapa hay crecimiento económico, una apreciación del tipo de cambio real y una mejoría sustancial en el nivel de vida; el consumo per cápita aumenta, así como los salarios reales, y se reducen las tasas de desempleo y subempleo. Por lo común, los primeros efectos negativos del desequilibrio fiscal y de la deuda externa se resienten en el sector financiero. En parte, esto obedece a que el cambio del crecimiento estable a la fase de aceleración no está respaldado por una flexibilidad correspondiente en el sistema financiero. La insuficiencia del ahorro total y de la intermediación financiera se agrava por la falta de un mercado de dinero eficiente,[1] tasas de interés controladas y un sistema bancario excesivamente regulado.[2] Cuando las tasas de interés no reflejan la magnitud de los desequilibrios acumulados, la balanza de pagos comienza a ser dominada por las fugas de capitales.[3] Como consecuencia de estas distorsiones, miles de millones de dólares[4] de los créditos al sector público y de la banca comercial son "reciclados" hacia el exterior. Entre tanto, la mejoría en el tipo de cambio real ofrece al público una excelente oportunidad para obtener ganancias de capital, alterando la composición de sus carteras en favor de instrumentos denominados en moneda extranjera.[5]

Finalmente, cuando el déficit en cuenta corriente y la fuga de capitales han consumido tanto las reservas internacionales como las nuevas fuentes de financiamiento provenientes del exterior, el banco central se retira del mercado de divisas. Se produce una devaluación importante de los tipos de cambio nominal y real y es necesario buscar en el exterior fondos de emergencia. En la mayoría de los casos, el acceso a estos fondos se condiciona a la adopción de programas de estabilización concertados con el Fondo Monetario Internacional (FMI), en los cuales se plantean recortes considerables en el gasto público, realineación de precios relativos —incluyendo precios y tarifas del sector público—, la modificación de los controles de precios en los sectores rezagados y el compromiso de mantener políticas de crédito restrictivas, así como un tipo de cambio real subvaluado.

La recesión resultante ejerce efectos desiguales en los diferentes sectores de la población. La carga del programa de ajuste tiende a concentrarse sobre las clases trabajadoras, no sólo porque se eliminan los subsidios, sino porque el capital tiene mayor movilidad que el trabajo. En consecuencia, cuando los controles de cambios no funcionan se dificulta aún más la realineación del tipo de cambio real sin bajar los salarios reales.[6] El ajuste monetario y fiscal[7] tiene otros efectos recesivos cuando los efectos redistributivos de la crisis reducen aún más el ingreso disponible en los sectores con un alto gasto. Al descender la producción, la inflación se acelera y golpea aún más a la clase

---

[1] En México, las primeras operaciones de mercado abierto para la regulación monetaria no ocurrieron sino hasta 1978.

[2] McKinnon (1973), McKinnon y Mathieson (1981), Fry (1988) y Lanyi y Scorogulu (1983).

[3] Anaud y Van Winjbergen (1988), Van Winjbergen (1985), Hierro (1988), Deppler y Williamson (1987) y Dornbusch y Reynoso (1989).

[4] Recuérdese que la definición estadounidense de billón equivale a mil millones.

[5] Eaton (1987), Ramírez Rojas (1985).

[6] Díaz Alejandro (1981).

[7] Krugman y Taylor (1978).

trabajadora. Aunque el ajuste fiscal sea compatible con la restricción de la balanza de pagos, resulta insuficiente debido a las limitadas fuentes de financiamiento no inflacionario y/o al efecto real que la depreciación del tipo de cambio ejerce sobre la deuda pública. Sin embargo, en muchos otros casos el estancamiento, junto con la inflación, refleja costos de insumos más elevados debidos al efecto recesivo del ajuste del tipo de cambio sobre la oferta agregada.

Una vez terminada la primera fase del programa de estabilización, el país se ve inmerso en una profunda recesión y la inflación es más alta y persistente que antes de la crisis.[8] Consecuentemente, parecería que fuera necesaria una recesión aún mayor para hacer retroceder la inflación hasta el nivel en que se encontraba antes del colapso. Desde la perspectiva de las cuentas externas, las políticas de ajuste macroeconómico producen resultados rápidos. La cuenta corriente muestra un importante superávit debido a la caída en las importaciones, mientras que se alienta la repatriación de capitales ante una reducción en la tasa esperada de devaluación.

En cada caso, la persistencia de la inflación depende de factores estructurales.[9] La devaluación inicial produce un gran efecto en el nivel general de precios. Todos los bienes comerciables aumentan de precio en proporción con la devaluación; mientras el incremento en el precio de bienes de uso intermedio y de capital importados aumenta los costos de producción. El incremento inicial de precios se acompaña del alza desfasada de los salarios contractuales, que tratan de recuperar el poder adquisitivo. A esta elevación en los salarios nominales seguirá otra etapa de incrementos de precios. Los efectos del colapso cambiario ponen en movimiento una espiral precios-salarios-precios, de manera que un ajuste "de una vez por todas", como una maxidevaluación del tipo de cambio, se traduce en tasas aún más elevadas de inflación.

Al mismo tiempo, la mejoría en la balanza de pagos permite al banco central acumular reservas, con lo cual se puede aplicar una estrategia antiinflacionaria que, basada en la fijación del tipo de cambio nominal, espera se propicie una apreciación moderada y temporal del tipo de cambio real. Durante cierto tiempo las autoridades monetarias dejan de responder a los aumentos de salarios nominales con incrementos proporcionales en el tipo de cambio nominal, en la creencia de que la desaceleración de la inflación en bienes e insumos comerciables podría tener repercusiones en los precios de otros factores primarios. Aunque la inflación se desacelera, la inercia causada por los contratos indizados "ex-post" causa un incremento en los salarios reales y da lugar a una apreciación del tipo de cambio real. Esta estrategia de estabilización, conocida como "aterrizaje suave", suele conducir

[8] Van Winjbergen (1988), Reynoso *et al.* (1990).
[9] Taylor (1979), (1980), Fischer (1977), (1979), (1988).

a una nueva crisis en la balanza de pagos antes de alcanzar los objetivos de reducir la inflación.

De esta manera, sólo si se cuenta con reservas suficientes y/o con ahorro externo, o si los contratos se realizan de acuerdo con la evolución esperada a futuro de la economía, la inflación puede "aterrizar" gradualmente. Por el contrario, si no se cumplen estas condiciones, habrá una nueva crisis que requerirá de un nuevo programa de ajuste basado en una mayor austeridad fiscal y monetaria, con la consiguiente frustración e incredulidad de toda la sociedad.

2. TEORÍA NEOCLÁSICA Y ESTABILIZACIÓN EN LOS PAÍSES EN VÍAS DE DESARROLLO

2.1 La inflación en los países desarrollados y en los países en vías de desarrollo

La teoría económica neoclásica establece algunos principios esenciales para el manejo macroeconómico de economías monetarias, los cuales son aplicables tanto a los países industrializados como a los que están en vías de desarrollo. Por ejemplo, no hay alternativa para la disciplina monetaria y fiscal como condiciones necesarias para el crecimiento con estabilidad de precios. Sin embargo, para la teoría macroeconómica neoclásica, concebida en el contexto de instituciones en países desarrollados, es difícil explicar y proponer soluciones a los procesos inflacionarios de países en vías de desarrollo.

Al observar el periodo de la posguerra puede concluirse que en los países en desarrollo la inflación es generalmente más elevada, más volátil y, por tanto, más difícil de controlar que en las naciones industrializadas. Aun cuando estos contrastes pueden ser explicados, en parte, por el comportamiento y credibilidad diferentes de las políticas monetarias y fiscales entre los países, entran en juego también aspectos institucionales. En primer lugar, las estructuras financieras en los países en desarrollo les hicieron depender más del impuesto inflacionario para cubrir sus déficit públicos. Por ejemplo, la ausencia de un mercado de dinero dificulta cubrir los compromisos fiscales mediante el ahorro voluntario.[10] Con respecto a la volatilidad de la inflación, los países en vías de desarrollo son muy sensibles a las variaciones en los términos de intercambio y a las interrupciones en los flujos de fondos provenientes del exterior, pues dependen en gran medida de la inversión extranjera y exportan sólo una gama limitada de productos. Existen también importantes diferencias en los mecanismos de transmisión. En los países industrializados un desequilibrio en la cuenta corriente, provocado ya sea por un incremento autónomo en la absorción doméstica o

[10] Fry (1988), Fischer (1988).

por un desarrollo desfavorable en las cuentas comerciales, da lugar a altas tasas de interés que atraen el flujo de recursos necesarios para cubrir la brecha. Sin embargo, en casos de represión financiera, las tasas de interés son rígidas. Esto significa que si el país no puede obtener cantidades suficientes de inversión extranjera, aún con fluctuaciones transitorias en las variables exógenas, se verá forzado a recurrir a una devaluación y a una inflación más elevada.

Asimismo, las características de los contratos salariales son importantes para explicar la persistencia de la inflación. Supongamos que los términos de intercambio se han deteriorado tanto que se torna necesaria una devaluación. La depreciación del tipo de cambio real durará sólo mientras los incrementos salariales se rezaguen de los aumentos de los precios; si los salarios nominales suben en la misma proporción que el tipo de cambio, será necesaria otra devaluación y, a menos que las autoridades prefieran inducir desempleo y recesión para mantener el equilibrio precios-salarios que sostenga al tipo de cambio, se iniciará un nuevo ciclo de inflación-devaluación. Por esta causa, una indización completa y "ex-post", así como el acortamiento de los contratos en el tiempo, pueden acelerar —en cuestión de meses— la inflación desde niveles moderados (del orden de 40 % anual) hasta una hiperinflación.[11]

2.2 El punto de vista neoclásico de la estabilización (programas ortodoxos)

La teoría neoclásica de la política económica que ofrece los fundamentos de las condiciones impuestas por el FMI[12] y, en general, de los programas de estabilización de corte ortodoxo, hace mayor hincapié en el uso de políticas de demanda agregada y, consecuentemente, otorga menor importancia a los aspectos estructurales de la inflación. A riesgo de simplificar, podría afirmarse que este punto de vista considera que la inflación es esencialmente un fenómeno monetario causado por la excesiva expansión del crédito, que sólo puede corregirse mediante una política monetaria restrictiva.[13] Así, los desequilibrios en la balanza de pagos sólo pueden causar inflación en la medida que los superávits no se esterilizan. Además, los déficits necesariamente serán deflacionarios. La política monetaria no puede, para bien o para mal, generar efectos permanentes sobre la producción y el empleo. Sólo cambios no anticipados en la oferta monetaria pueden afectar la producción, lo cual significa que toda recesión causada por una política crediticia será transitoria. Como resultado, los costos en términos de empleo y producción de

[11] Marglin (1984), Taylor (1983), Cardoso y Dornbusch (1987).
[12] Buira (1987).
[13] Polak (1957).

cualquier programa "anunciado" deberán ser bajos y de corto plazo, mientras que la respuesta de la inflación y de la balanza de pagos deberá ser rápida.[14]

La estrecha relación entre este punto de vista y la teoría cuantitativa del dinero contrasta con la forma menos rigurosa en que los cambios en el ingreso nominal son divididos entre precios y cantidades en el mediano y largo plazo. El papel secundario asignado a los factores de la oferta agregada, así como su énfasis en cuestiones de corto plazo, se refleja en paquetes compuestos casi en su totalidad por medidas que influyen sobre la demanda y subestiman su efecto en el empleo y la producción.

2.3 Estabilización y cambio estructural

La interpretación de la economía según los programas "no ortodoxos" combina los principios de la teoría neoclásica de la demanda agregada con un estudio más a fondo del efecto de la estructura del mercado sobre la forma en que las fluctuaciones en las variables nominales se dividen entre precios y cantidades en equilibrio. Desde este punto de vista, se considera que la inflación tiene un importante componente inercial y puede ser causada tanto por desequilibrios en el sector real como por desajustes en la política monetaria. Los factores asociados a la distribución del ingreso, estructura del mercado, tipo de contratos salariales y otros factores institucionales desempeñan un importante papel en la explicación del comportamiento de la demanda agregada y del componente inercial de la inflación, por lo que ésta no sólo se debe a los superávit en la balanza de pagos. Variaciones adversas en los términos de intercambio también pueden provocar presiones inflacionarias debido a los efectos de la devaluación sobre precios y costos. El desajuste de los salarios reales (y otros precios relativos) desencadena un círculo vicioso salarios-precios-salarios.[15] Debido a la persistencia de la inflación inercial, la política de demanda agregada puede tener importantes efectos, a corto y mediano plazo, en las variables reales.

En resumen, la desaparición de las causas monetarias y fiscales de la inflación no es motivo suficiente para que ésta descienda. Para explicar lo anterior, debemos analizar sus dos componentes, su origen y el mecanismo de su propagación. El primero se puede deber a políticas monetarias y fiscales expansionistas, pero una vez que han tenido lugar los ajustes al tipo de cambio y a las finanzas públicas, la inflación restante es inercial en su totalidad. La lección por aprender es clara: para alcanzar la estabilización no basta con corregir los desequilibrios fiscales o externos. Deben corregirse también las fuentes o causas de la inercia inflacionaria.

[14] Friedman (1968), Lucas (1973).
[15] Taylor (1983).

3. Crisis, ajuste fiscal e hiperinflación

3.1 La transición de la estabilidad hacia la inflación.
Una primera visión de largo plazo de la economía mexicana

Si contemplamos la economía mexicana desde una perspectiva de largo plazo, los años de alta inflación y bajo crecimiento económico parecen ser más la excepción que la regla. Por ejemplo, entre 1950 y 1970, México registró un desempeño macroeconómico notable: el producto interno bruto creció a una tasa promedio de casi 6.6% anual, mientras que la inflación se mantuvo por debajo de 4.5%. Esta época, conocida como el desarrollo estabilizador, fue de muchas maneras el resultado de la maduración de las instituciones que creó la Revolución Mexicana, combinada con una evolución estable de los mercados mundiales. Como se verá con más detalle en los capítulos siguientes, la estrategia de desarrollo que se aplicó en ese tiempo pretendía articular mercados segmentados en todas las regiones del país, con grandes inversiones en infraestructura en los sectores de telecomunicaciones, energía y transporte; con apoyo a la producción agrícola mediante una activa política de reparto agrario, y con la promoción de la industrialización a través de una política de sustitución de importaciones.

GRÁFICA I .1. *Tasa anual de crecimiento del PIB (1951-1991)*

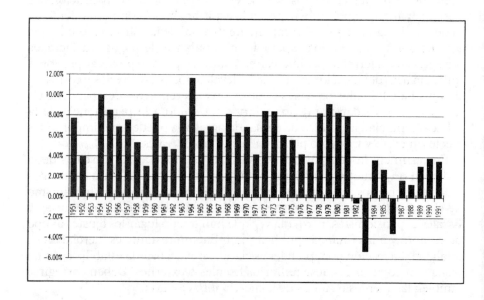

FUENTE: INEGI. Cuentas Nacionales y Banco de México, Indicadores Económicos.

Con esta última se esperaba proteger las industrias nacientes durante el proceso de aprendizaje, para hacerlas más competitivas en el mediano plazo. En dicho periodo, estos elementos estructurales del programa económico de México tuvieron como base una estricta disciplina fiscal y monetaria. A través de esos años, los requerimientos de endeudamiento del sector público se mantuvieron de manera constante por debajo de 3% del PIB, al tiempo que los instrumentos disponibles de control monetario estaban encaminados a mantener la estabilidad de precios y del tipo de cambio.

No hay razones de peso para sostener que, en la etapa de desarrollo que siguió a la segunda Guerra Mundial, era inadecuada en México una estrategia basada en la protección, la represión financiera y una fuerte presencia del Estado en ciertas áreas de la producción. Sin embargo, es cierto que este conjunto de medidas no debía ni podía mantenerse en vigor para siempre. Por ejemplo, hacia fines de la década de los sesenta se puso de manifiesto que la inversión privada –tanto nacional como extranjera– crecía con mayor lentitud porque los monopolios protegidos ya habían logrado una fuerte presencia en el mercado y tenían escasos incentivos para seguir expandiéndose mediante un empleo mayor de trabajadores y una productividad más elevada. Por consiguiente, un país como México, que estaba presionado por la necesidad de ofrecer mayor empleo a una población

GRÁFICA I .2. *Tasa anual de inflación (1951-1991)*

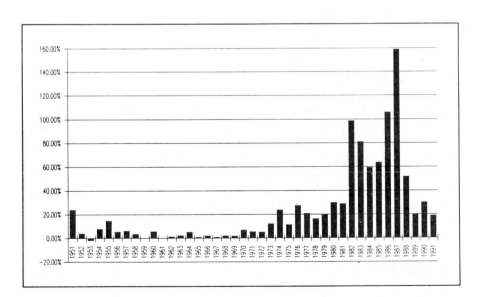

FUENTE: Banco de México, Indicadores Económicos.

creciente, tenía en la década de los setenta dos alternativas a seguir: la primera, orientar el rumbo del programa de desarrollo hacia una economía de exportación, como lo hizo Corea en 1965; la segunda, continuar con la ruta trazada, reemplazando la inversión privada con mayor gasto del gobierno. México optó por esta última opción.

De esta manera, desde 1972 el país ya se encaminaba hacia una inflación más alta. Entre 1971 y 1976, el déficit del sector público pasó de poco más de 2% a 9.1% del PIB, financiado por una combinación de impuesto inflacionario y endeudamiento externo. En 1976 México hizo frente a su primera crisis financiera grave desde 1940 y a la primera devaluación del peso con respecto al dólar en 22 años.

En ese momento, no había duda que México tenía que pasar por una profunda transformación estructural para restaurar el crecimiento y la estabilidad. Sin embargo, el descubrimiento de grandes reservas petroleras y la posibilidad de continuar endeudándose en los mercados internacionales no sólo difirieron el ajuste requerido, sino que llevaron a las autoridades a creer que la economía podía crecer a un ritmo incluso más acelerado que el obtenido en las dos décadas anteriores. Durante cierto tiempo fue posible crecer a tasas cercanas a 8 y 9% anual, con una inflación que avanzaba lentamente hasta el rango de dos dígitos, hasta que en 1982 se alcanzó, finalmente, el límite de la capacidad de endeudamiento externo.

3.2 La primera etapa de ajuste macroeconómico y reforma estructural.
La economía mexicana entre 1982 y 1987

Para México, la crisis de 1982 fue la peor desde la Gran Depresión. Desequilibrios fundamentales en las finanzas públicas y en la cuenta corriente, combinados con la suspensión de los flujos de ahorro externo, al igual que el deterioro de los términos de intercambio y la devaluación, marcaron el comienzo de un periodo de elevada inflación y estancamiento económico.

Como respuesta a la crisis, el gobierno del Presidente De la Madrid estableció en 1983 el Programa Inmediato de Reordenación Económica (PIRE). La idea era corregir las finanzas públicas y sentar las bases para una recuperación más sana a mediano plazo. Con este propósito, el gobierno recortó sustancialmente su gasto y aumentó los precios y tarifas del sector público. Las iniciativas del PIRE trajeron consigo una reducción sin precedentes en los déficit primario y operacional; sin embargo, el déficit total como parte del PIB permaneció en un nivel alto debido a la persistencia de la inflación. Entre 1983 y 1985, el balance primario mejoró en 10.7% del PIB y el superávit operacional en 6.3%. El déficit operacional llegó a su equilibrio hacia fines de 1985.

Cuadro I.1. *Indicadores macroeconómicos (1978-1991)*

	Inflación	Crecimiento del PIB
1978-81	23.6	8.4
1982	98.8	–0.6
1983	80.8	–5.2
1984	59.2	3.6
1985	63.7	2.7
1986	105.7	–3.5
1987	159.2	1.7
1988	51.6	1.3
1989	19.7	3.1
1990	29.9	4.4
1991	18.8	3.6

FUENTE: Banco de México, Indicadores Económicos.

Cuadro I.2. *Indicadores de las finanzas públicas*

	Gasto público (incre. % real)	Gasto corriente/inversión	RFSP	Déficit operacional	Déficit primario
1982	–8.0	55.3	16.9	5.5	7.3
1983	–17.3	46.1	8.6	–0.4	–4.2
1984	0.8	43.2	8.5	0.3	–4.8
1985	–6.1	36.4	9.6	0.8	–3.4
1986	–13.3	34.6	15.9	2.4	–1.6
1987	–0.5	33.8	16.0	–1.8	–4.7
1988	–10.3	29.3	12.4	3.6	–8.0
1989	0.4	26.7	5.5	1.7	–7.9
1990	6.1	34.5	4.0	–1.8	–7.9
1991	3.7	37.6	1.5	–2.7	–5.6

FUENTE: Criterios de Política Económica para 1992 y 1993, Presidencia de la República

Las cuentas externas representaron una restricción importante para la formulación de la política económica después de 1982. Las transferencias netas a México cayeron precipitadamente: de 7.4% del PIB en 1981 pasaron a -5.8% en 1985 y a -5.7% en 1988. De este modo, el país, de ser un importador neto de capital del orden de 12 mil millones de dólares al año en 1981, se convirtió en un exportador neto de capitales, con una salida de más de 10 mil millones de dólares durante la última administración.

En 1984 el gobierno redujo la tasa de depreciación del tipo de cambio nominal, como parte de la estrategia de control de la inflación; sin embargo, esta última descendió lentamente. La apreciación del tipo de cambio real comenzó a afectar las exportaciones manufactureras, sobre todo en el primer semestre de 1985. Tal vez las condiciones empeoraron porque la estructura de protección encareció muchos insumos y ocasionó que otros no estuvieran disponibles para el productor nacional. Pronto se advirtió que un paquete de estabilización gradual no podría mantenerse por mucho tiempo, a menos que el país contara con condiciones favorables en los mercados externos. Sucedió lo contrario.

CUADRO 1.3. *Índice del tipo de cambio real efectivo*
(1970 = 100.0)

1982	124.2	1987	169.8
1983	135.2	1988	140.3
1984	110.9	1989	128.2
1985	106.8	1990	128.0
1986	155.9	1991	116.4

FUENTE: Banco de México, Indicadores Económicos.

Los terremotos de septiembre de 1985 y la caída de los precios internacionales del petróleo en 1986 afectaron seriamente el desarrollo macroeconómico del país. La disminución en la demanda por hidrocarburos y la posterior caída de sus precios mermaron el ingreso del sector público en casi 9 mil millones de dólares en 1986, cantidad equivalente al valor total de la producción agrícola de ese mismo periodo.

Los choques de la oferta representaron un serio revés en la lucha contra la inflación. Sin acceso a los mercados internacionales de capitales, el descenso en los precios del petróleo se traduciría en tasas más elevadas de inflación o en una recesión más profunda. En ese contexto, se pusieron en marcha programas "no ortodoxos" en Israel, Brasil y Argentina. Sin embargo, la administración del Presidente De la Madrid no cedió a la tentación de adoptar anticipadamente ese tipo de programas. Era mejor esperar a que las finanzas públicas se sanearan y a que el tipo de cambio real y las reservas internacionales fueran compatibles con los objetivos de estabilidad de precios para entonces sí lanzar el programa.

Al comparar la crisis petrolera de 1986 con la de 1982, saltan a la vista algunos de los resultados más favorables de los programas de cambio

CUADRO I. 4. *Balanza de pagos*
(millones de dólares)

Años	Cuenta corriente	Cuenta de capital	Errores y omisiones	Cambio en reservas
1980	−10739	11442	98	1018
1981	−16052	26357	−9030	1012
1982	−6221	9753	−6832	−3185
1983	5418	−1416	−884	3101
1984	4238	39	−924	3201
1985	1236	−1526	−2133	−2328
1986	−1672	1837	438	985
1987	3966	−576	2709	6924
1988	−2442	−1448	−2842	−7127
1989	−6004	3037	3362	271
1990	−6349	9706	−125	3414
1991	−13789	24134	−2208	7821

FUENTE: Banco de México, Indicadores Económicos

CUADRO I.5. *Balanza comercial*
(millones de dólares)

Años	Exportaciones petroleras	Exportaciones no petroleras	Importaciones del sector privado	Importaciones del sector público
1982	16447	4752	9036	5400
1983	16017	6295	4244	4306
1984	16601	7594	6464	4789
1985	14776	6897	8825	4386
1986	6307	9723	8089	3343
1987	8629	12026	9443	2780
1988	6709	13854	15346	3552
1989	7876	1240	21667	3771
1990	10104	16847	26843	4246
1991	8166	18688	35264	2920

FUENTE: Banco de México, Indicadores Económicos.

estructural, sobre todo en el sector financiero. Esta vez las autoridades estuvieron dispuestas a responder a la disminución en los términos de intercambio con tasas de interés más elevadas. Los efectos de la apertura comercial para bienes intermedios y la corrección del tipo de cambio real, que comenzó en 1985, alentaron las exportaciones manufactureras.

La caída de los salarios reales fue la consecuencia inexorable de la caída de los términos de intercambio que enfrentó el programa de estabilización. Tuvo un doble papel. Por una parte, permitió una mayor competitividad de las exportaciones provenientes de los sectores intensivos en mano de obra, e impulsó la industria maquiladora; por otra, consolidó la contracción de la demanda. Entre 1982 y 1987, el salario mínimo general sufrió una reducción de 44.6%, en términos reales, mientras que los salarios contractuales, incluyendo prestaciones, descendieron 40.5%. A pesar de la magnitud de la crisis, fue posible evitar cierres masivos de empresas y el crecimiento incontrolable del desempleo. De hecho, el empleo permanente creció, de acuerdo con la información proporcionada por el Instituto Mexicano del Seguro Social (IMSS), a una tasa anual promedio de 3.5% durante el mismo periodo, ligeramente superior al crecimiento de la fuerza de trabajo.

CUADRO I.6. *Índice de empleo y salarios reales (1982 = 100.0)*

	Trabajadores permanentes inscritos en el IMSS	Crecimiento (%)	Salario mínimo en términos reales[1]	Salario contractual en términos reales[2]
1982	100.0	−1.7	100.0	100.0
1983	99.6	−0.3	71.3	68.5
1984	107.3	7.7	67.3	63.5
1985	114.9	7.0	66.0	66.9
1986	112.2	−2.3	59.0	61.1
1987	122.9	9.5	55.4	59.5
1988	129.8	5.6	48.3	47.6
1989	131.3	1.2	50.8	45.6
1990	141.0	7.4	46.2	42.2
1991	148.6	5.4	46.0[3]	47.5

FUENTE: IMSS
[1] Fuente: Comisión Nacional de Salarios Mínimos. Fin del periodo
[2] Fuente: Anexo del informe presidencial. Datos hasta junio de 1991.
[3] Noviembre de 1991 con respecto a noviembre de 1990.

A fines de 1987 una grave crisis financiera interrumpió el proceso de recuperación de la economía, con el desplome de la Bolsa Mexicana de Valores. En parte, ésta fue ocasionada por la caída de las bolsas de valores de Nueva York y de los principales centros financieros internacionales; pero también fue resultado de errores cometidos internamente en el manejo del mercado de valores. El ambiente de incertidumbre provocado por ese desplome y una inercia inflacionaria de 6% mensual, dieron lugar a una corta pero intensa fuga de capitales que culminó rápidamente con la devaluación de noviembre de 1987, hecho que colocó al país en el camino de la hiperinflación. Ante ello, el gobierno mexicano tenía que decidir entre emprender otro intento de estabilización ortodoxa, o combinar el ajuste fiscal con fuertes medidas para realizar el cambio estructural y combatir la inercia inflacionaria. La primera opción habría significado muy probablemente una caída adicional en el nivel general de vida, mientras que la segunda, ante una baja credibilidad gubernamental, significaba la posibilidad de enfrentar el mismo destino que otros programas "no ortodoxos" que habían fracasado poco tiempo antes.

3.3 Diseño de un programa de estabilización

Durante los primeros cinco años de la administración del Presidente De la Madrid se realizó un gran esfuerzo de ajuste fiscal como prerrequisito para una exitosa estabilización. Antes de emprender una estrategia basada en la utilización de los precios nominales como ancla, resultaba indispensable contar con suficientes reservas internacionales, un superávit en cuenta corriente y un importante superávit primario en las finanzas públicas. Además de las dificultades puramente técnicas que presentaba el planteamiento de una estrategia compatible con los objetivos macroeconómicos, el gobierno enfrentaba el serio problema de implantar nuevas iniciativas en el último año de su administración. La credibilidad del programa se hallaba en riesgo. Además, el mundo hacía frente a una crisis financiera y México tenía problemas en el mercado de divisas, provocados por el desorden en el mercado de valores. Así, para encarar de frente el problema de las expectativas y evitar con ello la incontrolable fuga de capitales, se reconoció la necesidad de combatir a la inflación sin causar recesión.

Debe mencionarse, además, que cuando el gobierno mexicano estaba evaluando la implantación de medidas como el Pacto de Solidaridad Económica, los programas Austral y Cruzado se estaban desplomando estrepitosamente en Argentina y en Brasil, lo que hacía más difícil mantener una atmósfera de tranquilidad en los diferentes sectores para conseguir su apoyo. No obstante, el gobierno había seguido de cerca la evolución de aquellas economías sudamericanas, tratando de aprender de sus errores para asegurarse de que en México no sucediera lo mismo.

3.3.1 ¿Por qué fallan los programas de estabilización?

Cuando llegó la hora de definir las características del Pacto, aún no era posible constatar la efectividad de los llamados programas "no ortodoxos". Éstos habían tenido dos resultados: catastróficos en países como Brasil y Argentina, y positivos en Israel y Bolivia. Después de analizar estos casos, se llegó a la conclusión de que las fallas más comunes tenían que ver, por lo menos, con uno de los siguientes factores:

Reforma fiscal incompleta. Un mínimo déficit operacional es una condición necesaria para una estabilización exitosa, tanto más si los mercados financieros han sido destruidos o debilitados. No es posible estabilizar una economía si el impuesto inflacionario se requiere para cubrir la brecha fiscal, como sucedió en el caso de Brasil y Argentina.[16]

Cambio incompleto en las instituciones que crean la inercia de precios. Destruir la inercia inflacionaria requiere de un cambio en los mecanismos de formación de precios, lo cual incluye la eliminación de la indexación de salarios y la liberalización del comercio. Por ejemplo, en Argentina se reanudaron las revisiones salariales trimestrales, se implantó un tipo de cambio más elevado y se establecieron aumentos oficiales de precios después de la primera etapa del plan Austral. El resultado fue el regreso a la inflación inercial y a una política monetaria acomodaticia. La apertura comercial, además de ejercer un efecto favorable en la eficiencia productiva en el mediano y largo plazo, permite una estabilización a corto plazo de los precios de los bienes comerciables. Ni en Brasil ni en Argentina se redujeron las barreras arancelarias para lograr controlar los precios de los bienes comerciables y, en consecuencia, influir sobre el precio de los no comerciables.[17]

Excesiva expansión de la demanda agregada, por encima de los límites sostenibles fijados por la restricción del ahorro externo. La eliminación del impuesto inflacionario se refleja en un acelerado crecimiento de la demanda agregada y en un deterioro de la cuenta corriente. Esto ocurrió en Brasil, Argentina e Israel. La diferencia en el caso de Israel es que la expansión fue compensada con incrementos en las transferencias provenientes del exterior.

---

[16] Simonsen (1988), Cardoso (1988), Modiano (1988).
[17] Machinea y Fanelli (1988), Canavesse y DiTella (1988).

Precios relativos inadecuados. En los casos en que hay controles de precios, algunos sectores se rezagan considerablemente con respecto a otros mientras se aplica el programa. Si no existe un mecanismo de consenso para corregir estos rezagos sin inflación (por ejemplo, subiendo algunos precios y bajando otros), el consenso acerca de la efectividad del programa se verá mermado, lo que puede conducir a su fracaso.[18]

Tomando en consideración estos factores se planeó la nueva estrategia de estabilización cuya base fue la concertación, el ajuste fiscal y la determinación de resolver el problema de las transferencias al exterior.

4. El Pacto de Solidaridad Económica y el Pacto para la Estabilidad y el Crecimiento Económico[19]

4.1 Concepción y diseño del Pacto: cronología

El 15 de diciembre de 1987, el Presidente de la República y los representantes de los sectores obrero, campesino y empresarial suscribieron el Pacto de Solidaridad Económica. Desde entonces, el gobierno mexicano trabajó arduamente para garantizar el éxito del programa. Por ejemplo, en los meses que siguieron a su firma, el gabinete económico sesionó tres veces a la semana en presencia del Presidente. Además, entre diciembre de 1987 y noviembre de 1988, la Comisión de Seguimiento del Pacto sostuvo 32 reuniones ordinarias y 4 extraordinarias con el fin de supervisar y garantizar el cumplimiento de los compromisos en el pacto. Fue así como México, con el trabajo y la participación de todos los sectores, consiguió importantes avances en el control de la inflación y en el cambio estructural. El Pacto se diseñó de acuerdo con los siguientes objetivos:

— Sostener el compromiso de corregir de manera permanente las finanzas públicas. El cambio estructural mereció especial atención, con medidas que pretendían reducir el tamaño del sector público y privatizar las empresas no estratégicas manejadas por el Estado.
— Aplicar una política monetaria restrictiva. Una vez que se establecieron los objetivos de inflación y de reservas internacionales, la expansión crediticia sólo tuvo lugar en la medida en que se consolidaron las expectativas y la reactivación del crecimiento.
— Corregir la inercia salarial. Los acuerdos con los trabajadores se centraron en el abandono de los contratos de corto plazo con indización "ex-post" completa y la adopción de contratos de más largo plazo definidos en términos de una inflación anticipada (indización "ex-ante").

---

[18] Bruno y Fischer (1986), Bruno (1988).
[19] Acrónimos: PSE y PECE, respectivamente.

— Definir acuerdos sobre precios en sectores líderes. Una política pragmática de coordinación de precios no puede incluir todos los bienes en la economía: la desinflación se logra con la fijación de los precios de insumos primarios y de los precios en los sectores líderes. La competencia interna y el control de la demanda agregada contribuyen a reducir la inflación de los bienes no comerciables.

— La apertura comercial. La "ley de un solo precio" debería comenzar a funcionar (aunque lentamente) para fijar un límite superior a los precios de los bienes comerciables y contribuir a abatir el costo de los bienes intermedios.

— Optar por el control de la inflación y la negociación de precios líderes en lugar de la congelación total de precios. En lugar de fijar objetivos inmediatos de inflación cero, se establecen objetivos de inflación positiva y decreciente, con la finalidad de evitar una expansión demasiado rápida en la demanda agregada con respecto a la producción de bienes.

— Adoptar medidas basadas en controles de precios negociados. Cualquier programa de controles debe ser percibido como sostenible en el mediano plazo, con el fin de evitar la especulación y la acumulación de inventarios. Para que esto suceda es indispensable el consenso de todos los sectores participantes.

El gobierno emprendió entonces la búsqueda de consensos y se comprometió a respetar un ajuste fiscal real, permanente y visible. Este ajuste no sólo se reflejó en una reducción del gasto corriente, sino en un sólido programa de privatización y en el cierre de compañías deficitarias manejadas por el Estado. Por su parte, el sector privado debía comprometerse a sacrificar sus márgenes de ganancia mientras que los sectores obrero y campesino prescindirían de un incremento adicional en sus salarios reales.

A partir de la segunda fase del PSE y conforme mejoraban las expectativas de éxito del programa, fue posible garantizar una mayor estabilidad de los precios públicos, de los salarios y del tipo de cambio durante periodos cada vez más largos. Al mismo tiempo, se avanzó en el cambio estructural de las finanzas públicas y del comercio exterior. El Pacto ha pasado por diez etapas, cuyas diferentes características se describen en el cuadro siguiente. En las primeras se combinaron el ajuste fiscal, la realineación de precios relativos y la protección del poder adquisitivo de los salarios con una política monetaria y cambiaria que tenía como objetivo la contención del crecimiento del nivel general de precios.

En la siguiente sección se describen todos y cada uno de estos criterios así como la forma en que se manifiestan en la política monetaria, fiscal, comercial y de precios, al igual que el efecto que tuvieron en la inflación, la actividad productiva, el empleo y las expectativas.

CUADRO I.7. *El Pacto (cronología)*

Pacto de Solidaridad Económica	Pacto para la Estabilidad y el Crecimiento Económico
Fase 1. (Diciembre de 1987 a febrero de 1988)	*Fase 1. (Enero de 1989 a julio de 1989)*
– Medidas fiscales: eliminación de subsidios con excepción a la agricultura. Eliminación del incentivo de depreciación acelerada y de un impuesto adicional a la importación (5%). – Ajustes de precios y tarifas del sector público. – Reducción en el gasto programable a 1.5% del PIB. – Política cambiaria en apoyo de la deflación sin sacrificar competitividad. – Política comercial: reducción del arancel máximo a la importación de 40% a 20% y eliminación de permisos. – Aumento inmediato del salario mínimo de 15%; 20% en enero. Revisión mensual de acuerdo con la inflación anticipada (ex ante). – Los precios de garantía en productos agrícolas mantendrán su nivel real de 1987. – Acuerdo de precios para los productos básicos.	– Presupuesto fiscal congruente con una inflación más baja y una recuperación gradual de la economía. – Los precios del sector público con mayor incidencia sobre el INPC permanecen constantes. Algunos precios del comercio y la industria suben pero los empresarios aceptan absorber el impacto. – Deslizamiento del tipo de cambio del peso contra el dólar a razón de un peso diario. – Se reduce la dispersión en tarifas a la importación. – Se acuerda la revisión de precios controlados caso por caso. – Revisión de precios de garantía para los productos agrícolas con el fin de mantener sus niveles reales. Los precios de los fertilizantes permanecen constantes.
Fase 2. (Marzo de 1988)	*Fase 2. (Agosto de 1989 a marzo de 1990)*
– Precios y tarifas constantes de los bienes del sector público. – Tipo de cambio fijo al nivel del 29 de febrero de 1988. – No hay alza en los precios de las tarifas ni en los precios de bienes controlados. – 3% de aumento en los salarios mínimos y contractuales. – Ajuste correspondiente a los precios de garantía. – Mediante la concertación, se conviene en congelar los precios líderes.	– Los precios del sector público permanecen constantes. – El deslizamiento se mantiene en un peso diario. – Las empresas acuerdan mantener sus niveles de precios y sostener el abasto. – Se revisan los precios controlados caso por caso. – El gobierno pone de relieve su compromiso de acelerar el proceso de desregulación.
Fase 3. (Abril de 1988 a mayo de 1988)	*Fase 3. (Enero de 1990 a diciembre de 1990)*
– Precios y tarifas del sector público constantes. – Tipo de cambio fijo hasta el 31 de mayo. – Ningún aumento en los precios registrados o controlados. – Salario mínimo fijo. – Los empresarios se comprometen a de	– Revisión de los salarios mínimos con el fin de mantener su poder adquisitivo de acuerdo con la inflación esperada. – Deslizamiento de 80 centavos diarios. – Ajuste a los precios del sector público para cumplir con las metas presupuestales.

CUADRO I.7. *El Pacto (cronología)* [Conclusión]

Pacto de Solidaridad Económica	Pacto para la Estabilidad y el Crecimiento Económico
fender el poder adquisitivo del salario mínimo.	– Revisión de los precios controlados caso por caso.
Fase 4. (Junio de 1988 a agosto de 1988)	*Fase 4. (Diciembre de 1990 a diciembre de 1991)*
– Precios y tarifas del sector público fijos. – Tipo de cambio fijo hasta el 31 de agosto. – Se fijan los precios sujetos a registro y control. – Salario mínimo fijo.	– Revisión de los salarios mínimos para mantener el poder adquisitivo. – El deslizamiento del peso con respecto al dólar: baja 40 centavos diarios. – Se incrementan los precios del sector público en noviembre de 1990 para cumplir con las metas del superávit primario para 1991, pero se mantienen constantes durante todo 1991. – Trabajadores y patrones firman el Acuerdo Nacional de Productividad. – Revisión caso por caso de los precios controlados.
Fase 5. (Septiembre 1988 a diciembre de 1988)	*Fase 5. (Diciembre de 1991 a diciembre de 1992)*
– Precios y tarifas constantes. – Tipo de cambio fijo. – Se reduce el impuesto al valor agregado de 6% a 0% en alimentos procesados y medicinas. – Se reduce el Impuesto Sobre la Renta en 30% para las personas que ganan hasta 4 veces el salario mínimo. – Se mantiene fijo el salario mínimo. – Los empresarios firman un acuerdo para bajar los precios en 3% (en realidad, cayeron 2.87%).	– Revisión de los salarios mínimos para mantener su poder de compra. – El deslizamiento del peso con respecto al dólar baja a 20 centavos diarios. Se elimina el régimen de tipo dual. – Se ajustan los precios del sector público para cumplir con la meta del presupuesto. – Se reduce el IVA de 15% a 10%. – Se revisan, caso por caso, los precios.

4.2 La política económica durante el Pacto

En los últimos cuatro años, el esfuerzo de ajuste macroeconómico ha sido acompañado por un amplio conjunto de reformas estructurales que incluyen una reforma fiscal, la privatización de empresas de propiedad estatal, la renegociación de la deuda externa, la reforma al sistema financiero y la apertura comercial, todo ello como parte de un solo programa integral. Aun cuando en los capítulos subsecuentes tendremos oportunidad de comentar de manera más detallada los efectos de largo plazo de cada una de estas reformas, los párrafos siguientes ponen de relieve la relación entre las políticas macro y microeconómicas en el contexto de un programa de estabilización.

4.2.1 Política de finanzas públicas

Para garantizar el éxito del programa de estabilización, fue indispensable consolidar los logros fiscales de los cinco años anteriores. Con ese fin, la política fiscal se centró en tres objetivos principales: en primer término, el gasto del Gobierno Federal se ha mantenido bajo estricto control. Los gastos corrientes se recortaron y orientaron hacia las necesidades sociales más urgentes. En segundo lugar, y en lo correspondiente a la política de ingresos, se efectuó una reforma fiscal a fondo y se realinearon los precios y tarifas públicos de acuerdo con niveles internacionales. Finalmente, el sector público pasó por un proceso de reestructuración mediante la desincorporación de empresas no estratégicas manejadas por el Estado. Algunos de los hechos y políticas de mayor interés son los siguientes:

Agregados fiscales.[20] Entre 1988 y 1991 el superávit primario del sector público alcanzó un nivel promedio de 7% del PIB, el más alto que se haya registrado en la historia económica de México. Durante el primer año del Pacto, el gasto programable sufrió una reducción de 8.9% en términos reales, como resultado de las medidas aplicadas a la mayoría de las actividades del gobierno. Estos logros en la corrección fiscal fueron respetados cuidadosamente en los años siguientes. Por ejemplo, durante 1989 y 1990 el gasto corriente del Gobierno Federal y del sector paraestatal se mantuvo en la tasa de crecimiento promedio de la economía en su conjunto.

Con el fin de realizar un ajuste de esa magnitud de manera permanente, se suscribió el Acuerdo de Austeridad (*Diario Oficial*, 4 de enero de 1988). Dicho ajuste incluía, entre otras medidas, reducciones de personal en 13 mil puestos ejecutivos, al igual que un uso más eficiente de los recursos materiales. También se instauró un programa de retiro voluntario para reducir la fuerza de trabajo del sector público en otros 50 mil puestos. Adicionalmente, se puso

---

[20] De aquí en adelante se usan las siguientes definiciones:
Déficit financiero= Déficit del Gobierno Federal + Déficit del Sector Paraestatal controlado + Déficit del Sector Paraestatal no controlado.
Déficit primario=Déficit financiero-pagos totales de intereses del Sector Público (tanto internos como externos).
Déficit operacional=Déficit financiero total-Intermediación financiera del Sector Público-Obligaciones de intermediarios financieros oficiales aceptadas por el Gobierno Federal-el componente inflacionario de la deuda interna neta del Sector Público no financiero en pesos mexicanos más la aceptación de obligaciones por intermediarios financieros oficiales sobre el Gobierno Federal.

en marcha la cancelación selectiva de programas y proyectos. Aun cuando el ajuste presupuestal significó una considerable reducción del gasto programable en el sector público federal, no afectó al gasto social. El gasto programable en desarrollo social, educación, salud, desarrollo regional y urbano así como el Programa Nacional de Solidaridad contra la pobreza, registró un crecimiento acumulado de 40 % en términos reales durante la primera mitad de la administración del Presidente Salinas.

GRÁFICA I.3. *Superávit primario*

(% del PIB)

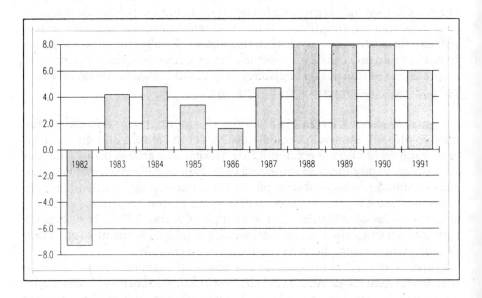

Con el fin de reforzar las iniciativas de reducción del gasto público, se prestó especial atención a la calendarización de los desembolsos. De esta manera, los desembolsos no prioritarios autorizados por el Congreso se difirieron tanto como fue posible. La inflación acumulada para el año redujo el impacto real de los desembolsos del sector público. En el cuadro I.8 se muestra la forma en que se obtuvo la mayor parte del superávit primario de cada año durante los primeros semestres, mientras que los últimos trimestres registraron superávit que promediaron 13.8% de las reducciones anuales entre 1988 y 1991. Este esquema resultó de diferir el gasto y de la reducción inevitable y predecible en los ingresos reales del sector público debido al lento crecimiento de los precios y tarifas de los bienes y servicios que produce.

CUADRO I.8. *Calendarización de las finanzas públicas*[1]

		Superávit primario (%)			Superávit primario (%)
1988	I	41.8	1990	I	29.8
	II	77.9		II	58.8
	III	97.4		III	83.5
	IV	100.0		IV	100.0
1989	I	20.3	1991	I	26.9
	II	49.6		II	55.3
	III	86.8		III	77.0
	IV	100.0		IV	100.0

FUENTE: DGPH, Secretaría de Hacienda. El cuadro se refiere al porcentaje del superávit anual total acumulado al final del trimestre.
[1] Pérdida real en la recaudación, sufrida por el gobierno en épocas de elevada inflación debido al tiempo que se lleva el cobro, entre el momento en que se causan los impuestos y el momento en que realmente se captan.

Junto con las iniciativas para recortar el gasto público, se redujo el nivel de subsidios y transferencias. La eliminación de los diferenciales de precios en energía eléctrica y de los subsidios a los petroquímicos, así como la reducción de las transferencias financieras a la banca de desarrollo, se contaron entre las más importantes acciones emprendidas en esta área.

Política de ingresos. La aplicación de las iniciativas incluidas en la reforma fiscal de 1989-1991 aunada desde el principio mismo del programa de estabilización a los ajustes de precios y tarifas del sector público, así como la paulatina desaparición del efecto Tanzi,[21] representaron ingresos públicos adicionales de aproximadamente 2.2% del PIB anualmente desde 1988. Además, la reforma impositiva de 1989-1991 hizo posible el descenso de las tasas, al tiempo que se incrementaba la recaudación fiscal total mediante bases impositivas más amplias, tanto para las empresas como para los individuos. Entre 1989 y el presente, la tasa máxima del impuesto sobre la renta para personas físicas ha bajado de 50 a 35%; y la tasa impositiva de las empresas, de 42 a 35%. La elusión fiscal y las bases especiales de tributación

[21] La pérdida real en la recaudación sufrida por el gobierno en tiempos de elevada inflación se debe al periodo que transcurre entre el momento en que se causan y el momento en que el gobierno recibe realmente los impuestos.

han sido reducidas drásticamente y la administración fiscal ha buscado reducir sustancialmente la evasión de impuestos. Estas medidas han contribuido a hacer más equitativa la carga fiscal, a la vez que han incrementado la credibilidad en el programa.

El efecto global de las iniciativas de ingreso y gasto se resume en el cuadro I.9. Lo que resalta por su importancia es el incremento del superávit primario de casi 3.3 puntos del PIB durante el primer año del Pacto, y la caída del déficit financiero del sector público en casi 15 puntos del PIB entre 1987 y 1991.

CUADRO I.9. *Indicadores de las finanzas públicas*
(porcentaje del PIB)

	1987	1988	1989	1990	1991
Ingresos totales	28.4	28.1	27.2	27.5	26.2
PEMEX	11.7	9.9	8.9	9.0	8.0
Gobierno Federal	7.5	10.9	12.2	12.1	12.3
Tributarios	8.6	9.3	10.1	10.6	10.8
No Tributarios	0.9	1.6	2.1	1.6	1.5
Gastos Totales	43.8	40.5	34.4	30.6	26.7
Gasto no programable	23.5	21.4	16.9	13.3	9.2
Pago de intereses internos	15.7	13.7	9.8	7.5	3.5
Pago de intereses externos	4.5	3.9	3.6	2.6	2.2
Gasto programable	20.3	19.1	17.5	17.3	17.5
Gasto corriente	12.3	11.9	11.1	11.2	10.9
Gasto de capital	4.5	3.7	3.2	3.8	3.4
Déficit de intermediación financiera	1.0	1.6	0.6	1.1	1.0
Requerimientos Financieros del sector público	16.0	12.4	5.5	4.0	1.5
Déficit operacional	-1.8	3.6	1.7	-2.3	-2.7
Déficit primario	-4.7	-8.0	-7.9	-7.9	-5.6

FUENTE: DGPH-DGPI, Secretaría de Hacienda. Las cifras para 1991 se tomaron de Criterios, Presidencia de la República. El recuadro superior no incluye al sector paraestatal no controlado. El gasto programable incluye el gasto corriente, el gasto de capital y transferencias a empresas no controladas.

Cambio estructural. Se requiere un comentario especial en relación con la privatización de las empresas públicas. Durante los últimos tres años, los procesos de venta, liquidación, fusión o cierre se han realizado en 310 empresas manejadas por el Estado en los sectores pesquero, azucarero, de energía eléctrica, telecomunicaciones, banca y minería. De las 1 115 compañías estatales que había en 1982 más de 80% fueron desincorporadas hacia fines de 1991. Durante la administración del Presidente Salinas, se ha registrado un avance muy significativo en el proceso de desincorporación de las empresas públicas, al realizarse con éxito la venta de grandes empresas como las dos principales líneas áreas nacionales (Mexicana y Aeroméxico), una de las más grandes minas de cobre en el mundo (Compañía Minera de Cananea), la compañía telefónica nacional (Teléfonos de México) y la totalidad de los bancos comerciales. El proceso de desincorporación no sólo tiene un impacto de una vez por todas mediante los ingresos provenientes de la venta de las empresas paraestatales, sino también una reducción permanente de las transferencias a empresas que ya no eran viables y que fueron cerradas. Por ejemplo, desde el comienzo del Pacto, los ingresos totales por ventas se aproximan a los 14 500 millones de dólares, que se usaron en gran parte para reducir el monto de la deuda interna. Las transferencias globales del Gobierno Federal descendieron de casi 6% del PIB en 1987 a cerca de 2% en 1991. Un aspecto importante del efecto fiscal de la privatización es su permanencia. Los gastos del gobierno para la operación de estas empresas se eliminan permanentemente, mientras que los recortes presupuestales de emergencia en otras áreas, como las inversiones, no se pueden mantener de manera indefinida.

4.2.2 La renegociación de la deuda externa

Cuando la meta es estabilizar sólo mediante la utilización de instrumentos de demanda agregada, lo que suele ocurrir es que, a pesar de una mejoría en las finanzas públicas corregidas con respecto a la inflación y la balanza de pagos, la inflación sigue siendo alta, debido casi estrictamente a la inercia. Por ejemplo, aun cuando el superávit primario creció en más de 10 puntos del PIB entre 1982 y 1985, la inflación sólo descendió de 98% a 64% anual, mientras que el PIB per cápita descendió a una tasa anual promedio de 2.5%.

Una vez eliminado el componente inercial, la inflación observada ("inflación mínima sostenible") depende de cuál de las restricciones, la balanza de pagos (déficit máximo en cuenta corriente dada la disponibilidad de ahorro externo) o las finanzas públicas (relación constante de la deuda con el PIB), cobra mayor relevancia. En la mayoría de los casos ocurre que los niveles de ahorro forzoso necesarios para satisfacer la restricción externa implican una inflación superior a la requerida para cubrir un moderado déficit operacional. A partir de este nivel, cualquier descenso de la inflación debido a una reducción en el gasto público interno no significa que haya una necesidad menor de un impuesto inflacionario compatible con la capacidad de endeudamiento público. Por el contrario, la inflación es tal que el ahorro forzoso induce un desendeudamiento involuntario del sector público. En realidad, el más bajo nivel de inflación corresponde a la caída del ahorro forzoso requerido para satisfacer los niveles de transferencias al exterior implícitos en el servicio de la deuda externa.

La manera más efectiva de reducir la inflación en estos casos es disminuyendo la transferencia neta de recursos hacia el exterior. Cuando la balanza de pagos es la restricción más importante, los recortes adicionales en el presupuesto interno tienen un impacto muy reducido sobre la inflación. El relajamiento de la restricción externa, por su parte, favorece la disminución de la inflación y promueve el crecimiento. Esto significa que al concluir la corrección interna de 1988, el siguiente paso en el proceso de estabilización y transición al crecimiento necesariamente tenía que provenir de la renegociación de la deuda externa, como de hecho ocurrió durante el primer año de la administración del Presidente Salinas de Gortari. En el cuadro 10 se muestra el costo de la deuda externa del sector público. En esta información destaca el hecho de que el servicio de la deuda externa representa casi 8% del PIB durante los años del ajuste, lo que implica niveles de transferencias netas al exterior de cerca de 7% del PIB.

Es preciso recordar que el Pacto se puso en marcha sin ayuda del Fondo Monetario Internacional. Los acreedores externos no estaban dispuestos a reconocer que dicho programa se basaba en los enormes esfuerzos de los años anteriores, ni que existían adecuadas condiciones macroeconómicas internas para llevarlo a cabo. Los bancos comerciales internacionales se negaron a entablar negociaciones con el gobierno del Presidente De la Madrid y optaron por esperar la entrada de la nueva administración. Durante los primeros meses del sexenio del Presidente Salinas de Gortari, las negociaciones con los bancos comerciales, el Club de París, el FMI y el Banco Mundial permitieron finalmente a México y a sus acreedores negociar un paquete financiero que incluía una operación de reducción del saldo de la deuda externa en un monto equivalente al descuento en el mercado secundario de la deuda mexicana. Como resultado de los efectos directos del paquete, el nivel de transferencias netas disminuyó alrededor de 3% del PIB. Con esto y el resto de las medidas de cambio estructural, México no sólo adquirió un acceso renovado al crédito internacional voluntario, sino que la repatriación de capitales y la nueva inversión extranjera directa han permitido que la economía regrese a un nivel negativo de transferencias netas, situación normal en un país abundante en mano de obra y con escasez de capital.

CUADRO I.10. *Indicadores del costo de la deuda externa mexicana*
(porcentaje del PIB)

	Transferencias netas	Servicio de la deuda
1982	5.4	10.1
1983	7.6	12.9
1984	6.1	8.8
1985	5.8	8.5
1986	2.9	8.9
1987	1.6	8.3
1988	5.7	7.0
1989	–0.3	6.4
1990	–2.6	5.3
1991	–5.8	5.2

FUENTE: DGPH, Secretaría de Hacienda.

4.2.3 Política monetaria durante el Pacto

La política monetaria adoptada durante el proceso de estabilización contaba con dos elementos. Por un lado, el Banco de México evitó movimientos bruscos del tipo de cambio mediante una política crediticia muy restrictiva. Por otro, las autoridades aceleraron el proceso de innovación y reforma financiera para facilitar la repatriación de capitales y apoyar la intermediación financiera necesaria para permitir que la economía respondiera a las oportunidades de inversión.

Durante los primeros meses del Pacto, el papel del banco central fue particularmente importante para mantener una política crediticia adecuada a la difícil transición de la hiperinflación a una inflación moderada. En ese tiempo, las tasas de interés reales se elevaron, pero fue difícil discernir la verdadera causa de este hecho. Ello podría deberse a dos circunstancias completamente diferentes, con implicaciones contrarias sobre la política monetaria. La primera posible explicación era que la caída en la inflación esperada, y la subsecuente reducción en el impuesto inflacionario, habrían estimulado un incremento en la demanda de saldos denominados en pesos. Dada la oferta monetaria, debe existir un alza considerable en las tasas de interés para equilibrar el mercado de crédito. En estas circunstancias, tasas reales elevadas reflejan una exceso de demanda de dinero y, en consecuencia, la política monetaria acertada es monetizar. La segunda era que las tasas podrían haber aumentado como reflejo de un premio al riesgo cambiario, que debía pagarse por la enorme incertidumbre de una economía en transición. En este caso, la peor elección sería incrementar los agregados monetarios. Dado el grado de movilidad de capitales internacionales en México, dicha opción se habría traducido directamente en fuga de capitales y en una devaluación que habría marcado el fin de toda la estrategia de estabilización.[22]

El desafío de la política monetaria consistía, por tanto, en encontrar una regla que al mismo tiempo evitara la estrangulación crediticia y un desplome del tipo de cambio. El acortamiento de los vencimientos de la deuda pública durante las primeras semanas (y en las semanas anteriores a las renovaciones del Pacto) representaba un indicio seguro de que la razón de las altas tasas de interés estaba asociada más con la incertidumbre que con un incremento en la demanda de dinero.[23] Esto obligó a las autoridades monetarias a esperar y establecer una regla implícita para reducir de manera sistemática los flujos de crédito al gobierno y esterilizar parcialmente los flujos de entrada de capital, de tal suerte que la expansión del crédito pudiera apoyar la reactivación de la economía.

La gradual disminución de la incertidumbre fue dando lugar a vencimientos de la deuda más prolongados y a tasas de interés menores, sostenidas por la repatriación de capitales fugados, así como a una mayor intermediación financiera y no a una estrategia monetaria expansionista del Banco de México.

GRÁFICA I.4. *Vencimiento promedio de la deuda gubernamental (días)*

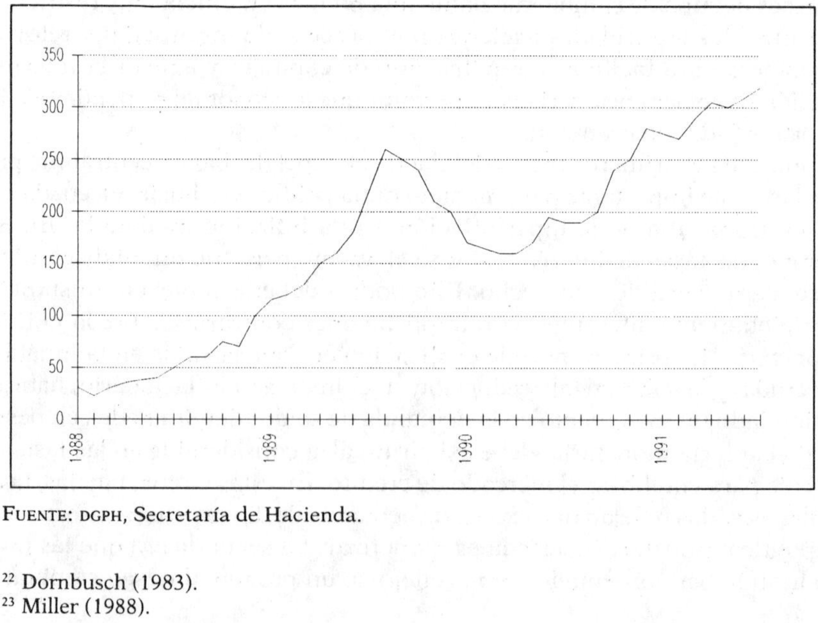

FUENTE: DGPH, Secretaría de Hacienda.

[22] Dornbusch (1983).
[23] Miller (1988).

GRÁFICA I.5. *Tasas de* CETES *a 28 días*
(porcentaje anualizado)

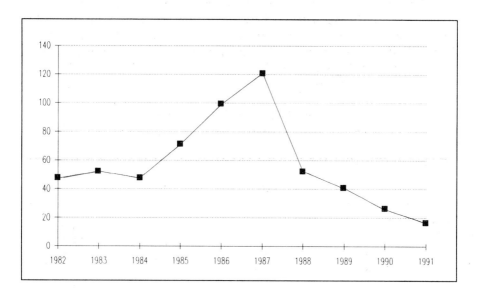

FUENTE: DGPH, Secretaría de Hacienda

Junto con la política crediticia de corto plazo, las autoridades pusieron en marcha una serie de medidas para fortalecer el papel del ahorro financiero privado en respaldo a la nueva inversión. Por este motivo, ha habido un intenso proceso de reforma en tres áreas. En primer lugar, se crearon nuevos instrumentos financieros con vencimientos más largos y con tasas flexibles, con el fin de facilitar las transferencias intertemporales e intergeneracionales entre los agentes económicos y, al mismo tiempo, obtener protección contra la inflación y el riesgo cambiario. En segundo lugar, se pretendía establecer un marco regulador para modernizar a los intermediarios financieros. En diciembre de 1989, el Congreso aprobó un paquete legislativo que incorporaba medidas para reforzar la presencia de las casas de bolsa, compañías de seguros, compañías arrendadoras y almacenes, así como para fomentar el desarrollo de grupos financieros. El tercer elemento fue la privatización de la banca comercial.

En la práctica, la reforma financiera ha sido clave para respaldar la prudente política crediticia del Banco de México, de modo que pudiera evitarse un costo insostenible en términos de actividad económica y empleo. Consecuentemente, la combinación del ajuste fiscal con el desarrollo de un mercado crediticio, para manejar el financiamiento de las necesidades de endeudamiento del sector público, ha propiciado que el gobierno ya no acuda a los fondos del banco central para financiarse, lo que a su vez representa una menor presión inflacionaria. El hecho es que el acervo total de crédito recibido en 1990 por el sector gubernamental no financiero de parte del banco central, disminuyó 11.3% en términos reales. Durante 1991, el gobierno pudo reducir su saldo deudor histórico con el Banco de México en otro 35%, en términos reales.

CUADRO I.11. *Variables monetarias*
(porcentajes)

		$M1^1$	$M4^1$	Tasa de interés real (CETES a 28 días)
1988	I	−12.4	−23.1	4.92
	II	16.6	−14.7	11.37
	III	21.2	−13.4	19.38
	IV	4.3	0.4	29.11
1989	I	9.6	14.7	7.48
	II	1.7	19.4	17.44
	III	7.1	26.2	25.46
	IV	17.0	25.7	29.77
1990	I	14.0	19.5	2.16
	II	19.1	17.3	6.30
	III	13.1	14.8	9.06
	IV	27.1	12.1	8.48
1991	I	10.5	16.2	0.14
	II	11.1	16.3	2.04
	III	10.5	13.9	3.87
	IV	10.8	9.4	1.90

FUENTE: Elaborado con información del Banco de México. Las tasas reales de CETES corresponden al rendimiento anualizado de un peso invertido en CETES el primer día del año y reinvertido en forma continua.
[1] Tasas de crecimiento real.

4.2.4 Política de concertación de precios

Probablemente, uno de los aspectos más controvertidos de los programas de estabilización "no ortodoxos" está relacionado con los controles de precios. Es innegable que cuando hay inflación inercial es difícil alcanzar la estabilización sólo mediante políticas de demanda agregada. Sin embargo, la carencia de una política restrictiva de demanda agregada ocasionaría que la concertación de precios provocara escasez, mercados negros y el eventual fracaso del programa. La administración de precios y salarios bajo el Pacto manejó criterios estrictos que contribuyeran a alcanzar los objetivos macroeconómicos sin crear mayores distorsiones microeconómicas.[24] Entre dichos criterios están los siguientes:

— El Pacto se basó en acuerdos sector por sector, es decir, hubo casos que recibieron tratamiento especial para alcanzar objetivos de inflación globales. La negociación de precios se centró particularmente en sectores líderes, para así aprovechar las estructuras de mercados oligopólicos, heredadas del proteccionismo de décadas anteriores.
— En la primera etapa, se llevó a cabo un riguroso ajuste inicial de los precios y tarifas del sector público con el fin de corregir los rezagos. Estos precios fueron estabilizados posteriormente, con lo cual se redujeron las presiones de costos sobre la inflación. Asimismo, se buscó el apoyo de asociaciones comerciales; por ejemplo, la Asociación Nacional de Tiendas de Autoservicio y Descuento (ANTAD) desempeñó un papel importante como eficaz vigilante de precios. No sólo se tomó en consideración el comportamiento de los precios de bienes comerciables, sino que también se actuó respecto a los eslabones en la cadena productiva. Así, los costos se distribuyeron equitativamente entre productores finales, productores de insumos y consumidores.
— En vista de la reciente apertura comercial, los precios de los bienes comerciables fueron automáticamente determinados por los precios externos y por la política cambiaria. La apertura comercial desempeña un papel crucial en la estabilización de los precios de más de 50 % de la producción total del país.
— La fijación del tipo de cambio con respecto al dólar, durante el primer año, y la política de deslizamiento predeterminado representaron un importante factor en la disminución de las presiones inflacionarias.
— Más que en el congelamiento de precios, el Pacto se centró en el control de la inflación. Un objetivo de cero inflación desde el comienzo, habría resultado demasiado vulnerable frente a las variaciones de los términos de intercambio, además podría haber provocado una grave recesión.

La finalidad del Pacto era eliminar la inflación inercial, y no forzar la inflación a la baja. Por esta razón eran indispensables la disciplina fiscal y

---

[24] Véase discurso de Pedro Aspe, en la presentación del Pacto de Solidaridad Económica, Los Pinos, 15 de diciembre de 1987.

prudentes controles de precios. En la gráfica 1.6 se comparan los índices de escasez del Pacto con los planes Austral y Cruzado. En México, el índice de escasez nunca ha superado el 10%, mientras que en Argentina y en Brasil rebasó la marca de 20 y 40%, respectivamente, durante los primeros doce meses del programa.

CUADRO I.12. *Cambios porcentuales en los saldos del financiamiento del Banco de México al sector público no financiero (en términos reales)*

1981	11.1%	1987	–45.4%
1982	27.8%	1988	–2.2%
1983	–12.6%	1989[1]	40.1%
1984	–18.2%	1990	–11.3%
1985	–10.6%	1991	–35.2%
1986	–11.6%		

[1] Se incluyen los créditos por garantías en la operación de intercambio de los valores de los Estados Unidos Mexicanos por bonos Brady. Sin esta operación el incremento real para el año habría sido de 25.0%.

Al margen de consideraciones macroeconómicas, los controles y mecanismos de negociación han arrojado resultados microeconómicos positivos. El control de precios en los sectores de máxima concentración industrial favorece menores índices de escasez, lo que es congruente con los principios básicos de la teoría de la organización industrial (véase la gráfica I.6).[25] Además, en el caso de economías en desinflación, el papel del gobierno no sólo es crucial para eliminar la inercia salarial, sino también otros tipos de inercia que están relacionados con la necesidad de mayor competencia entre productores y la estructura de los mercados. Un ejemplo de ello ocurrió durante la tercera ronda de negociaciones del PSE, cuando los empresarios creyeron que, dada la tendencia de la economía, el nivel de precios de algunos productos era demasiado elevado como para que lo pudiera soportar el

[25] Este resultado puede ser verificado con la regresión sobre la información disponible a partir de marzo de 1988, tomando como variable dependiente los índices de escasez de 34 productos para los cuales el Banco de México genera datos industriales relevantes utilizando las últimas cifras del Instituto Nacional de Estadística, Geografía e Informática (INEGI).

ESCASEZ = 10.37-7.7466 CONCENTRACIÓN; N = 34 (4.22) (-1.79)
R2 =.51; Método: WLS
ESCASEZ: Índice de escasez (expresado como porcentaje). FUENTE: Banco de México.
CONCENTRACIÓN: Porcentaje de producción correspondiente a las cuatro más grandes compañías de la industria de que se trate. FUENTE: INEGI.

mercado; sin embargo, si uno de los proveedores bajaba sus precios unilateralmente, habría la posibilidad de que hubiese una guerra de precios que terminaría empeorando la situación para todos los productores. Este poco atractivo escenario evitó que hubiera una reducción inicial de precios, a menos que fuera parte de un esfuerzo coordinado. En el contexto de la Comisión del Pacto, y en presencia de las autoridades, los empresarios acordaron una reducción general de precios no controlados de 3%.[26]

Gráfica I.6. *Índice de escasez*
(meses después de la aplicación del programa)

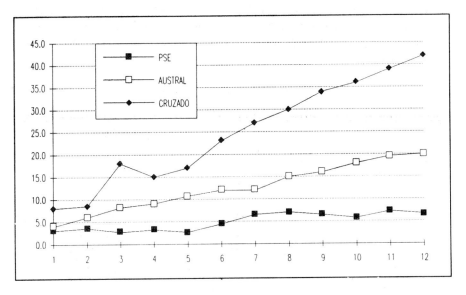

FUENTE: Banco de México y bancos centrales de Argentina y Brasil.

[26] La situación en la cual los precios eran demasiado elevados con respecto a su precio de equilibrio fue más común en áreas donde hay un alto grado de concentración del mercado y, en consecuencia, suele haber problemas de coordinación. La siguiente regresión muestra la relación entre el grado en que un precio se encuentra por encima de su nivel deseado; tal como lo predice un modelo, y la estructura industrial hasta agosto de 1988 para las 26 categorías en el índice de precios al consumidor que corresponden a las actividades industriales, para las que existe información sobre estructura del mercado y que no se hallan bajo control de precios.

La variable dependiente mide el porcentaje de exceso de inflación calculado como la diferencia entre la inflación observada y la simulada para cada sector, utilizando un modelo de inflación inercial. Las variables independientes son el grado de concentración industrial, el porcentaje de consumo total de cada sector que produce bienes de consumo básico, y el grado de liberalización, que es el porcentaje de producción por rama, sujeta a permisos de importación.

4.2.5 Políticas comercial y cambiaria

La disciplina presupuestal y la apertura comercial representaron, junto con el mecanismo de concertación, las medidas estructurales más importantes del Pacto. La negociación con los productores de bienes no comerciables, así como la disminución de barreras al comercio en los sectores de bienes comerciables, eran indispensables para romper la inercia. Además, ambos procesos podrían reforzarse recíprocamente para lograr que bajara la inflación. En el cuadro I.13 se muestra cómo la dinámica de la apertura comercial coincide con el avance del Pacto, a partir de la eliminación de las barreras no arancelarias y siguiendo con la reducción de los aranceles de importación. En la actualidad, sólo 9.1% de la importación de bienes comerciables requiere de un permiso, con un arancel promedio de 13.1% y un máximo de 20.

CUADRO I.13. *Dinámica de la apertura comercial*

	Arancel promedio	Cobertura de los permisos de importación[1]
1983	27.0%	100.0%
1985	22.6%	35.1%
1988	13.1%	21.2%
1989	12.1%	18.4%
1990	10.4%	13.7%
1991	13.1%	9.1%

FUENTE: SECOFI
[1] Porcentaje del valor total de las importaciones sujetas a permisos.

En la gráfica 1.7 se muestran las participaciones de los bienes comerciables y no comerciables en el índice de precios al consumidor. Se advierte que el nivel de precios de los comerciables ha seguido muy de cerca el com-

ADELAN = .281+.844 CONCEN-.154 PERMISOS-2.26 CONTROL;
(-14.1) (4.41) (-0.61) (-2.42)
N= 26, R2 = .99
Método: Mínimos Cuadrados Ponderados (WLS, por sus siglas en inglés).
ADELAN: Porcentaje de incremento en los precios (observados-simulados) CONCEN: Índice de concentración industrial. Fuente: INEGI.
PERMISOS: Porcentaje de la producción industrial sujeta a permisos de precios de importación. Datos de la SECOFI.
CONTROL: Consumo porcentual del bien correspondiente sujeto a control o registro. Fuente: Banxico.

portamiento del tipo de cambio nominal, lo cual no sucede cuando las economías están cerradas y presentan distorsiones internas. Esto confirma el valioso efecto macroeconómico que ha tenido la apertura comercial, independientemente de su papel en términos de eficiencia. Más adelante se presenta una discusión más amplia de este punto.

GRÁFICA I.7. *Nivel de precios de los bienes comerciables y no comerciables*

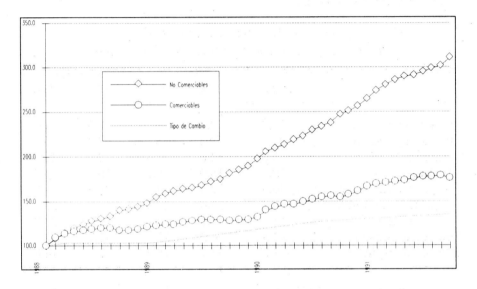

FUENTE: Indicadores Económicos, Banco de México.

En relación con la balanza comercial y la cuenta corriente, observamos que dichas variables se han desplazado de un superávit antes del Pacto a un considerable déficit en la actualidad. Sin embargo, en contraste con lo ocurrido en los años anteriores a la crisis, estas cifras no son reflejo de una economía sobrecalentada, impulsada por el gasto del gobierno y por el sobreendeudamiento externo, sino de una acelerada expansión de la inversión —financiada en forma directa con la repatriación de capitales, flujos de inversión de compañías extranjeras y préstamos voluntarios del exterior al sector privado. Consecuentemente, a pesar de la magnitud del déficit, se acumularon reservas que en noviembre de 1991 fueron aproximadamente de 16 mil millones de dólares, el nivel más alto alcanzado en México.

Las cifras de la balanza comercial confirman la idea de que este deterioro va asociado a una recuperación económica saludable. La mayor parte de las importaciones son de bienes de capital e intermedios del sector privado, que eventualmente se convertirán en exportaciones o bienes que sustituyan importaciones. Asimismo, cabe mencionar que muchas de estas importaciones son la contrapartida de un incremento sin precedentes en la inversión extranjera, debido al clima de confianza generado en el país y a la posibilidad de contar con una zona de libre comercio en América del Norte. En numerosos casos, estas importaciones tienen la ventaja adicional de ir acompañadas de una muy necesaria transferencia tecnológica.

CUADRO I.14. *Balanza comercial*
(variaciones porcentuales con respecto al año anterior)

	1987	1988	1989	1990	1991
Exportaciones totales	27.8	0.3	11.2	17.5	1.0
Pesca y agricultura	−26.5	8.2	5.0	23.3	9.7
Minería	13.0	14.6	−8.4	2.0	−11.4
Manufacturas	40.0	18.0	9.6	10.7	14.9
Petróleo y gas natural	36.8	−22.2	17.3	28.3	−19.2
Importaciones totales	7.0	52.4	25.5	22.9	22.1
Bienes intermedios	14.9	44.6	19.1	12.9	24.2
Bienes de consumo	−9.3	150.3	82.1	45.7	10.6
Bienes de capital	−11.0	53.1	18.4	42.4	24.8

FUENTE: Indicadores Económicos, Banco de México.

Finalmente, las reformas fiscal y comercial afectan las estadísticas comerciales. En el caso de los bienes de consumo es innegable que han aumentado las importaciones registradas, lo que no significa que las importaciones totales de estos bienes lo hayan hecho en la misma proporción. Esto se debe a que, de acuerdo con las nuevas reglas comerciales, los bienes que antes eran objeto de contrabando ahora se registran, lo cual da lugar a una transferencia de la cuenta de errores y omisiones a la cuenta corriente de la balanza de pagos.

4.3. Inflación, empleo y producción durante el Pacto

La estrategia económica basada en la disciplina fiscal y monetaria, la concertación y la Reforma del Estado han arrojado resultados muy alentadores, no sólo en términos del comportamiento macroeconómico de corto plazo, sino en cuanto a la creación de perspectivas para un crecimiento más saludable a largo plazo. El panorama caracterizado por una grave inestabilidad ha sido sustituido por otro en el cual la inflación ocupa un nivel de 20% anual, que tiende a descender rápidamente, en tanto que la producción continúa expandiéndose al doble del ritmo de crecimiento de la población.

GRÁFICA I.8. *Inflación*
(diciembre-diciembre)

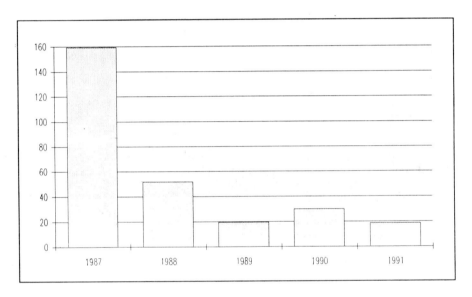

FUENTE: Indicadores Económicos, Banco de México.

En cuanto al aspecto institucional, el mecanismo de concertación dentro del Pacto se ha convertido en un singular foro para la participación de la sociedad en la modernización del país. Finalmente, conforme el ambiente macroeconómico se torna más predecible y crece la confianza del público en sus autoridades, hay mayores posibilidades de acelerar el cambio estructural en áreas como comercio, desregulación, liberalización financiera, privatización, agricultura y combate a la pobreza.

Es muy difícil tener una idea completa del cambio que ha experimentado el país con sólo observar unos cuantos indicadores macroeconómicos. Concretamente, entre 1987 y 1991 la inflación de diciembre a diciembre en precios al consumidor bajó de 159.2% a 18.5%; este hecho resulta aún más impresionante si se observa el desempeño de la inflación mensual, que en enero de 1988 alcanzó una tasa anualizada de casi 600 %.

GRÁFICA I.9. *Tasa de inflación mensual anualizada*
(1982-1991)

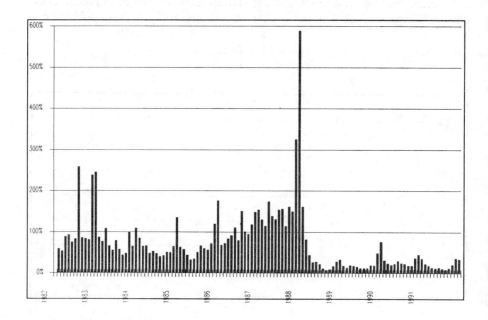

FUENTE: Indicadores Económicos, Banco de México.

Es importante destacar que este satisfactorio comportamiento de la inflación, pese a la gran magnitud del ajuste de la demanda agregada, ocurrió no sólo sin caer en una recesión y desempleo mayores, sino que se recuperó el crecimiento de manera gradual y sostenida. En 1988 el PIB creció 1.3% en términos reales; 3.1% en 1989, 4.4% en 1990, y se espera que para 1991 será también de alrededor de 3.6%.

Al observar las fuentes de crecimiento respecto a la demanda, la reactivación del gasto de consumo privado puede atribuirse primordialmente a la estabilización de los salarios reales, la reducción del impuesto inflacionario, el comportamiento de las tasas reales de interés y la política comercial y cambiaria. Los primeros tres factores se refieren al efecto que el Pacto tuvo y tiene todavía sobre el ingreso familiar disponible. Los asalariados y otros grupos de bajos ingresos, que suelen pagar la mayor parte del impuesto inflacionario, se han beneficiado directamente de la inflación descendente y de la estabilización del poder adquisitivo de su ingreso bruto.

Los ahorradores también han visto crecer su ingreso disponible, debido a las mayores tasas de interés reales. Mientras la apertura comercial y las políticas cambiarias se consideren como permanentes, el gasto total en importaciones incrementará la eficiencia microeconómica.

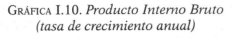

GRÁFICA I.10. *Producto Interno Bruto*
(tasa de crecimiento anual)

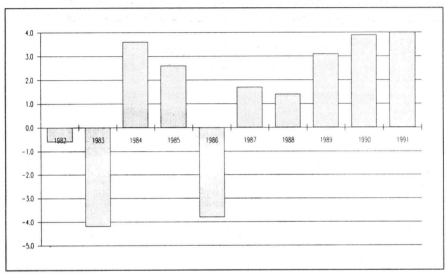

FUENTE: INEGI. Estimación para 1991, Criterios de Política para 1992, Presidencia de la República.

Por una parte, el incremento en la inversión total muestra indicios de una recuperación sólida y sostenida del mercado interno en los años venideros; por otra, es consecuencia de la liberalización y dinámica de las exportaciones del sector manufacturero.

La manera gradual en que ocurrió la reactivación económica resalta la importancia de la contracción fiscal en las primeras etapas del Pacto, sobre todo si se compara con los problemas de sobreexpansión que afrontaron Brasil, Argentina e Israel en sus respectivos programas de estabilización. Esta contracción resulta indispensable cuando la balanza de pagos deja muy poco espacio para actuar. Sin un incremento en el superávit primario, el Pacto habría tenido una suerte similar a la del Plan Cruzado, que de un acelerado crecimiento pasó a una devaluación para regresar, por último, a la hiperinflación.

En México, la política salarial se basó en el principio de eliminación del componente inercial que tuvo su origen en los contratos salariales desfasados. Este hecho dio lugar a una etapa de renegociación salarial en la cual se tomaron acuerdos a partir de la inflación esperada, y no de manera retrospectiva, que suele ser la causa del fracaso de los programas de estabilización basados en la fijación de anclas nominales. Conforme pasa el tiempo, los contratos se vuelven cada vez más largos y la recuperación de los salarios reales se ha alcanzado también de manera gradual. Por ejemplo, a mediados de 1991, los salarios contractuales reales habían recuperado su nivel de 1987 —anterior al Pacto—, en el contexto de un crecimiento mucho más acelerado, expansión de la productividad y estabilidad cambiaria.

GRÁFICA I.11. *Actividad industrial*
(índice ajustado por estacionalidad)

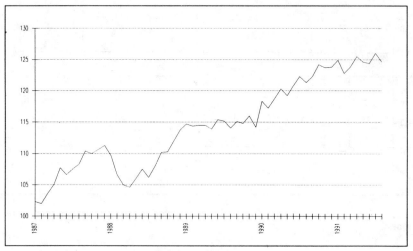

FUENTE: Indicadores Económicos, Banco de México.

La posibilidad de romper con la inercia es el resultado de una mayor confianza de todos los miembros de la sociedad en el programa económico. La confianza se ha recobrado lentamente debido a la consistencia de los procesos y reformas macroeconómicos y estructurales, incluso en algunos momentos cuando resultaba difícil sostener el programa. Esto es especialmente cierto si se toman en cuenta los años en que se fijaron los prerrequisitos para el éxito del Pacto, o durante los primeros meses de su vigencia.

Al efectuar una revisión de lo que informó la prensa cuando se terminaron la primera y la segunda etapas de la concertación, se nota la incertidumbre como factor prevaleciente. Sin embargo, conforme la inflación comenzó a bajar, el optimismo empezó también a cobrar fuerza. Posteriormente, el

CUADRO I.15. *Empleo y actividad económica*

		Tasa de desempleo abierto	Índice de actividad industrial (1980 = 100)
1988	I	3.5	109.3
	II	3.7	107.3
	III	4.0	102.9
	IV	3.2	105.6
1989	I	3.2	112.3
	II	3.0	114.9
	III	3.3	108.3
	IV	2.5	106.5
1990	I	2.5	124.2
	II	2.8	119.8
	III	3.1	116.5
	IV	2.6	112.3
1991	I	2.7	120.9
	II	2.3	122.3
	III	2.9	118.6
	IV	2.6	116.4

FUENTE: Indicadores Económicos, Banco de México, Encuesta Mensual de la Actividad Industrial y Encuesta Nacional del Empleo Urbano, INEGI.

avance en la Reforma del Estado a través de la privatización de grandes compañías y de la banca comercial, así como la culminación de la renegociación de la deuda externa y la perspectiva de un Tratado de Libre Comercio de América del Norte, han convalidado esas observaciones optimistas, que en la actualidad se han traducido en tasas de interés más bajas —y una mayor inversión privada—, y en la perspectiva de un incremento sostenible a largo plazo de la producción, en un contexto de estabilidad cambiaria.

OBSERVACIONES FINALES:
DIEZ IDEAS SOBRE ESTABILIZACIÓN Y CAMBIO ESTRUCTURAL

Tal como se describió brevemente en este capítulo, desde 1983 México ha realizado un proceso profundo y global de estabilización y cambio estructural. Durante ese tiempo hubo etapas en las que fue posible progresar sin mayores obstáculos, pero también hubo momentos en que fue necesario

GRÁFICA I.12. *Trabajadores asegurados permanentemente por el* IMSS
(tasa de crecimiento anual)

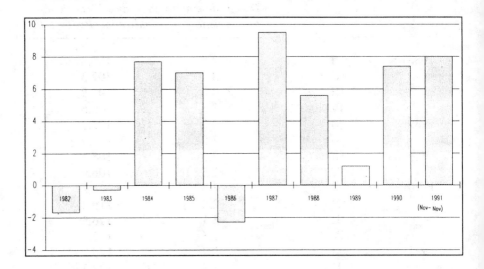

FUENTE: Indicadores de Empleo, IMSS.

CUADRO I.16. *Tasa acumulada del crecimiento anual del índice de salarios reales del sector manufacturero*

Índice (%)		Índice (%)		Índice (%)		Índice (%)	
1988-E	-1.4	1989-E	-1.9	1990-E	1.7	1991-E	3.7
Febrero	-1.2	Febrero	-0.9	Febrero	1.0	Febrero	2.0
Marzo	2.5	Marzo	-0.8	Marzo	-0.2	Marzo	1.9
Abril	-0.8	Abril	0.5	Abril	0.7	Abril	1.5
Mayo	-1.7	Mayo	1.1	Mayo	1.4	Mayo	1.6
Junio	-1.5	Junio	1.5	Junio	1.5	Junio	1.4
Julio	-2.0	Julio	1.7	Julio	1.4	Julio	2.0
Agosto	-2.0	Agosto	2.2	Agosto	1.4	Agosto	2.2
Septiembre	-2.3	Septiembre	2.2	Septiembre	1.2	Septiembre	2.3
Octubre	-3.2	Octubre	2.3	Octubre	1.1	Octubre	2.8
Noviembre	-3.5	Noviembre	2.3	Noviembre	1.1	Noviembre	2.7
Diciembre	-3.3	Diciembre	2.4	Diciembre	1.1	Diciembre	2.9

FUENTE: Indicadores Económicos, Banco de México y Encuesta Mensual de la Actividad Industrial, INEGI.

CUADRO I.17. *La opinión pública y el Pacto*
(porcentaje de respuesta)

	Primera Fase	Segunda Fase	Tercera Fase
Sector privado			
Incertidumbre	47.22	28.57	5.88
Reproches al gobierno[1]	11.11	7.14	0.00
Optimismo	41.67	64.29	94.12
Campesinos y obreros			
Incertidumbre	71.88	22.22	17.39
Reproches a otros sectores	18.75	11.11	21.74
Optimismo	9.38	66.67	60.87

FUENTE: Elaborado a partir de una muestra aleatoria de 131 artículos publicados en los diarios nacionales, de diciembre de 1987 a mayo de 1988.

[1] Opiniones sobre el respaldo al Pacto por parte del gobierno con una política fiscal congruente.

reconocer limitaciones y cambiar el rumbo. En esta parte final me gustaría resumir lo que se ha presentado en gráficas y cuadros desde una perspectiva más práctica; a la vez, trataré de reflexionar sobre lo que nos han enseñado los esfuerzos del pueblo y del gobierno en los últimos nueve años.

1. Lo peor es no hacer nada. Algunas personas piensan que es mejor esperar hasta que surja la hiperinflación para tratar de estabilizar la economía. Argumentan que en ese momento la dinámica de precios y salarios quedaría vinculada completamente al tipo de cambio y, en consecuencia, la reducción de la inflación podría conseguirse mediante la simple fijación de la paridad y la aplicación de una estricta política monetaria, en lugar de conformar y aplicar un amplio conjunto de medidas de cambio estructural para reforzar el ajuste presupuestal y monetario. La experiencia latinoamericana de la década de los ochenta ha mostrado que cuanto más profunda es la crisis tanto más difícil resulta salir de ella, porque el desorden económico no sólo paraliza todas las actividades productivas sino que también daña la confianza entre gobierno, empresarios, obreros y campesinos.

Una recuperación sana y permanente debe basarse en instituciones democráticas sólidas, mediante las cuales sea estudiado y puesto en marcha todo el proceso de modernización de la economía. Ésta es la razón por la que esas instituciones deben ser protegidas de la confusión y la desconfianza. Así, una vez que se detecta un problema, la primera decisión que ha de tomarse es cómo corregirlo antes que sea demasiado tarde.

2. *La calidad y el compromiso de los servidores públicos es vital para el éxito del programa de reformas.* Sin políticos y economistas bien preparados, dispuestos a contribuir con sus ideas y su trabajo a la solución de problemas muy complejos, y sin la voluntad y la unidad para adoptar las decisiones necesarias, no hay programa de modernización económica que pueda tener éxito. Es indispensable contar con personas del más alto nivel que estén convencidas de la filosofía de la estabilización y del cambio estructural en las áreas de control presupuestal, comercio interior e internacional, privatización, regulación industrial, seguridad social, administración laboral, desarrollo social y política tributaria y financiera.

3. *No hay estabilidad macroeconómica sin una reforma profunda y permanente de las finanzas públicas.* La experiencia de estos años nos ha llevado a la convicción de que la ortodoxia fiscal es una condición necesaria para restaurar la estabilidad y el crecimiento económico; sin embargo, hemos aprendido también que no es suficiente en la medida en que persistan desequilibrios estructurales.

Es muy importante resistir la tentación de creer que un programa puede tener éxito con un ajuste fiscal insuficiente y/o temporal, aunque esté relacionado con políticas de ingreso de controles de precios y salarios. Más temprano que tarde dicho programa provocará un deterioro en las cuentas externas y escasez generalizada de los productos, que eventualmente forzarán una devaluación, liberación de precios y reindización de la economía, con el enorme costo de la pérdida de credibilidad en las autoridades.

El ajuste fiscal no sólo debe ser profundo sino permanente. Para ese propósito es imperativo evitar ajustes transitorios que sólo ejercen un efecto cosmético sobre las estadísticas. Deben implantarse acciones permanentes, como la desincorporación de empresas públicas ineficientes, para que la población sepa que las autoridades tienen la voluntad política de avanzar en el programa económico hasta que los objetivos sean alcanzados. En conclusión, un superávit primario considerable es un prerrequisito que debe conseguirse antes de empezar la corrección de la inercia inflacionaria y la selección de anclas nominales para la estabilización.

4. *La estabilización y el cambio estructural deben considerarse como elementos integrales de una sola estrategia.* Las políticas de demanda agregada y cambio estructural contienen elementos que se complementan y refuerzan en forma recíproca, y elementos que son contradictorios. Por esta razón es necesario coordinarlas en la planeación, así como en las fases de aplicación del programa económico. Este punto puede ser ilustrado con dos casos concretos. Por ejemplo, una de las medidas indispensables para

la racionalización de las finanzas públicas es la eliminación de subsidios; sin embargo, cuando éstos se eliminan, los precios de los bienes finales aumentan, reactivando la presión hacia la indización de la economía. En estas circunstancias, es clara la importancia de programarlos adecuadamente en el tiempo: los subsidios deben desaparecer gradualmente, con el fin de asegurar que sean compatibles con los objetivos de inflación, pero el proceso tiene que ser ininterrumpido para evitar el sacrificio del equilibrio fiscal.

De la misma manera, habrá casos en que ambos tipos de políticas operen en la misma dirección: por ejemplo, la reducción de aranceles y la eliminación de barreras no arancelarias no sólo eliminan las distorsiones y conducen a una asignación más eficiente de recursos, sino que también actúan para estabilizar los precios de los bienes comerciables y, por ende, para alcanzar el objetivo global de reducción de la inflación.

5. *La peor deficiencia de un programa económico es la negligencia.* La celeridad con que el gobierno actúe es crucial, ya que pasarán varios meses antes de que los efectos del ajuste empiecen a dar algunos frutos, mientras que los costos se producen de inmediato. Procedimientos prolongados desgastan poco a poco la paciencia de la población y obligan a las autoridades a hacer concesiones que ponen en riesgo el programa en su conjunto. Además, hay procesos que por fuerza llevan tiempo. Por ejemplo, la privatización de las empresas no consiste sólo en anunciar que éstas se encuentran en venta: tiene que hacerse una evaluación detallada de la compañía, programar la estrategia de venta, buscar clientes y seguir paso a paso los procedimientos establecidos en la ley. Cuando hay tanto por hacer y por aprender, el tiempo se convierte en algo extremadamente valioso.

6. *Comenzar por el principio.* El sentido común sugiere que los acontecimientos deben seguir un orden natural. Un programa de estabilización tiene que partir de fundamentos sólidos, tales como un déficit operacional manejable, un adecuado tipo de cambio real y un nivel de reservas internacionales y/o de transferencias netas del exterior congruente con objetivos sostenibles de crecimiento a largo plazo. En una primera fase, la política de corrección en las finanzas públicas debe consistir en recortes parejos en diversos sectores para eliminar los gastos excesivos que se presentan de manera generalizada. Sólo después de haber dado el primer paso, se puede proseguir con las reducciones selectivas de gasto.

Lo mismo ocurre con el proceso de privatización, que debe iniciarse con pequeñas empresas, no sólo para tener la oportunidad de aprender la manera de venderlas, sino para romper con la inercia burocrática de los años de sobreexpansión y crisis. Además, conforme avanza el programa de estabilización, los activos de las empresas paraestatales incrementarán su valor, por lo que resultará posible vender las grandes empresas a un mayor precio.

7. *Congruencia más credibilidad igual a confianza.* Para restaurar y mantener la credibilidad en las autoridades es preciso reforzar la confianza de la población, establecer claramente desde un principio objetivos macroeconómicos y definir el papel del Estado en la economía. Una vez hecho esto, se debe entender que hay que perseverar en el esfuerzo. La credibilidad no es un regalo, sino debe ganarse; se construye paso a paso y se apoya en los hechos y en la congruencia. Más aún, no es algo que se adquiere de una vez para siempre, ya que puede perderse en cualquier momento.

El periodo cubierto por la primera etapa de concertación del Pacto de Solidaridad Económica fue de sólo un mes. Posteriormente, fue de dos a tres meses y, en la actualidad, tiene una duración de un año. Tomó tiempo para que la gente empezara a creer en los acuerdos. La credibilidad se gana en los momentos más difíciles y no cuando los vientos soplan a favor. Si existe el riesgo de reindizar la economía y de retraerse de lo alcanzado en materia de ajuste fiscal, pero las autoridades se mantienen firmes, la sociedad se percata de que su gobierno está dispuesto a cumplir su compromiso. La experiencia ha demostrado que los costos de la incongruencia en las medidas a adoptar son muy altos a largo plazo. No podemos olvidar que, como lo dijo Keynes hace casi 70 años, las expectativas desempeñan un papel crucial en el desempeño macroeconómico. Así lo indican, todavía con mayor claridad, los círculos viciosos de fuga de capitales y recesión en América Latina: los capitales se fugan porque no hay estabilidad interna, y no hay estabilidad porque los capitales se fugan.

8. *El gobierno no puede caminar solo.* La negociación entre los sectores es necesaria para hacer que el programa funcione. Un gobierno no puede detener por su cuenta la inflación y decretar un crecimiento sano: junto con el sacrificio fiscal, se debe avanzar también mediante un ajuste ordenado de los salarios reales y de los márgenes operativos de las empresas, lo que es imposible sin un consenso negociado.

El gobierno debe concertar y dialogar con los diferentes sectores para comunicarles lo que se pretende, escuchar sus comentarios y hacerles ver los costos y beneficios derivados de las medidas que se adoptan. De haber alguna dificultad, hay que estar seguros de saber cómo se originó el problema, cuál es la extensión del daño y qué tiene que hacerse para resolverlo. Se debe resistir la tentación de engañar con las estadísticas o de ocultar algo importante, no sólo porque es moralmente incorrecto sino porque en una sociedad plural y democrática todo sale a la luz pública tarde o temprano.

9. *Ser justos.* La gente puede no entender los detalles técnicos que se

presentan, pero tiene todo el tiempo requerido para advertir si un sector está siendo más favorecido que otro. Se debe, entonces, ser justos: el programa de ajuste demandará sacrificios por parte del gobierno, trabajadores, empresarios y acreedores externos. La carga deberá distribuirse entre ellos de manera justa, lo que no necesariamente significa que sea igual para todos. Ser justos significa proteger a quienes son más vulnerables a la crisis. Asimismo, ningún sector debe tomar ventaja sobre los otros. Por ejemplo, no es posible gravar a la población con impuestos más altos sin dar nada a cambio. Si los ingresos van a ser más elevados, la gente tiene el derecho de contar con servicios de mayor calidad.

10. *Es más fácil bajar la inflación de 200 a 20% que hacerla descender de 20% a niveles internacionales.* Al observar la experiencia de estabilización en los países en vías de desarrollo, así como nuestra propia experiencia, parece que es posible tener éxito en pasar de la hiperinflación a niveles moderados de inflación. Sin embargo, nadie ha logrado aún que la inflación baje hasta un rango entre 4 y 6%. Realizar esta transición final sigue siendo un reto, al mismo tiempo que se refuercen las perspectivas de crecimiento de largo plazo para la economía y se asegure un mejoramiento en el nivel de vida de todos los sectores de la población.

REFERENCIAS BIBLIOGRÁFICAS

Anand, Rito y Sweder van Wijnbergen, *Inflation, External Debt and Financial Sector Reform: A Quantitative Approach to Consistent Fiscal Policy with an Application to Turkey*, Documento de trabajo NBER, 2731, 1988, pp. 3-41.

Aspe, Pedro y Carlos Jarque, "Un modelo trimestral de la economía me-xicana", *El Trimestre Económico*, 1985, 649-682.

Bruno, Michael y Sylvia Piterman, "La estabilización de Israel. Una reseña de dos años", en Bruno *et al.*, *Inflación y estabilización*, pp. 17-67, México, Fondo de Cultura Económica, 1988.

——y Stanley Fischer, *The Inflationary Process in Israel: Shocks and Accommodation*, Documento de trabajo NBER, Serie 1483, 1986, pp. 3-48.

Buira, Ariel, "IMF financial programs and conditionality", *Journal of De-velopment Economics*, 12, 1983, pp. 1/2: 111-136.

Cardoso, Eliana, "El Plan Cruzado. Comentarios", en Bruno *et al.*, *Inflación y estabilización*, México, Fondo de Cultura Económica, 1988, pp. 341-349.

Canavese, Alfredo, y Guido di Tella, "Estabilizar la inflación o evitar la hiperinflación", en Bruno *et al.*, *Inflación y estabilización*, México, Fondo de Cultura Económica, 1988, pp. 189-229.

Deppler, W. y J. Williamson, "Capital Flight: Concepts, Measurements and Issues", en *Staff Studies for the World Economic Outlook*, Washington, D. C.: Fondo Monetario Internacional, 1987.

Díaz Alejandro, Carlos,"Good Bye Financial Repression, Hello Financial Crash", *Journal of Development Economics*, 19, 1/2: 1985, pp. 1-24.

——"Southern Cone Stabilization Plans", en Cline, William y Sidney Weintraub *et al.*, *Economic Stabilization in Developing Countries*, Washington DC: The Brookings Institution, 1981.

Dornbusch, Rudiger, *The Brazilian Tropical Plan*, mimeo., Instituto Tecnológico de Massachusetts, 1987.

——y Alejandro Reynoso, "Financial Factors in Economic Development", *American Economic Review, Papers and Proceedings*, 7: 1989, pp. 204-214.

—— y Alejandro Reynoso, *Note on the Dynamics of Dollarization: A logistic infection model for Mexico and Peru*, mimeo., Instituto Tecnológico de Massachusetts, 1990.

——y Mario Henrique Simonsen, *Inflation, Stabilization with Incomes Policy Support*, Nueva York: El Grupo de los Treinta, 1987.

Eaton, J., "Public Debt Guarantees and Private Capital Flight", *The World Bank Economic Review*, 1.3: 1987, pp. 377-395.

Fanelli, José María, y José Luis Machinea, "Control de la hiperinflación: El caso del Plan Austral", en Bruno *et al.*, *Inflación y estabilización*, México, Fondo de Cultura Económica, 1988.

Fischer, Stanley, *Dynamic Inconsistency, Cooperation and the Benevolent Disembling Government*, mimeo., Instituto Tecnológico de Massachusetts, 1979.

——y Seigniorage and the case for a National Money", comp. en *Indexing, Inflation and Economic Policy*, Cambridge; MIT Press, 1988.

——, "Wage Indexation and Macroeconomic Stability", *Carnegie Rochester Series on Public Policy*, 1977, pp.

Friedman, Milton, "The Role of Monetary Policy", *American Economic Review*, 58, 1: 1968, pp. 1-17.

Fry, Maxwell, *Money Interest and Banking in Economic Development*, Baltimore, Johns Hopkins University Press, 1988 pp. 477-525.

Helpman, Elhanan, *Price controls, Economic Efficiency and Market Structure*, mimeo., Instituto Tecnológico de Massachusetts, 1987.

Hernández, Silvia y Alejandro Reynoso, *Expectativas y estabilización. Un modelo bayesiano de inflación inercial para el Pacto de Solidaridad Económica en México*, mimeo., Secretaría de Hacienda y Crédito Público, 1990.

Hierro, Jorge, *Financial Liberalization and Inflation*, mimeo., Instituto Tecnológico de Massachusetts, 1988.

Krugman, Paul, "A Model of Balance of Payments Crisis", *Journal of Money, Credit and Banking*, 11,3: 1979, pp. 311-325.

——y Lance Taylor, "The Contractionary Effects of a Devaluation", *Journal of International Economics*, 8,3, 1978, pp. 445-456.

Lanyia y R. Scorogulu, "Interest Rate Policies in Developing Countries", *International Monetary Fund Ocassional Papers*, 22, 1983.

Lucas, Robert, "Some International Evidence on Output-Inflation Trade Offs", *American Economic Review* 63,3: 1973, pp. 326-334.

Marglin, Stephen, *Growth, Distribution and Prices*, Cambridge: Harvard University Press, 1984.

McKinnon, Ronald, *Money and Capital in Economic Development*, Washington, D.C., The Brookings Institution, 1973.

——y Donald Mathieson, "How to Manage a Repressed Economy", *Princeton Essays in International Finance*, 145: 1981, pp. 1-30.

Miller, V., *Bond Maturity and Inflation Uncertainty: The Case of Mexico*, tesis inédita, Instituto Tecnológico de Massachusetts, 1989.

Modiano, Eduardo. "El primer intento del cruzado", en Bruno *et al.*, *Inflación y estabilización*, México, Fondo de Cultura Económica, 1988.

Polak, J., "Monetary Analysis of Income Formation and Payments Problems", *Documentos ejecutivos del FMI*, 1957.

Ramírez, C., "Currency Substitution in Argentina, Mexico and Uruguay", *Documentos ejecutivos del FMI*, 1985.

Reynoso, Alejandro, *Inflación y estructura económica*, mimeo., Secretaría de Hacienda y Crédito Público, 1990.

Taylor, J., "Aggregate Dynamics and Staggered Contracts", *Journal of Political Economy*, 1980.

——, "Estimation and Control of a Macroeconomic Model with Rational Expectations", *Econométrica*, 47-5, 1979, pp. 1267-1286.

Taylor, Lance, *Structuralist Macro-economics. Applicable Models for the Third World*, Nueva York: Libros Básicos, 1983.

Van Wijnbergen, S., "Macro-economic Effects of Changes in Bank Interest Rates: Simulation Results for South Korea", *Journal of Development Economics*, 18,2-3, 1985, 541-554.

——, "Inflation, Balance of Payments Crisis, and Public Sector Deficits", en Helpman, Elhanan, *et al.*, *Economic Effects of the Government Budget*, Cambridge: MIT Press, 1988.

II. REFORMA FINANCIERA Y FISCAL

EXISTE una importante interacción entre los sistemas financieros y los sistemas impositivos. Por una parte, es a través de los impuestos, la inflación y el ahorro voluntario como se financia la mayor parte de la inversión y, por ende, la mayor parte de la expansión de la producción y el empleo; por otra, los impuestos y la tasa de interés redistribuyen la riqueza de la nación de una generación a otra, o de un grupo a otro. En consecuencia, al ocuparse de asuntos financieros y fiscales, uno no puede darse el lujo de pensar sólo en términos de equilibrios macroeconómicos, sino que es muy importante tener conciencia del efecto social de cada decisión de política.[1]

La existencia de un vínculo entre distribución y crecimiento no es nada nuevo entre los economistas, pero la forma en que ambas variables interactúan mediante los canales fiscal y financiero ha ido cambiando. Hace más de un siglo, la teoría marxista sostuvo que el crecimiento se debía a que la mano de obra recibía en pago un salario inferior al valor de la producción que generaba. Esto creaba una plusvalía que se podía incrementar —o reproducirse a sí misma, en palabras de Marx— conforme la reinversión aumentara la productividad de la fuerza de trabajo sin generar necesariamente un incremento en los salarios reales. En el siglo XX, la relación entre distribución y crecimiento fue sujeta a revisión, y el énfasis se trasladó de los acontecimientos en el mercado de trabajo hacia una visión más normativa. Por ejemplo, la teoría del crecimiento de Kaldor en la década de los cincuenta sostenía que, con el fin de alcanzar una elevada tasa de expansión de la producción, era necesario redistribuir el ingreso de los grupos con más alta propensión a gastar (generalmente trabajadores o personas de bajos ingresos) hacia los grupos con más elevada propensión a ahorrar. En estas condiciones, una distribución más inequitativa era el subproducto inevitable de un exitoso programa de industrialización.

La experiencia de los últimos 25 años en los países en vías de desarrollo, sin embargo, ha demostrado lo contrario. Una distribución cada vez más inequitativa del ingreso y de la riqueza no sólo no se traducía en un crecimiento más acelerado y sostenible en cada caso,[2] sino que —como se

---

[1] Para una revisión global de las teorías de la distribución y el crecimiento, véase Marglin (1985), y Aspe y Sigmund (1983).

[2] La figura 2.1, elaborada con datos del Banco Mundial, muestra que existe una relación negativa entre el crecimiento y la inequidad en la distribución del ingreso. Con los datos de

GRÁFICA II.1. *Comparación internacional*
de la distribución del ingreso y el crecimiento

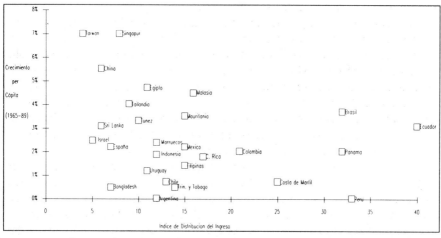

Índice de Distribución del Ingreso

FUENTE: Informe sobre el Desarrollo Mundial, Banco Mundial (1991). El índice de desigualdad del ingreso resulta de multiplicar la proporción de ingreso devengada por los dos deciles del ingreso más alto y los dos deciles del ingreso más bajo.

demuestra en estudios[3] más recientes—, los países con peor distribución del ingreso crecieron más lentamente en promedio y fueron, al parecer, mucho más vulnerables a los choques externos.

México puede ser considerado como uno de los casos en que la distribución regresiva del ingreso ha estado asociada a un pobre desempeño del crecimiento. Después de haber seguido una estrategia basada en exenciones de impuestos y apoyos a las industrias nacientes y a otros "sectores de alta prioridad", se esperaba que un sector financiero reprimido ofreciera una forma barata y no inflacionaria de financiar el déficit presupuestal.[4] Como resultado, la economía desarrolló un marco institucional incapaz de responder a choques externos desfavorables. Era imposible elevar impuestos y tasas de interés y, por tanto, había que recurrir al financiamiento

31 países en desarrollo, de los que existe información disponible sobre distribución del ingreso en el periodo 1965-1989, se puede formular la siguiente regresión:
GROWTH = 3.915 - .0743*INEQ;
(6.143) (-2.017)
R2=.119; CORR(GROWTH,INEQ)=-.3456.
[3] Al utilizar una muestra de 24 países democráticos para el periodo 1965-1985, Alesina y Rodrik (1991) estimaron que una reducción de 10% en la participación del ingreso de 20% de los más ricos, incrementaría la tasa anual de crecimiento cerca de 0.3%.
[4] La represión financiera, tal como se usa en la bibliografía correspondiente, se refiere a medidas como la regulación de la tasa de interés, controles cuantitativos del crédito, uso de reservas obligatorias de los bancos comerciales para otorgar crédito al gobierno, etcétera.

inflacionario y/o a la contracción de la demanda agregada. Cuando el gobierno ya no podía recortar más el gasto, la economía tenía que enfrentar devaluaciones y caídas en los salarios reales.[5]

Los hechos han demostrado que una mala distribución del ingreso y un rígido sistema financiero y fiscal son una combinación incompatible con el crecimiento a largo plazo. En dicho contexto, los esfuerzos del ajuste sólo pueden reducir los salarios reales hasta un cierto nivel. Después de ello, la única alternativa consiste en aumentar la inflación, la cual, una vez ubicada en el rango de los dos dígitos, introduce costos extremadamente altos en términos de la eficiencia de los mercados como mecanismos para asignar los recursos, los incentivos económicos requeridos para incrementar la inversión y la resultante inequidad en la distribución del ingreso.[6]

Este razonamiento desempeñó un papel importante en el diseño del programa de estabilización en México. En este capítulo se explican las reformas en las políticas financiera, tributaria y presupuestal. La revisión de la política fiscal y financiera en México se efectúa desde la doble perspectiva del crecimiento y la justicia social. Por ejemplo, la primera sección analiza la reforma financiera desde dos ángulos: i) el papel de la innovación financiera y la liberalización para generar ahorro adicional y permitir que los precios y las cantidades respondan a los choques externos, y ii) el de la banca de desarrollo como instrumento de apoyo a una nueva estrategia de industrialización basada en el acceso de los pequeños y microempresarios al crédito. El análisis de la reforma fiscal, que se realiza en la segunda sección, muestra cómo los ingresos tributarios se incrementaron por medio de una distribución mucho más equitativa de la carga fiscal entre sectores y grupos de ingresos, y no a través de tasas impositivas más elevadas. Finalmente, en la tercera sección, se describe el programa de gasto social del Presidente Salinas de Gortari, en términos del apoyo que brinda a la población que vive en condiciones de pobreza y a la canalización de recursos a las actividades productivas.

1. Reforma financiera

Antes de comentar las características deseables en un sistema financiero y, por tanto, la estrategia de una reforma financiera, es importante reconocer que las instituciones y el marco regulador del sector financiero pueden tener una influencia muy significativa sobre el crecimiento y el desarrollo económico, por lo menos en las siguientes tres formas:

---

[5] Krugman y Taylor (1978).
[6] Dornbusch y Reynoso (1989).

a) Las instituciones financieras pueden magnificar o amortiguar los choques internos y externos en la economía. La forma en que legalmente se les permite operar afecta la aplicación, por parte de las autoridades monetarias y fiscales, de una política anticíclica eficaz.

b) En la medida en que el crecimiento requiere de inversión y ésta requiere de ahorro, los intermediarios financieros pueden obstruir o facilitar este proceso, proporcionando los instrumentos para que la gente ahorre y canalizando esos ahorros a actividades con tasas de rendimiento atractivas.

c) Debido a las economías de escala existentes en los servicios financieros y al costo de la información en los países en desarrollo, el crédito no suele estar al alcance de las pequeñas empresas. Esto significa que proyectos rentables se dejan de realizar, además de que los mercados financieros incompletos pueden tener un efecto regresivo sobre la distribución del ingreso.

Debido a esta complejidad, una exitosa reforma financiera tiene que ser vista como un paquete de medidas que no comienza ni termina con la fijación o la liberación de las tasas de interés, sino que debe incluir medidas para respaldar la creación de nuevos instrumentos financieros, redefinir el papel de los bancos de desarrollo y comerciales, así como las políticas fiscales y monetarias apropiadas al nuevo marco regulador. Para tener una visión lo más clara posible de las dimensiones económicas y sociales de la reforma financiera, me gustaría discutir en detalle tres factores financieros que son determinantes para el desarrollo económico: los dos primeros se refieren a la manera en que una reforma financiera puede contribuir a la eficiencia económica, y el tercero considera el impacto social de las instituciones financieras.

1.1. La dimensión macroeconómica de la reforma financiera

1.1.1. Estructura financiera y estabilidad macroeconómica en la experiencia mexicana

La historia moderna del sistema financiero mexicano comenzó en 1925 con la promulgación de la ley que creó el Banco de México y con el establecimiento del marco de lo que después sería un sistema financiero de tres niveles. En un primer nivel estaban los bancos comerciales, cuya función principal consistía en captar depósitos a corto plazo y otorgar créditos —también a corto plazo— en favor de empresas, al tiempo que financiaban las necesidades de crédito del Estado. El segundo nivel estaba formado por las instituciones auxiliares (seguros, fianzas y compañías almacenadoras) y las financieras, que captaban el ahorro a largo plazo proveniente a veces de los bancos pero sobre todo del público que, a su vez, sería utilizado para proveer de financiamiento a largo plazo tanto a empresas como a consumidores. Finalmente, el tercer nivel correspondía a los bancos de fomento, cuyos fondos provenían principalmente de los recursos públicos bajo la forma de asignaciones presupuestales, recursos externos o créditos recibidos del Banco de México. Por su parte, estos fondos se usaban para el financiamiento de pequeñas empresas, agricultores privados y ejidatarios, obras públicas o créditos de largo plazo como los hipotecarios.

Las instituciones de crédito que pertenecían a la iniciativa privada estaban reguladas por la Secretaría de Hacienda y el Banco de México, mediante tres instrumentos.[7] En primer lugar, existía el encaje legal que implicaba un crédito obligatorio en favor del sector público sin costo o a tasas bajas. En segundo lugar, se establecieron controles cuantitativos al crédito de acuerdo con un esquema conocido como "sistema de cajones selectivos"; conforme a este esquema, los intermediarios tenían la obligación de mantener una determinada proporción de sus carteras de préstamo asignada a ciertos sectores, como la agricultura o las pequeñas y medianas empresas. En tercer lugar, tanto las tasas pasivas como las activas eran determinadas por las autoridades y solían permanecer fijas por periodos muy largos. El mercado de valores desempeñaba un papel muy limitado dentro de este contexto. Prácticamente no había espacio para las operaciones de mercado abierto y, por tanto, la política monetaria se realizaba esencialmente mediante el financiamiento del Banco de México al sector público y mediante el ajuste del encaje legal para los intermediarios.

Este sistema financiero sencillo, especializado y regulado funcionó bastante bien durante los primeros años de la industrialización mexicana. Como puede verse en el cuadro II.1,[8] durante los años cincuenta y sesenta, el gobierno recurrió muy poco al financiamiento inflacionario. Esto permitió el desarrollo de la intermediación financiera, en un contexto de estabilidad de precios y cambiaria, así como de acelerado crecimiento de la producción.

Durante la década de los setenta, las autoridades realizaron una serie de reformas menores al sistema financiero. El objetivo consistía en dar mayor flexibilidad a las tasas de interés y en hacer más eficientes las operaciones bancarias, pero estas reformas no modificaron la esencia de la intermediación financiera en México. En 1974,[9] entró en vigor una legislación para incrementar las operaciones que podían realizar los bancos comerciales y, desde entonces, surgió lo que se conocería como "banca múltiple". Dentro de

---

[7] Véase Solís y Brothers (1961).

[8] El cuadro 2.1 se preparó con información del Banco de México.

[9] Los bancos múltiples comenzaron a operar desde diciembre de 1976.

GRÁFICA II.2. *Tipo de cambio nominal*
(pesos por dólar)[1]

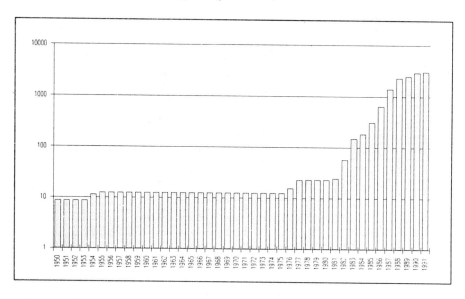

FUENTE: Indicadores Económicos, Banco de México.
[1] Promedio del periodo.

este nuevo esquema, una misma institución podía ofrecer servicios especializados tales como depósitos, cuentas de ahorro, hipotecas y administración de fondos fiduciarios, que antes estaban a cargo de bancos especializados.[10] En ese mismo año, el Congreso aprobó la Ley del Mercado de Valores, creando el marco legal para el desarrollo de los intermediarios financieros no bancarios, al tiempo que establecía la Comisión Nacional de Valores para supervisar y regular las operaciones en los mercados de capitales y de dinero.

Respecto a la innovación financiera, en mayo de 1977 se decidió diversificar los instrumentos de depósito ofrecidos al público. El cambio más interesante fue el establecimiento de cuentas de depósito con fechas predeterminadas de retiro, que pagarían rendimientos más elevados que los instrumentos tradicionales. En esta ocasión, las tasas de interés no estarían fijas, pero el Banco de México tenía la facultad de determinar el rendimiento máximo de estos instrumentos.

Pese a estas reformas, los acontecimientos de los últimos 20 años de-

[10] Esta reforma dio lugar a una primera revisión del régimen del encaje legal. El 1º de abril de 1977, el Banco de México estableció una tasa única de encaje para los instrumentos denominados en pesos de instituciones constituidas bajo la forma de banca múltiple.

mostraron que el sistema era demasiado rígido para funcionar de manera adecuada en épocas de moderada o elevada inflación, y que posponer la realización de las reformas necesarias en el sector financiero agravó en forma decisiva tanto la dinámica como la extensión de la crisis. El control monetario se tornó cada vez más limitado, porque el requisito de reserva mínima en un contexto inflacionario, exacerbado por los mayores requerimientos de endeudameinto del sector público y una capacidad más limitada para captar fondos en el exterior, llegó a estar determinado sobre todo por la evolución del déficit público, reduciendo con ello sus posibilidades de operar como un eficaz instrumento de regulación de la cantidad de dinero.

El mantener un tipo de cambio fijo a principios de los setenta, cuando se aceleró la inflación, ejerció presión sobre la balanza de pagos al apreciarse el tipo de cambio real. Además, como no se permitió que las tasas de interés respondieran suficientemente a una inflación más alta (y a la eventual devaluación del peso) se alimentó también el proceso de fuga de capitales, profundizando los desequilibrios externos.

Por otra parte, al hacer un nuevo y cuidadoso examen de los acontecimientos que desembocaron en las crisis de 1976 y 1982 en términos de mercados financieros, se ha llegado a la conclusión,[11] de que los controles cuantitativos de crédito (y la combinación de tasas de interés y de tipo de cambio fijos) estuvieron muy ligados al proceso en el que ocurrían simultáneamente fuga de capitales privados y endeudamiento privado externo en los meses anteriores a las devaluaciones. Los bancos se veían obligados a racionar el crédito sin la intervención gubernamental (porque mucha gente retiraba su dinero para colocarlo en el exterior) en un ambiente de dolarización[12] y las empresas tenían que endeudarse en el exterior para poder seguir operando.

A principios de la década de los ochenta fue evidente que el sistema financiero contribuía a generar un ambiente volátil y que las instituciones financieras se habían debilitado debido tanto a las regulaciones como a las condiciones macroeconómicas. Por ejemplo, se exigía a las compañías de seguros que mantuvieran sus reservas en instrumentos que pagaban una tasa de interés nominal fija de menos de 5% durante los años de alta inflación, lo que se tradujo en una grave y acelerada descapitalización del sector. Además, los bancos habían sido golpeados por las devaluaciones, la dolarización y la fuga de capitales, de tal suerte que, cuando fueron nacionalizados en 1982, se encontraban ya en una situación delicada.

---

[11] Reynoso (1988).

[12] Se permitió a los bancos recibir depósitos denominados en dólares, los cuales estuvieron sujetos a un requisito de reserva mayor que los depósitos denominados en pesos. Este hecho provocó el racionamiento del crédito, pues la sustitución de la moneda dio comienzo ante la expectativa de una maxi-devaluación. Veáse Dornbusch y Reynoso (1988).

CUADRO II.1. *Indicadores financieros de México (1951-1991)*

	Crecimiento del PIB	Inflación	Tasas nominales pasivas[1]	Profundización financiera [2]	Impuesto inflacionario (% PIB)	Crédito neto del Banco de México al gobierno[3]
1951	7.69	23.97	8.00	16.74	2.21	0.7
1952	3.94	4.00	8.00	15.74	0.66	0.5
1953	0.29	-1.92	8.00	18.79	0.66	1.0
1954	9.99	7.84	8.00	16.77	1.89	0.7
1955	8.50	14.55	8.00	16.43	1.11	-1.7
1956	6.88	5.29	8.00	15.64	1.17	0.0
1957	7.55	6.03	8.00	14.72	0.68	0.4
1958	5.31	3.32	8.00	14.23	0.76	1.5
1959	3.01	0.00	8.00	14.85	0.57	0.3
1960	8.11	5.50	8.00	18.21	0.38	0.5
1961	4.92	0.00	8.00	18.93	0.46	1.1
1962	4.69	1.30	8.00	20.72	1.28	0.7
1963	8.00	2.15	8.00	22.31	1.63	0.2
1964	11.67	5.04	8.00	22.61	2.36	0.2
1965	6.5	0.80	8.00	23.93	1.23	0.8
1966	6.9	1.98	8.00	25.98	1.24	0.8
1967	6.2	0.78	8.00	28.18	1.72	-0.1
1968	8.1	1.93	8.00	29.76	1.72	0.2
1969	6.3	1.68	8.00	32.08	1.46	1.3
1970	6.91	6.95	8.00	33.97	1.24	0.2
1971	4.19	5.26	8.00	35.08	2.29	-0.2
1972	8.47	5.00	8.00	35.88	2.39	3.7
1973	8.43	12.04	12.91	33.46	2.56	3.3
1974	6.10	23.75	12.44	30.34	3.12	3.7
1975	5.63	11.20	11.97	31.46	3.92	3.0
1976	4.23	27.10	12.12	28.84	3.68	1.8
1977	3.45	20.70	14.04	22.04	3.90	12.8
1978	8.25	16.20	15.88	24.86	3.58	3.7
1979	9.16	20.00	17.52	26.00	4.31	5.1
1980	8.33	29.80	24.25	32.72	4.88	6.0
1981	7.95	28.70	31.81	35.34	5.51	5.9
1982	-0.55	98.80	46.12	38.75	10.00	17.5
1983	-5.28	80.80	56.44	35.56	6.72	11.3
1984	3.68	59.20	47.54	1.87	5.91	8.8
1985	2.78	63.70	65.66	32.84	1.78	9.9
1986	-3.53	105.70	95.33	39.16	3.41	13.6
1987	1.70	159.20	104.30	42.39	3.29	11.3
1988	1.30	51.60	45.48	34.20	1.53	6.1
1989	3.10	19.70	40.11	39.53	0.43	1.0
1990	4.4	29.90	29.20	44.30	1.22	2.9
1991	3.60	18.80	19.9	45.49	0.66	0.0

FUENTE: Banco de México.
[1] Tasas de los bonos hipotecarios antes de 1973. Después de 1973 es el costo porcentual promedio de captación (CCP) del sistema bancario.
[2] (M4 / PIB); a lo largo de la serie se utiliza la definición más amplia de dinero existente en cada periodo.
[3] Como fracción del PIB. Incluye el sector público financiero.

REFORMA FINANCIERA Y FISCAL

GRÁFICA II.3. *Tipo de cambio real*
(índice)[1]

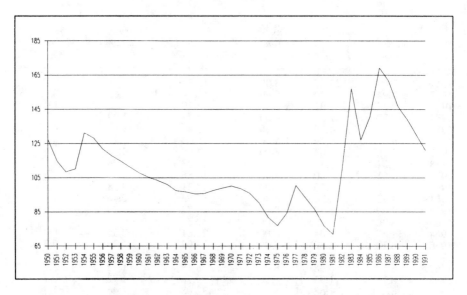

FUENTE: Indicadores Económicos, Banco de México.
[1] Definido como R = tipo de cambio nominal en pesos por dólar* nivel de precios externos / nivel de precios internos. Elaborada utilizando el nivel de precios de los Estados Unidos como nivel de precios externos. Valores más elevados del índice significan una depreciación relativa del peso. Son datos al final del periodo.

En conclusión, los hechos sugieren que tan pronto como se rompió la disciplina fiscal de los años del "desarrollo estabilizador", el sistema financiero tenía que hacerse más flexible para evitar tanto la fuga de capitales y el deterioro en los balances de los intermediarios financieros como la necesidad de financiamiento inflacionario, dando al mismo tiempo a las autoridades una visión más clara de los límites reales del financiamiento deficitario del crecimiento económico.

1.1.2. Políticas financieras y promoción del ahorro
  en la experiencia mexicana

Independientemente de su papel como puntales de la estabilidad a corto plazo, las instituciones financieras desempeñan la tarea de captar el ahorro y canalizarlo a proyectos productivos. Sobre este respecto, se ha entablado un fuerte debate en relación con el grado en que las instituciones financieras pueden ejercer realmente influencia sobre la tasa de ahorro. Quienes proponen las teorías[13] del ciclo vital, consideran que los principales determinantes del ahorro se asocian más a la estructura de edades de la población que a las instituciones financieras. Otro punto del debate tiene que ver con la relación entre la inversión y el ahorro internos. La respuesta a ambas cuestiones depende mucho de las características de cada país en particular; en el caso de México, la experiencia de largo plazo sugiere que los cambios en el sector financiero pueden afectar no sólo el nivel de intermediación financiera sino también el volumen global de ahorro. Además, se concluyó que los incrementos en el ahorro privado y público pueden contribuir de manera real al crecimiento, ya que están asociados a niveles más altos de inversión interna.[14]

Comparado con países con mayores tasas de crecimiento, en México las tasas de ahorro e inversión son bajas; por ejemplo, mientras que los países de la Cuenca del Pacífico invierten aproximadamente 30% del PIB, en México apenas se rebasa 20%. Esta cifra también parece reducida si se le compara con las tasas de inversión alcanzadas durante los años de crecimiento más acelerado, cuando la tasa de formación bruta de capital fijo llegó a 27% del PIB. Así, para sostener una tasa aceptable de expansión del ingreso per cápita, se requiere aumentar la tasa de ahorro, a través de una disciplina fiscal adicional y de más ahorro privado, tanto interno como externo.

Para tener una idea de lo que debiera hacerse con el fin de incrementar el ahorro, primero es necesario observar en detalle los factores que han afectado el comportamiento del ahorro privado[15] en México durante los

[13] Blanchard y Fischer (1990).
[14] Feldstein y Horioka (1979) señalaron que cuando hay movilidad perfecta de capitales, sin importar dónde se generaron los ahorros, la inversión tendría lugar donde la productividad marginal del capital fuera mayor. En consecuencia, si la tasa de ahorro aumentara en nuestro país, ceteris paribus el resto del mundo, la inversión externa de México en los países extranjeros aumentaría y, en consecuencia, las políticas financieras programadas para hacer que la gente ahorre más contribuirían muy poco a la inversión y crecimiento. La llamada prueba Feldstein-Horioka considera la relación entre inversión y ahorro, y puede demostrarse que la hipótesis de que no existe relación entre ahorro e inversión se desecha en el caso de México, siendo el coeficiente de la inversión pública no significativamente diferente de 1 a un nivel de significancia de 5%.

Variable dependiente: inversión fija bruta/PIB (1950-1990)
Método: Cochrane-Orcutt

Variable explicativa	Coeficiente	Estadístico-t
Constante	0.108	3.57
Ahorro privado	0.539	3.86
Ahorro público	0.805	4.58
Rho	0.718	6.12

$R2= 0.792$ D.W.= 1.70

[15] El ejercicio se refiere al ahorro voluntario privado, definido como: Ingreso nacional-Impuestos directos-Cuotas de seguridad social-impuesto inflacionario-consumo.

últimos 40 años.[16] El primer factor de importancia es que el ahorro privado voluntario no ha sido desplazado por formas de ahorro forzoso no inflacionario. En otras palabras, los impuestos y las cuotas por concepto de seguridad social se han complementado con otras formas de ahorro privado, lo cual se debe a que la gran mayoría de la población no ha tenido acceso a los instrumentos de ahorro para el retiro y para asegurarse contra diversos riesgos. En consecuencia, el ahorro voluntario se relaciona con otras razones para ahorrar, como medidas de precaución para casos de gastos no previstos o, en las empresas, como autofinanciamiento.[17] Como los ahorradores no han podido efectuar transferencias intertemporales e intergeneracionales por medio del sistema financiero, recurrieron a otros medios; entre ellos, tener más hijos que cuidaran de sus padres cuando envejecieran o comprar bienes duraderos, que ciertamente no son registrados como ahorro.

Un segundo elemento, estrechamente relacionado con la situación anterior, es que el ahorro voluntario responde de manera positiva a la innovación e intermediación financieras —medida esta última por el grado de profundización financiera[18]— lo que indica también el grado de fragmentación de los mercados financieros. Existe evidencia de que, debido a la falta de instrumentos para protegerse contra la inflación y los riesgos cambiarios, por no mencionar sino sólo algunos tipos de riesgo, el público prefiere adquirir bienes duraderos. En consecuencia, la creación de nuevos instrumentos financieros también contribuye a promover el ahorro.

[16] A partir de las series elaboradas con datos obtenidos de las cuentas nacionales y del Banco de México, y utilizando un método de variables instrumentales para tomar en cuenta el posible problema de simultaneidad entre el ahorro financiero y el ahorro voluntario privado, se llegó a los siguientes resultados. Los instrumentos utilizados, además de la variable dependiente exógena y rezagada, fueron una variable dummy después de 1982, M4/PIB, la tasa de ahorro externa, la tasa de inflación y la tasa de ahorro financiero rezagada un periodo.

Variable dependiente: ahorro voluntario privado/PIB (datos anuales, 1950-1990)
Método: Variables instrumentales

Variable explicativa	Coeficiente	Estadístico-t
Constante	−0.00053	−0.17
Ahorro voluntario (T-1)	0.50045	0.40
Impuestos directos +		
Seguridad social/PIB	0.04588	0.23
Ahorro financiero definido como:		
Incremento en M4/PIB	0.27398	1.96
Distribución del Ingreso definida como:		
Salarios/Ingreso nacional	0.14590	1.63
Tasa de interés real	0.00085	2.26

R2= 0.89   D.W.= 2.05

[17] McKinnon (1973).
[18] McKinnon (1973).

CUADRO II.2. *Comparaciones internacionales de tasas de ahorro e inversión*
(1980-1989)

	Crecimiento del *PIB* per cápita	Ahorro/*PIB*	Inversión/*PIB*
Países desarrollados	1.5%	22.3%	22.1%
Países en desarrollo			
África	-3.7%	10.1%	15.1%
Lejano Oriente	6.4%	30.2%	29.9%
Medio Oriente	2.9%	18.4%	22.4%
América Latina	-2.2%	16.9%	18.8%
México	-2.0%	21.1%	20.7%

FUENTE: Informe sobre el Desarrollo Mundial, Banco Mundial, varios números y Cuentas Nacionales, SPP.

Un tercer elemento se refiere al grado de desigualdad en la distribución del ingreso. Utilizando datos sobre la distribución factorial del ingreso[19] como aproximación para el ingreso personal,[20] se encontró que, contrariamente a la tesis de Kaldor, ampliar la participación del ingreso del trabajo en el ingreso nacional contribuye a incrementar el ahorro voluntario.

Finalmente, existe evidencia de que tasas de interés reales negativas disminuyen el nivel del ahorro voluntario. En síntesis, las políticas financieras al igual que el sistema financiero, al menos en un país con las características de México, pueden, por consiguiente, ejercer un impacto significativo sobre el ahorro voluntario a largo plazo. Una política de tasas de interés reales positivas, combinada con la creación de nuevos instrumentos financieros y una política fiscal activa para recaudar más impuestos y mejorar la distribución del ingreso, puede promover mayor ahorro, inversión y crecimiento.

1.1.3. La reforma financiera (1983 - 1991)

A la luz de lo que se ha comentado en las dos secciones anteriores, podría sostenerse que un programa efectivo de reforma en México, tanto desde el punto de vista de la estabilidad macroeconómica a corto y mediano plazo, como de la promoción del ahorro a largo plazo, tendría que modificar las instituciones financieras por lo menos en las siguientes cinco áreas:

[19] En este ejercicio se tomó como la razón del ingreso del trabajo al ingreso nacional total.
[20] Para un análisis más completo de los datos disponibles y la evolución de la distribución del ingreso en México, véase Aspe y Beristain (1983).

a) Liberalización financiera: sustitución de un sistema basado en la combinación de restricciones cuantitativas al crédito y tasas de interés reguladas, por otro en el cual la política monetaria se lleve a cabo principalmente a través de operaciones de mercado abierto, y en el cual se permita que las tasas de interés respondan de manera rápida a los choques internos y externos.

b) Innovación financiera: la creación de instrumentos que hagan posible que la gente se proteja contra la inflación y la incertidumbre cambiaria, y efectúe transferencias intergeneracionales e intertemporales de manera más eficiente.

c) Fortalecimiento de los intermediarios financieros: adopción de medidas que permitan a las instituciones financieras captar un mayor número de clientes y darles acceso a una variedad de servicios al menor costo posible, manteniendo al mismo tiempo su propia salud financiera.

d) Privatización de la banca comercial.

e) Financiamiento del déficit gubernamental: en lugar de sustituir el financiamiento a través de requisitos de reserva obligatoria por créditos del Banco Central, el gobierno deberá financiarse mediante una mayor colocación de instrumentos de deuda no inflacionarios en los mercados de crédito.

En los apartados siguientes me gustaría describir brevemente la actual modernización del sistema financiero en cada una de estas cinco áreas durante los últimos nueve años.

a) Liberalización financiera. Como ya se apuntó, entre la década de los cincuenta y principios de los ochenta, el control de los agregados de crédito se llevó a cabo esencialmente a través de controles cuantitativos sobre los intermediarios mediante la imposición de requisitos de reserva, sistemas de cajones selectivos, tasas de interés activas determinadas por el Banco de México, en muchos casos por instrucciones de la Secretaría de Hacienda y no como respuesta a las condiciones prevalecientes en el mercado. La modificación de este rígido esquema se inició en 1978, cuando las autoridades emitieron los Certificados de Tesorería de la Federación (CETES), como un intento para desarrollar un mercado de dinero. Sin embargo, las operaciones iniciales fueron muy pequeñas, carecían de mercado secundario y los rendimientos eran fijados por las autoridades. No fue sino hasta el último trimestre de 1982 cuando se permitió a los participantes en las subastas de CETES presentar sus ofertas en términos de montos y rendimientos. Un incipiente mercado primario y secundario se desarrolló después con rapidez y el sistema de subastas siguió mejorando paulatinamente.

CUADRO II.3. *Comportamiento de la inversión y del ahorro en México (1950-1990) (% del PIB)*

	Inversión[1]	Ahorro externo	Ahorro interno	Ahorro privado[2]	Ahorro del sector público[3]	Balance del sector público	Inversión pública
1950	13.5	-3.2	16.7	10.8	5.9	-0.2	6.1
1951	14.4	3.2	11.2	6.3	4.9	-0.3	5.2
1952	16.9	3.1	13.8	6.9	6.9	1.4	5.5
1953	15.2	2.8	12.4	8.3	4.1	-0.9	5.0
1954	17.1	3.5	13.6	8.9	4.7	-1.0	5.7
1955	18.1	0.0	18.1	13.4	4.7	-0.3	5.0
1956	20.2	2.3	17.9	13.7	4.2	-0.4	4.6
1957	18.4	3.9	14.5	10.4	4.1	-0.8	4.9
1958	17.4	3.9	13.5	9.2	4.3	-0.7	5.0
1959	16.5	2.2	14.3	10.0	4.3	-0.6	4.9
1960	20.1	3.5	16.6	11.8	4.8	-0.8	5.6
1961	18.1	2.7	15.4	9.7	5.7	-0.7	6.4
1962	16.5	1.8	14.7	9.0	5.7	-0.4	6.1
1963	19.4	1.4	18.0	12.2	5.8	-1.3	7.1
1964	20.9	2.5	18.4	11.3	7.1	-0.8	7.9
1965	20.6	2.3	18.3	13.7	4.6	-0.8	5.4
1966	22.6	2.2	20.4	15.8	4.6	-1.1	5.7
1967	21.9	2.5	19.4	14.5	4.9	-2.1	7.0
1968	20.8	2.9	17.9	12.9	5.0	-1.9	6.9
1969	21.1	2.4	18.7	13.7	5.0	-2.0	7.0
1970	21.1	3.3	17.8	14.6	3.2	-3.4	6.6
1971	20.2	2.4	17.8	15.5	2.3	-2.3	4.6
1972	20.3	2.2	18.1	16.7	1.4	-4.5	5.9
1973	21.4	2.8	18.6	17.7	0.9	-6.3	7.2
1974	23.2	4.5	18.7	18.2	0.5	-6.7	7.2
1975	23.7	5.0	18.7	19.3	-0.6	-9.3	8.7
1976	22.3	4.1	18.2	19.4	-1.2	-9.1	7.9
1977	22.8	1.9	20.9	19.6	1.3	-6.3	7.6
1978	23.5	2.6	20.9	18.4	2.5	-6.2	8.7
1979	26.0	3.6	22.4	19.7	2.7	-7.1	9.8
1980	27.1	5.8	21.3	19.2	2.1	-7.5	9.6
1981	27.3	6.7	20.6	21.8	-1.2	-14.1	12.9
1982	22.9	3.6	19.3	26.0	-6.7	-16.9	10.2
1983	20.8	-4.5	25.3	26.4	-1.1	-8.6	7.5
1984	19.9	-2.7	22.6	24.4	-1.8	-8.5	6.7
1985	21.2	-0.8	22.0	25.5	-3.5	9.6	6.1
1986	18.2	1.3	16.9	26.8	-9.9	-15.9	6.0
1987	19.2	-3.0	22.2	32.7	-10.5	-16.0	5.5
1988	21.2	1.0	20.2	28.2	-8.0	-12.4	4.4
1989	23.0	2.3	20.7	22.3	-1.6	-5.5	3.9
1990	24.3	2.6	21.7	20.2	1.5	-4.0	5.0

FUENTE: Indicadores Económicos, Banco de México; DGPH, Secretaría de Hacienda.
[1] Inversión fija bruta más cambios en inventarios.
[2] Definido como la diferencia entre ahorro interno (inversión menos ahorro externo) y ahorro público
[3] Déficit gubernamental menos inversión del sector público.

GRÁFICA II.4. *Rendimiento real anualizado de Certificados*
de la Tesorería a 30 días

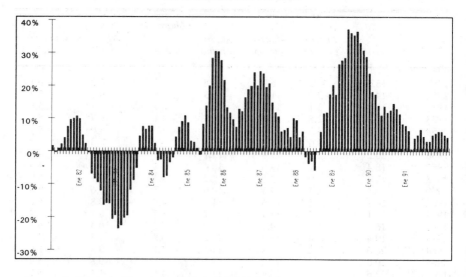

FUENTE: Indicadores Económicos, Banco de México.

Desde el otoño de 1988, las autoridades monetarias trataron de seguir un enfoque pragmático con respecto a las tasas de interés dejando que el mercado funcionara, al tiempo que se fijaban objetivos de inflación y de reservas internacionales. En ese tiempo, a pesar de los enormes gastos que implicó el servicio de la deuda interna y de la tentación de frenar la significativa alza de las tasas de interés en condiciones externas volátiles y expectativas desfavorables, la política del gobierno mantuvo su firmeza para crear una reputación de prudencia monetaria y fiscal.

Aun cuando las tasas de interés reales estuvieron por encima de 30% anual, la respuesta en términos del ahorro financiero no fue inmediata. De hecho, durante casi todo el periodo 1983-1989, la velocidad de la definición más amplia del dinero (M4) conservó su más alto nivel luego de la devaluación. Sin embargo, es justo decir que esto no fue un problema por sí mismo, porque se lograba el objetivo de detener la fuga de capitales y se desarrollaba una nueva cultura financiera. Finalmente, después de las noticias favorables sobre la renegociación de la deuda, la privatización de los bancos comerciales y el inicio de las negociaciones de un Tratado de Libre Comercio con Canadá y los Estados Unidos, las tasas de interés comenzaron a bajar y la intermediación financiera aumentó al intensificarse la repatriación de capitales.

Con respecto a la eliminación gradual de controles cuantitativos de crédito,

GRÁFICA II.5. *Profundización financiera*
(M4 / producción industrial; índice 1980 = 100)

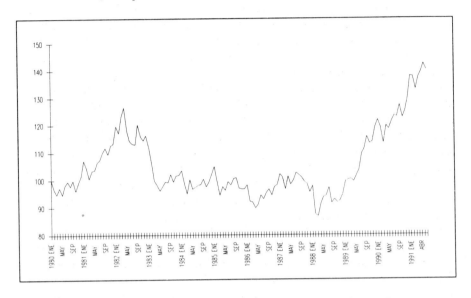

FUENTE: Indicadores Económicos, Banco de México y "Encuesta mensual de la actividad industrial" (INEGI).

la segunda fase en el proceso de liberalización financiera se inició en 1988, con la eliminación de los "cajones de crédito" a sectores de alta prioridad, y continuando con la supresión de los requisitos de reserva obligatoria. Debe hacerse hincapié en que, desde 1976, se permitió a los bancos comerciales captar recursos del público no sólo mediante cuentas de cheques y de ahorro, sino también a través de Certificados de Depósito y Pagarés. Dadas las diferencias en las características operativas de esas dos fuentes de obligaciones bancarias, la primera medida de liberalización consistió en suprimir las restricciones cuantitativas sobre recursos captados mediante instrumentos bancarios no tradicionales. De esta manera, a partir de octubre de 1988 sólo los saldos bancarios de las cuentas de cheques y de ahorro estuvieron sujetas a limitaciones relacionadas con el porcentaje que debería canalizarse a "sectores de alta prioridad" y a los bancos de desarrollo, además del requisito de reserva obligatoria. El resto de las obligaciones bancarias quedó liberado de mecanismos de crédito selectivo y el anterior régimen de una reserva mínima para créditos directos al gobierno fue sustituido por un requisito de liquidez, que únicamente estableció la obligación de mantener el 30% de la cartera en bonos del gobierno.

En abril de 1989, se extendió la reforma a los depósitos a plazo, y en agosto sucedió lo mismo con las cuentas de cheques. Asimismo, se autorizó a los bancos a pagar intereses sobre las cuentas de cheques. Para agosto, las autoridades abandonaron el mecanismo de crédito selectivo y establecieron las condiciones para eliminar lo que quedaba del sistema de reserva mínima. Esta decisión entró en vigor el 11 de septiembre, cuando se consideraron cumplidos los prerrequisitos para levantar las distintas formas de control crediticio sin propiciar efectos macroeconómicos adversos. Estos prerrequisitos implicaban contar con sólidas finanzas públicas y con un mercado de deuda gubernamental que funcionara razonablemente bien. De otra manera, quitar una fuente de "financiamiento forzoso" y de control monetario podría ocasionar presiones inflacionarias muy significativas si la carga del financiamiento gubernamental tuviera que trasladarse al Banco Central. Con el objeto de asegurar una transición suave al nuevo régimen, las autoridades notificaron a todos los bancos la eliminación del coeficiente de liquidez obligatorio de 30%; además, establecieron un pagaré gubernamental *ad hoc* con tasa variable a 10 años para ser intercambiado entre los bancos, con el fin de asegurar que mantuvieran sus reservas voluntarias. Con la implantación de estas medidas, el proceso de liberalización de un sistema financiero reprimido para lograr un esquema basado en principios de mercado y de transparencia quedó esencialmente concluido. Estos cambios representan un paso importante hacia una concepción totalmente diferente del papel de las instituciones financieras en el financiamiento del desarrollo económico de México.

b) Innovación financiera. Otra tarea crucial consiste en crear nuevos instrumentos financieros para permitir al público que transfiera recursos en el tiempo, financie sus proyectos al costo más bajo posible y se proteja contra una diversidad de riesgos, todo ello con la seguridad de que las autoridades realizan un monitoreo cuidadoso de los participantes en el mercado. Como consecuencia de que el gobierno decidió desarrollar el mercado de CETES, los participantes en el mercado —especialmente las casas de bolsa— tuvieron la oportunidad de crecer; más tarde, pudieron incursionar en otras actividades al promover el uso de diversos instrumentos del sector privado, que aunque ya estaban contemplados desde hacía tiempo, no habían desempeñado un papel significativo en el proceso de intermediación financiera. Más como resultado de la experiencia adquirida con los instrumentos no tradicionales que con cualquier cambio importante en la regulación, entre 1983 y 1991 se multiplicaron las opciones de ahorro y financiamiento y, con ellas, la gama de operaciones que pueden efectuarse en los mercados de dinero y de capital. Mientras que 10 años antes la mayor parte de la intermediación tenía lugar a través de instrumentos bancarios, como los "preestablecidos" (cuya definición veremos más adelante), y las cuentas de ahorro y de cheques, en la actualidad el gobierno, los individuos y las empresas —nacionales y extranjeras— realizan sus operaciones financieras con una diversidad de instrumentos, de los cuales los más importantes son:

i) Instrumentos del sector bancario

— Cuenta maestra. Ofrece el servicio de una cuenta ordinaria de cheques; sin embargo, los fondos se colocan automáticamente en un fideicomiso, por lo que se obtiene, al mismo tiempo, liquidez e intereses.

— Preestablecidos. Depósitos que pueden ser retirados sólo en días específicos de la semana o del mes, y que pagan tasas de interés fijas durante el periodo.

— Certificados de depósito —no negociables. Emitidos con vencimiento a casi cualquier número de días entre 30 y 725, con una tasa de interés mensual que se fija en la fecha en que se efectúa el depósito. Pueden ser denominados en pesos o en dólares.

— Pagarés. Emitidos a plazos de uno, tres y seis meses, tienen una tasa de interés que se fija al momento en que se realiza el depósito y se paga al vencimiento. Estos pagarés pueden ser negociados en la Bolsa de Valores.

ii) Valores del sector público

— Certificados de la Tesorería. Bonos de la Tesorería que se venden a descuento en subastas semanales con vencimientos a 28, 91, 182 y 364 días. Son el instrumento más importante del mercado de dinero.

— Pagafes. Pagarés de la Federación denominados en dólares, con vencimientos a 28, 180 y 364 días.

— Bondes. Bonos de desarrollo con vencimiento a uno o dos años, denominados en pesos.

— Ceplatas. Certificados de participación en un fideicomiso que mantiene barras de plata. Cada certificado equivale a 100 onzas, y se negocian en la Bolsa de Valores.

— Tesobono. Pagarés de la Tesorería con vencimiento a uno y tres meses cuyos rendimientos se indizan al tipo de cambio del mercado contra el dólar.

— Ajustabono. Instrumento con vencimientos de tres a cinco años y rendimientos indizados al índice de precios al consumidor.

iii) Valores del sector privado

— Aceptaciones bancarias. Letras de crédito a corto plazo emitidas a descuento por compañías privadas, y garantizadas por bancos comerciales.
— Papel comercial. Pagaré negociable quirografario, con vencimiento de hasta 180 días.
— Obligaciones. Bonos con vencimientos a más de tres años. Pueden no estar aseguradas (quirografarias) o ser respaldadas por hipotecas (hipotecarias).

iv) Instrumentos para inversión extranjera en el mercado bursátil

— Acciones de suscripción libre. Acciones de la "Serie B" de empresas inscritas en la Bolsa Mexicana de Valores, que pueden ser adquiridas por inversionistas extranjeros. Tienen los mismos derechos corporativos y patrimoniales que las acciones adquiridas por nacionales mexicanos, pero están sujetas a las restricciones establecidas por la Comisión Nacional de Inversiones Extranjeras.
— Fondos neutros. Fideicomisos cuyos activos son acciones de la "Serie A" (exclusiva para mexicanos) de compañías cotizadas en Bolsa. Los inversionistas extranjeros reciben un Certificado de Participación Ordinaria (CPO) emitido por el fideicomiso. Estos certificados tienen sólo derechos patrimoniales.

c) Reformas a la legislación financiera. Hace algún tiempo, Carlos Díaz Alejandro[21] al hablar sobre las instituciones financieras, afirmó que no se podía pensar en los mercados financieros como mercados de pollos o de manzanas, ya que aún cuando siempre están sujetos a las leyes de la oferta y la demanda y a un precio de equilibrio, las consecuencias de una pobre regulación en los mercados financieros son mucho más serias porque determinan el destino de los bancos, las compañías de seguros y el mercado de valores.

Sería una exageración decir que los bancos deben estar bajo el control del Estado, y nuestra experiencia nos lleva a pensar que en las actividades comerciales tradicionales, la banca manejada por el sector privado puede ser más eficiente que operada por el sector público. Sin embargo, tampoco podríamos sostener que los bancos pueden ser constituidos sin hacer una selección seria de quienes tendrán el derecho de operar con el dinero de otras personas.

Para llegar a un equilibrio que evitara los errores del pasado, fue necesario crear un conjunto de reglas que garantizara el derecho a entrar

[21] Díaz, Alejandro (1985).

en el mercado, y que al mismo tiempo ofreciera claridad y confianza a sus participantes. Esto se traduciría en leyes que determinaran quién puede ser un intermediario financiero, cómo pueden interactuar los bancos con sus clientes y —a la vez que se aprovechan las economías de escala en los servicios financieros— cómo asegurar la existencia de un contexto competitivo. Por último, estas nuevas reglas tenían que dar mayores oportunidades a los intermediarios financieros, como las compañías de seguros, que habían sido olvidados durante los años de sobreexpansión y crisis, para que volvieran a desempeñar un importante papel en el proceso de ahorro y financiamiento.

Entre diciembre de 1989 y mediados de 1990 el Congreso aprobó reformas a la Ley de Instituciones de Crédito, así como una serie de cambios en leyes relacionadas para permitir la creación de grupos financieros.

La ley de instituciones de crédito. Esta nueva ley regula a la banca, lo mismo que las actividades del resto de los intermediarios financieros y establece los términos en que el gobierno ejerce control sobre el sistema bancario. De acuerdo con la legislación anterior, la banca se consideraba como un servicio público; en consecuencia, los particulares prestaban servicios bancarios al amparo de una concesión discrecionalmente otorgada por la Secretaría de Hacienda. Después de la nacionalización de los bancos en 1982, los bancos se transformaron en sociedades nacionales de crédito. Según la ley actual, los bancos comerciales están legalmente constituidos como sociedades anónimas de capital fijo y no se requiere concesión alguna. En la actualidad, operan con autorización[22] otorgada por la Secretaría de Hacienda.

Actualmente, las nuevas reglas permiten la participación extranjera en la banca hasta por un máximo de 30% del capital; además, los derechos corporativos de los extranjeros son semejantes a los de los inversionistas nacionales. Mediante estos cambios se procura promover la capitalización de los intermediarios financieros, atraer nuevas tecnologías y proporcionar una red más amplia de vínculos con los mercados internacionales, para que los bancos mexicanos puedan hacer frente a una mayor competencia en el futuro.

Existe un límite máximo de 5% del capital social que cualquier persona puede poseer de un banco, con la posibilidad de incrementarlo hasta 10 %,

[22] Aunque en principio parezca que una autorización y una concesión son prácticamente lo mismo, hay una marcada diferencia en términos de la legislación mexicana. Las concesiones se otorgan para realizar actividades que en principio corresponden al Estado, y se dan y quitan, no sólo en términos del desempeño y respeto de las reglas que norman la concesión, sino a discreción de las autoridades. Por el contrario, una autorización se otorga con base en el cumplimiento de ciertos requisitos no discrecionales y se revoca sólo cuando se quebrantan los términos establecidos.

previa autorización de la Secretaría de Hacienda. Estas regulaciones tienden a asegurar que los bancos estén controlados por accionistas mexicanos, al tiempo que se promueve una participación suficientemente plural y amplia en el capital de los bancos, evitando con ello una concentración no deseable en el proceso de toma de decisiones. Los inversionistas institucionales están autorizados para mantener una participación de hasta 15% como un medio para brindar acceso indirecto a un gran número de participantes en el mercado a inversiones en el capital social de los bancos. Además de los límites impuestos a la propiedad del capital social de los bancos por compañías no financieras, la ley bancaria limita la concentración del riesgo crediticio y de la inversión accionaria por los bancos, y también evita el conflicto de intereses entre las actividades bancarias y de otro tipo. Tampoco pueden otorgar préstamos a los propios administradores y socios de los bancos.

El proceso de autorización de bancos y la regulación de sus operaciones busca asegurar que sus ejecutivos sean del más alto nivel, que los miembros del consejo de administración sean personas técnicamente calificadas y que los bancos operen de acuerdo con prácticas bancarias sanas. Con el objeto de garantizar el manejo profesional de los bancos, los miembros del consejo de administración y el director general deben cumplir con ciertos requisitos mínimos. Corresponderá a la Comisión Nacional Bancaria aprobar la designación de los miembros del consejo, los auditores estatutarios y el director general, así como de otros funcionarios de alto nivel. Además, la Comisión está autorizada para destituirlos o suspenderlos en determinadas circunstancias.

Finalmente, la nueva ley permite la inversión extranjera hasta por 49% del capital de las compañías de seguros, afianzadoras, almacenes de depósito y arrendadoras.

Ley del mercado de valores. Esta ley regula la operación de aquellas instituciones encargadas de negociar valores, y las reformas promueven una mayor comercialización de estos títulos en el mercado secundario. Además de las actividades ya permitidas a la banca de inversión, a las casas de bolsa y al manejo de sociedades de inversión, la nueva ley introduce la figura del especialista bursátil, que funge como intermediario —para otros agentes financieros y para el público inversionista— y además realiza operaciones por cuenta propia en ciertas acciones que se le hayan asignado. El especialista es responsable de mantener un mercado ordenado en relación con dichas acciones; debe vender cuando la demanda de las mismas sea alta y comprar cuando sea baja. Además, la ley fue reformada para permitir inversión extranjera por hasta 30% del capital en las casas de bolsa, con un límite de 10% sobre la tenencia individual de acciones.

Regulación de los grupos financieros. Varias reformas del "paquete financiero" aprobadas en diciembre de 1989 incluían disposiciones para la integración de grupos financieros. En 1990, con el fin de promover la integración de dichos grupos y el desarrollo de la banca universal, se expidió una Ley para Regular las Agrupaciones Financieras, y cuestiones relacionadas con los grupos financieros se incorporaron a la Ley de Instituciones de Crédito y la Ley del Mercado de Valores fue reformada.

La ley promueve la formación de grupos financieros. Sus miembros pueden utilizar nombres semejantes, de manera que el público sepa qué organizaciones pertenecen al mismo grupo y se puedan utilizar las instalaciones y las sucursales para realizar las operaciones de cualquiera de sus miembros, compartiendo de ese modo los costos de infraestructura. Algunos de los rasgos más relevantes de la reforma son:

— La posibilidad de establecer sociedades controladoras, que se convertirían en el eje de un sistema de banca universal en el cual cada grupo pueda prestar todo tipo de servicios financieros. Estos grupos estarán integrados por una sociedad controladora y por un mínimo de tres de las siguientes instituciones: almacenes generales de depósito, arrendadoras financieras, casas de bolsa, casas de cambio, empresas de factoraje financiero, instituciones de banca múltiple, instituciones de fianzas, instituciones de seguros, así como por sociedades operadoras de sociedades de inversión.

— Como parte de la nueva Ley de Instituciones de Crédito, los bancos que no pertenezcan a ningún grupo tienen derecho a adquirir el control de otras instituciones financieras, previa autorización de la Secretaría de Hacienda. Las casas de bolsa, las compañías de seguros o de fianzas no pueden ser propiedad de un banco.

— Con objeto de proteger los intereses de quienes operan con grupos financieros, la sociedad controladora deberá ser propietaria de por lo menos 51% de las acciones y controlar las asambleas generales y el consejo de administración de todas las entidades que forman el grupo.

— La composición del capital accionario de la sociedad controladora, las restricciones para la tenencia de acciones, la representación de los accionistas en las asambleas, la composición del consejo de administración, la aprobación de sus miembros y del director general, así como la remoción y suspensión de los directores y ejecutivos, están sujetas a normas similares a las aplicables a las instituciones bancarias comerciales.

REFORMA FINANCIERA Y FISCAL

CUADRO II.4. *Cambios porcentuales en los saldos del financiamiento del Banco de México al sector público no financiero (en términos reales)*

1981	11.1%	1987	-45.4%
1982	27.8%	1988	-2.2%
1983	-12.6%	1989	40.1%[1]
1984	-18.2%	1990	-11.3%
1985	-10.6%	1991	-35.2%
1986	-11.6%		

FUENTE: DGPH, Secretaría de Hacienda.
[1] Este incremento incluye el crédito por mil millones de dólares otorgado por el Banco de México al Gobierno Federal en calidad de garantías para llevar a cabo el intercambio de valores de los Estados Unidos Mexicanos por bonos Brady (véase el capítulo III). Si ese crédito se excluye, el incremento habría sido de 25.0%.

— La sociedad controladora y cada entidad del grupo suscribirán un acuerdo en virtud del cual la primera será plenamente responsable de las obligaciones y pérdidas de cualesquiera de las entidades financieras del segundo. Sin embargo, ninguna de las entidades será responsable de las pérdidas de la sociedad controladora ni de las pérdidas de cualquier otro miembro del grupo. Esta disposición combina las principales ventajas de la intermediación especializada con los beneficios de un sistema de servicios integrados. La sociedad controladora no podrá asumir por sí misma ningún pasivo ni efectuar operaciones que correspondan a los intermediarios dentro del grupo financiero.

d) Privatización de los bancos comerciales. Las reformas legales antes descritas proporcionaron el marco básico para emprender la desincorporación de los bancos comerciales de propiedad estatal y la formación ordenada de grupos financieros. Como parte de la Reforma del Estado, el Presidente Salinas envió al Congreso una iniciativa para modificar la Constitución con el fin de permitir la privatización de los bancos, la cual fue aprobada en mayo de 1990. En septiembre, fue emitido un decreto presidencial que establecía un procedimiento de venta que garantizaba transparencia y, al mismo tiempo, congruencia con los objetivos de una intermediación más eficiente. Entre 1991 y 1992, habrá de llegar a su término el proceso de desincorporación de la totalidad de los 18 bancos. Las particularidades del proceso se presentan en el capítulo IV.

e) Financiamiento del Banco de México al gobierno. Por último, la reforma financiera cambió también la forma en que se financia el déficit público; el

GRÁFICA II.6. *Crédito del Banco de México al sector público no financiero*
(saldo en miles de millones de pesos)

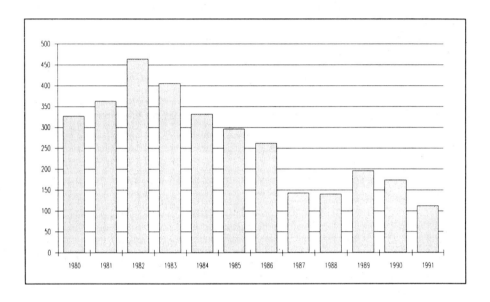

FUENTE: DGPH, Secretaría de Hacienda.

uso cada vez mayor del mercado de dinero como fuente de financiamiento y, por tanto, la existencia de menores presiones inflacionarias, puede advertirse observando el financiamiento por parte del Banco de México de los requerimientos financieros del sector público. Lo importante en el fondo es que el saldo del crédito del banco central al sector público no financiero ha descendido, en términos reales, a una tasa promedio de 14.1% anual desde 1982. Esto confirma la transición hacia un financiamiento no inflacionario del déficit a través del mercado, a la vez que otorga una mayor independencia al banco central en la conducción de la política monetaria.

1.2 La dimensión social de la Reforma financiera. Un estudio de caso:
el financiamiento de micro y pequeñas empresas (1988-1991)

Una consecuencia del proceso de cambio estructural en numerosos países de América Latina ha sido la proliferación de un sector informal. Debido al cierre de grandes compañías públicas y privadas por ineficiencia, o a que el sector formal no ha crecido al ritmo suficiente, el sector informal, que con frecuencia asume la forma de microempresa, comienza a absorber la mano de obra excedente. Este fenómeno plantea un reto de extraordinarias proporciones para la política económica y social de un país en el que los mercados financiero y laboral son imperfectos. Al mismo tiempo, sin embargo, ofrece una gran oportunidad para remodelar la estructura industrial, de manera que pueda desarrollarse una importante base de micro y pequeñas empresas con elevados niveles de eficiencia y empleo.

Luego de revisar cuidadosamente la experiencia de países industrializados como Italia,[23] y de conocer experiencias exitosas en países menos desarrollados —como los programas para microempresas en la República Dominicana— se puede llegar a la conclusión que una estrategia de desarrollo basada en las empresas pequeñas tiene sentido no sólo porque favorece una distribución equitativa del ingreso y de oportunidades, sino porque permite lograr una posición ventajosa en los mercados internos e internacionales, que cada vez son más competitivos.

De hecho, una política industrial que pretenda crear una estructura equilibrada capaz de enfrentar competencia, debe reconocer que en los procesos de producción hay fases en que las decisiones autónomas en pequeñas unidades productivas son preferibles a las decisiones centralizadas en una gran empresa. Tal es el caso de algunas manufacturas del vestido de alta calidad, de las manufacturas de muebles y de otras clases de productos con bajo contenido tecnológico. Sin embargo, existen actividades, como la mercadotecnia y la comercialización, en que las obvias economías de escala colocan en desventaja a las empresas pequeñas. En consecuencia, es deseable contar con una base industrial sustentada en pequeñas unidades productivas enfocadas a actividades donde su eficiencia sea mayor, y pro-

---

[23] La experiencia de industrialización de Italia, en la década de los setenta, ofrece un excelente caso para las pequeñas empresas. Al finalizar la segunda Guerra Mundial, los países de Europa occidental basaron su estrategia de reconstrucción industrial en un vasto conjunto de subsidios y créditos fiscales para fortalecer a las grandes empresas y promover la inversión en los procesos intensivos de capital y energía. En los últimos años de la década de los sesenta, los más grandes conglomerados italianos comenzaron a enfrentar serios problemas, como resultado de la fortaleza de los sindicatos y de la inflexibilidad de actividades intensivas de capital para responder a cambios bruscos en costos y demanda. En el contexto de una industria cada vez más debilitada, el colapso petrolero afectó a Italia más que a cualquier otro país industrial; la respuesta a ello fue doble: por un lado, el gobierno puso en práctica un amplio programa de reconversión industrial de las grandes empresas, a la vez que se formaron nuevas empresas pequeñas, manejadas en su mayoría por trabajadores que habían perdido sus empleos durante la crisis. Como resultado, una base productiva más flexible reemplazó los métodos de producción en gran escala, por medio de unidades productivas pequeñas que proveen a empresas más grandes en las etapas del ciclo económico en que la demanda es elevada, y que son capaces de producir bienes terminados durante periodos de baja demanda agregada. En la actualidad, empresas con menos de 15 empleados exportan cerca de 30 mil millones de dólares al año y representan aproximadamente 50% de la producción industrial, en la que Italia es la quinta economía industrial más grande de occidente.

mover formas de organización industrial que puedan explotar las economías de escala cuando éstas se presenten (por ejemplo, en la comercialización).

En los recientes tres años, la banca de desarrollo ha experimentado una profunda transformación. Basta citar como resultado, que mientras en 1987 Nacional Financiera (*Nafinsa*) asignó 94% de sus créditos a grandes empresas paraestatales que operaban ineficientemente y solamente 6% a pequeñas y medianas empresas, en 1991 asignó sólo 6% de sus recursos crediticios a empresas paraestatales y 94% restante lo otorgó a cientos de miles de empresas medianas y pequeñas del sector privado (aproximadamente 15 mil millones de dólares) a través de los bancos comerciales y de organizaciones no gubernamentales.

Este nuevo papel de los bancos de desarrollo ha significado también un gran cambio respecto a la concepción que se tenía en relación con los créditos para el desarrollo. Además de ser vistos como un instrumento para el alivio de la pobreza, dichos créditos también se orientan actualmente a promover la competitividad y la eficiencia. En la práctica, los nuevos programas operan conforme a los siguientes principios:

— Los bancos de desarrollo tienen que brindar a los pequeños productores acceso al crédito, pero no otorgar subsidios. Las pequeñas empresas requieren crédito suficiente y oportuno. En términos de costos se debe considerar que la alternativa de las pequeñas empresas es pedir prestado a los agiotistas.

— La asistencia técnica y el crédito deberán considerarse como partes integrantes del mismo paquete.

— Algunos programas requieren de la participación de organizaciones no gubernamentales.

— Para reducir costos y contribuir al desarrollo de una cultura para el crédito formal en la comunidad, es conveniente aprovechar la infraestructura de los bancos comerciales y de otros intermediarios financieros.

— Los programas de crédito deben apoyar actividades productivas de todo tipo, trátese de la industria, el comercio, la agricultura y los servicios.

— Debe llegarse al mayor número de empresas posible sin sacrificar la calidad de los créditos. En otras palabras, el reto consiste en establecer esquemas masivos y efectivos.

Conforme a estos principios, Nacional Financiera —que opera totalmente como "banco de segundo piso"— ha puesto en práctica un programa de dos fases que pretende funcionar como un "proceso de evolución" que parte de pequeñas empresas sin acceso al sistema bancario comercial, y que termina con empresas capaces de participar en la economía de mercado.

Fase 1: Programas de financiamiento para microempresas

Esta parte del programa está diseñada para responder a las necesidades de empresas muy pequeñas, preferentemente de carácter familiar, con cinco empleados o menos, los cuales suelen no estar registrados en el sistema de seguridad social. Estas empresas, en los casos más comunes, no pagan impuestos directos e indirectos, carecen de sistemas de contabilidad y tampoco cuentan con acceso al crédito bancario comercial.

Proporcionar ayuda a este tipo de empresas puede resultar muy costoso y arriesgado, ya que los créditos suelen ser muy pequeños (entre 150 mil y 30 millones de pesos) y los vencimientos muy cortos (en su mayoría, menos de un año); el monitoreo también puede complicarse si se toma en cuenta que muchas empresas carecen de sistemas de contabilidad adecuados.

CUADRO II.5. *Marco de financiamiento para micro y pequeñas empresas*

Tipo de empresa	Perfil de la empresa	Programa
Microempresas	Empresas con cinco o menos empleados, y ventas por cien mil dólares al año o menos en los sectores industrial, comercial y de servicio.	Apoyo crediticio y técnico a través de organizaciones no gubernamentales y fideicomisos estatales (locales).
Empresas pequeñas	Empresas con más de cinco y menos de 15 empleados, y/o ventas de cien mil a un millón de dólares al año.	– Tarjetas de crédito de negocios pequeños. – Descuento automático en menos de 24 horas. – Acuerdos crediticios a través de empresas comerciales más grandes – Organización de fondos garantizados. – Uso de intermediarios financieros ya establecidos.

Para Nafinsa la estrategia adecuada para atender a este segmento del mercado no consistió en acudir a los bancos comerciales para asignar los créditos (debido a los altos costos de monitoreo ya que los bancos comerciales carecen de la capacidad para otorgar apoyo técnico), sino en recurrir a las organizaciones locales no gubernamentales, creadas por empresarios distinguidos en una comunidad determinada. Estas organizaciones no gubernamentales usarían las contribuciones provenientes del sector privado con el fin de ofrecer los servicios de adiestramiento requeridos, y de canalizar y administrar los recursos crediticios provenientes de Nafinsa. Además, los 31 estados de la República han creado fondos que les permiten usar los ingresos por impuestos locales para cubrir los gastos técnicos y, de acuerdo con la mecánica antes descrita aplicada a las organizaciones no gubernamentales, otorgan créditos con recursos de Nafinsa a pequeños empresarios.

Es importante señalar que todos los créditos se otorgan a pequeñas empresas sin subsidio, y la sanción por incumplimiento en pagos consiste en eliminarles el acceso al crédito. De hecho, las empresas pueden beneficiarse de este mecanismo por no más de tres años, después de los cuales se "gradúan", o reconsideran la posibilidad de continuar operando.

El abanico de temas cubiertos por la asistencia técnica es muy amplio y va desde los conceptos básicos de contabilidad, administración y mercadotecnia, hasta ayuda de ingeniería en el diseño de productos y procesos. El apoyo es prestado por el personal técnico de las organizaciones no gubernamentales o mediante programas de cooperación con universidades locales, que envían a los pasantes para que cumplan con el requisito universitario del servicio social.[24]

Las condiciones de los créditos son básicamente las siguientes: Nacional Financiera proporciona los recursos para el crédito a las organizaciones no gubernamentales o a un fondo estatal (local), que a su vez otorga el crédito a los pequeños empresarios a una tasa previamente acordada con Nafinsa; esta tasa se expresa como tasa de mercado (Certificados de la Tesorería), más un diferencial (que va de 6 a 10 puntos porcentuales), para cubrir el costo del monitoreo y parte de la asistencia técnica.[25]

Fase 2: Financiamiento de las pequeñas empresas

Si una empresa mantiene un historial crediticio adecuado en el programa para microempresas, o si emplea a menos de 15 personas y/o tiene ventas por menos de tres mil millones de pesos, aproximadamente, el programa reconoce la importancia de lograr que los empresarios acudan a los bancos comerciales, aun cuando en condiciones normales para los bancos seguiría siendo demasiado costoso efectuar préstamos directos a estos empresarios con sus propios fondos. Por esta razón, en esta segunda fase, Nafinsa aporta los recursos y los bancos administran el préstamo e incurren en el riesgo. De

[24] Para graduarse de la universidad, es necesario cumplir con un año de servicio social comunitario.
[25] Las organizaciones no gubernamentales asumen todos los riesgos y tienen un costo de fondeo en CETES (más un pequeño diferencial) y financian las restantes necesidades de asistencia técnica.

esta manera, en 24 horas, Nafinsa descuenta todos los préstamos de bancos comerciales a pequeñas empresas inscritas en el programa de "tarjeta empresarial". Ésta es la forma en que opera el programa:

— Utilizando un "método de puntaje " para la calificación del crédito, establecido conjuntamente por Nafinsa y la institución de crédito, el banco comercial decide en una semana como máximo si el solicitante puede entrar al programa. El límite de crédito va de 30 millones a 750 millones de pesos y el financiamiento cubre tanto el capital de trabajo como el capital fijo.
— El empresario recibe una tarjeta de crédito, semejante a las tarjetas de crédito bancarias, que le sirve como identificación. Todas las veces que requiera financiamiento, el empresario debe mostrar esta tarjeta de crédito en la ventanilla del banco.
— A la presentación (y depósito) de las facturas y/o de los pedidos, el solicitante recibe la cantidad solicitada en un lapso de 24 horas. Esto significa que no habrá necesidad de cumplir con todo el papeleo burocrático cada vez que necesite financiamiento.
— El costo del crédito puede variar, pero en general corresponde al de CETES más seis puntos.
— El banco comercial asume todos los riesgos y maneja el préstamo. Su costo de fondeo corresponde a las tasas de CETES.

En principio, el financiamiento a las pequeñas empresas involucra a los bancos comerciales, pero desde hace unos meses la operación se ha abierto a otro tipo de intermediarios: uniones de crédito, compañías de factoraje y arrendadoras. Vale la pena hacer notar que aunque la idea de la "tarjeta de crédito" funciona correctamente como instrumento de "mercadotecnia", no es indispensable si se cumplen los criterios de calificación automática y de crédito expedito. Una vez que las empresas crecen en términos de ventas y empleo, y adquieren experiencia en los negocios, se "gradúan" de nueva cuenta y se vuelven sujetos de crédito directo por parte de los bancos comerciales, otorgado ya en condiciones de mercado.

En paralelo, este programa de crédito promueve la asociación de empresarios con el objetivo de abrir nuevas fuentes de financiamiento y de fomentar el aprovechamiento de algunas de las economías de escala ya mencionadas. Por ejemplo, tratando de aprovechar las economías de escala en las operaciones de crédito, Nafinsa ha alentado a pequeños empresarios con el mismo giro para que establezcan fondos de garantía. De esta manera, las empresas asociadas pueden recurrir a los bancos comerciales para acceder a los créditos de Nafinsa, con una tasa favorable, u obtenerlos directamente de Nafinsa a través de fondos fiduciarios especialmente constituidos para ello.

Nafinsa contribuye también a que las pequeñas empresas aprovechen las economías de escala en la comercialización, financiándolas por medio de las cadenas de supermercados. Los supermercados también pueden funcionar como compañías comercializadoras para las pequeñas empresas.

CUADRO II.6. *Programa de micro y pequeñas empresas de Nafinsa en cifras (1991)*

Financiamiento a micro y pequeñas empresas (flujo)	2 400 millones de dólares durante 1991
Números de empresas beneficiadas	7 4000 (1989-1991) 4 1000 (sólo en 1991) 39 al día en 1991 250 diarias en diciembre de 1991
Tarjetas de crédito distribuidas a pequeñas empresas	Un total de 2000 tarjetas distribuidas en diciembre de 1990 50000 para diciembre de 1991
Programas a través de otros intermediarios	117 uniones de crédito 22 compañías arrendadoras 4 compañías de factoraje 32 fondos estatales de desarrollo 2 organizaciones no gubernamentales a nivel nacional con más de 50 sucursales en total

Aun cuando es prematuro concluir que la experiencia mexicana ha tenido un éxito total, hay ciertos resultados cualitativos y cuantitativos alentadores. Por ejemplo, mientras que hace dos años Nafinsa atendía diariamente a casi 40 nuevas pequeñas empresas; en la actualidad recibe a más de 250, con la entusiasta participación de los bancos comerciales y otros intermediarios que buscan aprovechar la oportunidad de ganar nuevos clientes en el mercado minorista. Al mismo tiempo, la tasa de repago de los préstamos se mantiene en 99.5%. Con respecto a la calidad, hay cientos de historias exitosas de pequeños empresarios que, habiendo comenzado muchas veces con los programas de crédito para atenuar la pobreza administrados por organizaciones no gubernamentales, se han acogido a los esquemas de Nafinsa y están planeando o ya exportan sus productos a los Estados Unidos.

1.3. Diez reflexiones en torno a los aspectos macroeconómicos de la reforma financiera

Además de lo que la teoría señala en relación con las características de una reforma financiera, los casos en que la liberalización financiera ha resultado desastrosa para las metas de estabilización, así como las circunstancias en las cuales se han fortalecido los demás elementos del programa económico, sugieren que la secuencia y celeridad de dicha reforma desempeñan un papel tan crucial como las decisiones mismas de liberalización y desregulación.

El caso de México contribuye a lograr una mejor comprensión de la importancia de los elementos financieros en el desarrollo económico. Por ello, me gustaría concluir esta sección exponiendo lo que considero son las diez lecciones más importantes que hemos aprendido a través de nuestra experiencia en torno a la liberalización financiera.

1. *Antes de proceder a la liberalización financiera, debe lograrse un avance considerable en la estabilización de la economía, sobre todo en lo referente al ajuste de las finanzas públicas.* Un programa de liberalización financiera debe ser parte integral de un programa de ajuste de mayor cobertura. Suprimir los controles del crédito y de la tasa de interés en una economía con graves desequilibrios en las finanzas públicas puede deteriorar la situación, acelerando aún más la inflación, introduciendo inestabilidad en el mercado, menoscabando la confianza e incluso agravando el desequilibrio en las finanzas públicas.

2. *La liberalización financiera debe ir más allá de la mera liberación de las tasas de interés y de la eliminación de controles cuantitativos sobre el crédito.* El uso de la tasa de interés y de los controles cuantitativos sobre el crédito tiene sentido cuando los mercados financieros no son capaces de respaldar con eficiencia las transferencias intertemporales, intersectoriales e intergeneracionales. De hecho, la experiencia mexicana de las décadas de los cincuenta y los sesenta demostró que la represión financiera, aunada a la disciplina fiscal, puede contribuir al crecimiento en las primeras etapas de la industrialización.

Al suprimir los controles crediticios debe atenderse simultáneamente la ausencia de mercados financieros desarrollados. Por esta causa, un programa de liberalización financiera debe procurar la creación de nuevos instrumentos financieros, la actualización de la regulación financiera para promover la competencia y facilitar la supervisión, el logro de una mejor integración con los mercados internacionales y la promoción del desarrollo tecnológico para mejorar la calidad y oportunidad de la información.

3. *La calendarización y la secuencia son importantes.* Durante el proceso de ajuste macroeconómico, sobre todo en el caso de pequeñas economías abiertas en las que los activos financieros tienen movilidad internacional, es indispensable contar con una forma efectiva no inflacionaria de financiar las necesidades de endeudamiento del sector público, y de evitar la salida de capitales de la economía. Por consiguiente, conviene disponer, desde las primeras fases del ajuste, de instrumentos de deuda gubernamental a tasas flexibles que, además de su papel de financiamiento, contribuyan también a desarrollar un mercado de dinero donde se ofrezcan rendimientos atractivos al público. Sin embargo, los controles cuantitativos deberán esperar más tiempo para su remoción. De hecho, la experiencia de México señala que es necesario un déficit público reducido y tener un mercado de dinero que funcione razonablemente bien antes de completar el proceso de liberalización.

4. *No experimentar con el sistema financiero.* Siempre es preferible proceder con cautela, otorgando al gobierno suficientes instrumentos para intervenir. Perder el control puede ser más grave que tener un sistema sobrerregulado. A diferencia de los otros sectores en la economía, el sistema financiero se basa en la buena fe y en la confianza del público, y traicionarlas puede representar enormes costos en términos de la viabilidad global de la economía.

   Durante las primeras etapas de la liberalización lo mejor es dar a la regulación algunos "colchones" con el fin de asegurar la salud financiera de los intermediarios. Por ejemplo, el sistema de reservas precautorias impuestas a los bancos comerciales es muy conservador. En promedio, la razón de reservas precautorias a cartera total en México es más del doble que el promedio europeo.

5. *Una mayor liberalización e innovación financiera debe ir acompañada por mecanismos eficaces de supervisión.* Junto con la desregulación y la supresión de los controles está la responsabilidad de las autoridades para reforzar el respeto estricto de las leyes, determinando con claridad los papeles de las comisiones bancarias, de seguros, de valores y otras semejantes.

6. *El sistema financiero debe ser financieramente sano al momento de la liberalización.* Si los bancos atraviesan por problemas financieros cuando las autoridades suprimen todas las restricciones sobre sus tasas activas y pasivas, la liberalización financiera podría llevarlos a una situación más delicada con respecto a la rentabilidad de su cartera, cuando realizan esfuerzos para incrementar su participación en el mercado.

7. *Los intermediarios financieros deben estar separados de sus clientes industriales y comerciales.* No es conveniente tener bancos comerciales y bancos de inversión que participen como accionistas permanentes de las

empresas comerciales e industriales. Con ello se pretende evitar conflictos de intereses y la existencia de barreras a la entrada creadas por el racionamiento del crédito para impedir el desarrollo de la competencia en los sectores no financieros. Sin embargo, esto no significa que los intermediarios financieros deban abandonar su papel de catalizadores para nuevos negocios e inversiones al participar temporalmente como accionistas minoritarios en una compañía.

8. *Antes de abrir el sector financiero a la competencia internacional, es aconsejable dar tiempo a las instituciones nacionales para que se familiaricen con las condiciones de una mayor competencia interna.* La liberalización financiera requerirá de inversiones adicionales por parte de los intermediarios para actualizar sus sistemas, adquirir nuevo equipo y mejorar su infraestructura. Si las instituciones nacionales se ven obligadas a enfrentar la competencia externa al mismo tiempo, existe el riesgo de que el sistema financiero pudiera ser sustancialmente desplazado.

9. *Una vez terminado el proceso de liberalización, el siguiente paso es tender hacia la banca universal.* Los grupos financieros pueden desarrollarse para aprovechar las ventajas de las economías de escala y de la información en los mercados financieros: también facilitan la creación de nuevos instrumentos. Sin embargo, como ocurre con los demás elementos de la reforma financiera, esta nueva etapa debe acompañarse por una supervisión estrecha para garantizar transparencia y dar mayor confianza al público. Con todo, no debe caber duda en el sentido de que eventualmente este sector será abierto a la competencia internacional.

10. *Es esencial recordar que la reforma de las instituciones financieras debe tener un fuerte impacto social.* La modernización de los bancos de desarrollo, además de apoyar la corrección de las finanzas públicas y la eliminación de las distorsiones de precios, puede ejercer un efecto social y económico permanente. Bancos de desarrollo mejor organizados y más ágiles son necesarios para lograr una política eficaz encaminada a ofrecer a todos una oportunidad de participar en el proceso de desarrollo económico.

2. Reforma fiscal

2.1 Antecedentes

El sistema impositivo mexicano ha evolucionado de manera considerable durante los últimos 40 años, en los que ha desempeñado diferentes papeles durante las diversas etapas de desarrollo del país. Casi dos décadas después de la Revolución mexicana, el sistema impositivo aún contenía, como durante la mayor parte de la segunda mitad del siglo XIX, un gran número de impuestos especiales sobre la producción industrial, la explotación de recursos naturales (industrias petrolera y minera), y el comercio internacional. Esta estructura no fue resultado de una estrategia fiscal enfocada hacia el desarrollo económico, sino una respuesta a la necesidad de obtener ingresos tributarios de fuentes que eran relativamente sencillas de recaudar y auditar.

No fue sino hasta mediados de los años cincuenta cuando las autoridades comenzaron a enfatizar los efectos distributivos y estructurales de las distorsiones impositivas. Entre 1955 y 1972, los Presidentes de la República enviaron al Congreso cinco importantes iniciativas de reforma fiscal,[26] que tendían a construir un marco impositivo congruente con los objetivos de industrialización de la época. Esta primera etapa de la reforma fiscal incluyó la sustitución de gran número de impuestos sobre la producción y las ventas por un impuesto sobre ingresos mercantiles único y más fácil de administrar, además de la creación de un registro nacional de contribuyentes, y el establecimiento de un enfoque enteramente nuevo del Impuesto sobre la Renta que vino a sustituir lo que se conocía como un "sistema de cédulas". De acuerdo con éste, se cargaban diferentes impuestos a los contribuyentes y a las empresas, dependiendo de la fuente del ingreso. Este sistema fue reemplazado por un régimen en el cual los impuestos se calcularían sobre el ingreso global neto, lo que significa que la misma tasa impositiva sería aplicable, independientemente de la fuente del ingreso. Las nuevas reglas del Impuesto sobre la Renta incluían también regímenes especiales para la agricultura, silvicultura, pesca, minería, transporte y pequeñas empresas, en los que cada empresa, sin importar su desempeño, pagaría una cantidad fija calculada de manera discrecional por las autoridades. En la práctica, estos regímenes especiales se traducían en una exención impositiva casi completa a esos sectores.

La segunda ronda de reformas tuvo lugar entre 1978 y 1981,[27] en parte como respuesta a los adversos efectos distributivos de la inflación provenientes del sistema tributario[28] y en parte con la intención de reducir las distorsiones implicadas por el efecto "cascada" del impuesto sobre ingresos mercantiles. Vista desde una perspectiva a largo plazo, esta etapa fue me-

[26] Las reformas más importantes de las leyes fiscales tuvieron lugar en 1955, 1962, 1965, 1971 y 1972.
[27] Véase Gil Díaz (1983).
[28] El hecho de que la tabla del Impuesto sobre la Renta para personas físicas no se haya actualizado a fin de tomar en cuenta la inflación, además de su diseño "regresivo" original (véase Kaldor, 1973), implicó que antes de 1979 la recaudación se concentrara en la categoría de ingresos de una a cinco veces el salario mínimo. Conforme la reforma fiscal cobró fuerza, esta categoría cayó del 58% de la recaudación del Impuesto sobre la Renta del factor trabajo a sólo 28%, mientras que la categoría más alta subió de un nivel de sólo 8% a 25%

nos "revolucionaria" que la anterior y, en cierta manera, pretendió adaptar la regulación existente a un nuevo contexto inflacionario. En consecuencia, la mayoría de los aspectos esenciales de un sistema impositivo, como el tamaño y la distribución de la carga entre grupos de ingresos y sectores, no se plantearon. Así, el sesgo a favor de "sectores de alta prioridad" y contra el ingreso del factor trabajo permaneció básicamente sin cambio.

2.2 La reforma fiscal de 1989-1991

Al finalizar la década de los ochenta, la capacidad del sistema impositivo mexicano para apoyar un programa permanente de gasto e infraestructura social, así como para corregir los problemas de desigualdad del ingreso, se vio gravemente amenazada por la evasión generalizada. Este sistema se contaminó también por un esquema de acreditamientos fiscales concebido para una estrategia de industrialización en vigor 25 años atrás, un diseño inequitativo del impuesto sobre el ingreso de las personas físicas que dejó de adaptarse al ritmo de la inflación, y un impuesto sobre el ingreso de las empresas con tasas significativamente más elevadas que las de nuestros principales socios comerciales.

Al igual que en las reformas de los años cincuenta y sesenta, una vez más se hizo necesario actualizar el sistema tributario, no sólo para adaptarlo a los cambios en el entorno económico y en la formulación de la política, sino para responder de manera adecuada a los nuevos objetivos de desarrollo del país. La modernización tenía que abarcar desde los procedimientos administrativos hasta incluir una revisión completa de la estructura de los impuestos directos e indirectos. Esta vez la nueva estrategia de desarrollo requería de un conjunto de reglas compatibles con una economía abierta a la competencia internacional, y de un papel más activo por parte del sector privado en la industrialización de México.

La estructura impositiva en vigor antes de 1989 colocaba la carga tributaria sobre las personas físicas y sobre unos cuantos sectores de la economía, que debían pagar tasas muy altas en comparación con los estándares internacionales. Había también sectores privilegiados que disfrutaban de exenciones fiscales, sin justificación social ni económica en una economía que buscaba fundarse en la competencia, la inversión dinámica y el crecimiento acelerado de la productividad. Estas debilidades e inequidades se plantearon en las iniciativas legislativas aprobadas por el Congreso entre 1989 y 1991.

CUADRO II.7. *Principales características de las reformas fiscales anteriores*

Primera serie de reformas (1955-1972)	Cambios administrativos	– Creación del Registro Nacional de Contribuyentes. – Mecanización y computarización de la información.
	Impuesto sobre la Renta	– Eliminación del sistema de impuestos sobre la Renta "por cédulas", lo que implicaba tasas impositivas diferentes dependiendo de la fuente de ingreso. – Instauración de un régimen general para individuos y otro para empresas. El impuesto se aplica sobre cada régimen, independientemente de la fuente de ingreso (impuesto sobre el ingreso neto global). – Para los individuos el salario mínimo se volvió deducible. – Introducción de reglas que permiten la depreciación acelerada. – Creación de "regímenes especiales" conocidos como bases especiales de tributación destinadas a pequeñas empresas de sectores agrícola, ganadero y de pesca, para los cuales el impuesto se calcula sobre la base de un "ingreso global" calculado por un empleado de la Oficina Federal de Hacienda.
	Impuesto sobre ventas	– Un gran número de impuestos fue sustituido por uno que grava todas las ventas, incluyendo las que se efectúan entre empresas.
Segunda serie de reformas (1978-1981)	Impuesto sobre la Renta	– Revisión del esquema impositivo para corregir en el impuesto sobre la Renta de personas físicas los efectos de la inflación y algunos de los sesgos regresivos pertenecientes a la reforma anterior. – Revisión de los impuestos sobre ganancias de capital, reconociendo su carácter no recurrente y gravando sólo su impacto sobre el ingreso permanente. Asimismo, se ajustaron el valor y las reinversiones en activos para tener en consideración los aumentos generales de precios.
	Impuesto sobre ventas	– Introducción del Impuesto al Valor Agregado y eliminación del Impuesto sobre ventas, 400 impuestos municipales y estatales y 30 impuestos específicos de carácter federal.

FUENTE: Estadísticas Históricas de México, INEGI, DGPI y SHCP.

CUADRO II.8. *Estructura fiscal 1925-1990*
(Ingresos de cada impuesto / Ingresos fiscales totales del Gobierno Federal)

Impuesto	1925-1940	1941-1950	1951-1960	1961-1970	1971-1980	1981-1990
Recursos Naturales	7.61%	4.72%	2.59%	2.58%	1.97%	2.85%
A la Industria	26.22%	14.06%				
A la Producción			16.85%	18.56%	17.66%	16.11%
Al Comercio Exterior	35.94%	27.22%	30.30%	18.47%	15.42%	23.85%
Sobre la Renta	12.05%	21.04%	35.81%	42.24%	43.03%	33.76%
A la Nómina				1.93%	0.98%	0.77%
Estampilla	9.73%	1.15%	2.06%	0.16%		
Al Comercio	2.11%	9.67%	9.60%			
Sobre Ing. Mercantiles				13.33%	18.66%	
Al Valor Agregado						21.65%
A la Lotería			1.20%	0.11%	0.36%	
A la Inmigración			0.27%	0.27%	0.06%	
Otros	6.34%	22.14%	1.31%	2.35%	1.86%	1.01%

GRÁFICA II.7. *Tasas al impuesto sobre la renta*

A Personas Físicas

B Personas Morales

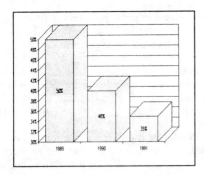

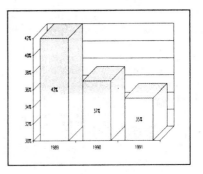

a) Reforma del Impuesto sobre la Renta

El objetivo de la reforma al Impuesto sobre la Renta fue reducir en forma significativa las tasas impositivas a las empresas y a las personas físicas a niveles similares a los de los Estados Unidos y Canadá. Para que el total de los ingresos impositivos como proporción del PIB se mantuviesen, la base impositiva también tenía que ampliarse. Como resultado, entre 1989 y 1991, la tasa del impuesto a las empresas se redujo de 42 a 35%, mientras que la tasa impositiva máxima pagada por los individuos bajó de 50 a 35%. Simultáneamente, el esquema del Impuesto sobre la Renta de las Personas Físicas, fue indizado al índice de precios al consumidor, y la base del impuesto a las empresas se ajustó por inflación.

CUADRO II.9. *Comparación de la estructura del impuesto sobre la renta*

	México	*E.U.A.*	*Canadá*
Tasa promedio (federal, local y estatal) del Impuesto sobre la Renta a empresas	35%	38.3%	43.3%
Indización de tasas impositivas (%)	SÍ	NO	NO
Tasa máxima de deducción para la inversión de capital durante el primer año	91%	33.3%	35%

FUENTE: DGPI, SHCP.

Junto con estas reducciones en las tasas, se introdujo un impuesto de 2% sobre los activos totales de las empresas sujetas al Impuesto sobre la Renta, (con excepción de las instituciones financieras). Aunque este gravamen establece un piso a los impuestos que deben pagar, las empresas más rentables no se ven afectadas, debido a que el impuesto sobre activos puede ser acreditado totalmente contra el Impuesto sobre la Renta.

Las bases especiales de tributación aplicables a la agricultura, pesca, silvicultura, ganadería, transporte de carga y de pasajeros, bancos e industria editorial dejaban a estas actividades exentas o con contribuciones muy pequeñas a los ingresos fiscales generales. Estas bases impositivas especiales quedaron eliminadas, sujetando a esos sectores al régimen aplicable al resto de la economía o a un "impuesto al consumo" basado en el flujo de caja de la empresa. Hoy en día, los regímenes aplicables a la agricultura, pesca y ganadería, contemplan una reducción de 50% en la tasa impositiva, pero están obligadas a mantener registros de todas las transacciones en efectivo.

Para las pequeñas empresas, el régimen tributario especial fue reemplazado por un régimen simplificado. Aunque éste reconoce las limitaciones administrativas de dichas empresas, abandona el anterior enfoque paternalista y procura introducir los incentivos y condiciones que las incorporen gradualmente a una economía competitiva. Por ejemplo, las pequeñas empresas que venden 600 millones de pesos o menos al año están obligadas a registrar y establecer un sencillo sistema de contabilidad basado en un libro de "entradas y salidas", en el cual el impuesto a pagar deja de ser una cantidad fija establecida a discreción de las autoridades, para calcularse con base en los flujos de la empresa. Este cambio propicia que dichas unidades productivas dejen de ser entidades de autoconsumo y se conviertan en empresas competitivas con una cultura orientada hacia la eficiencia. El nuevo sistema fiscal facilita a los pequeños negocios la elaboración de información financiera básica que no sólo les ayuda a cumplir con sus obligaciones fiscales, sino también a evaluarse a través del tiempo y en comparación con sus competidores.

Es importante señalar que, en contraste con la legislación fiscal aplicable a esas empresas en el régimen ordinario, el sistema para las pequeñas empresas considera reglas mucho más sencillas para calcular la depreciación y no incluye la obligación de pagar el impuesto sobre los activos totales ni de mantener un registro de todos los gastos. En realidad, para las empresas con ventas inferiores a 300 millones de pesos al año se otorgan concesiones especiales consistentes en deducciones fijas sobre salarios, y las empresas comerciales que venden directamente al público están exentas de pagar el IVA.

b) Reforma de la administración fiscal

Con el fin de garantizar que las reducciones en las tasas impositivas procuren una distribución más equitativa de la carga tributaria, sin poner en riesgo el nivel de la recaudación, es indispensable establecer medidas firmes para reforzar el cobro de los impuestos. Con ese propósito, durante los últimos tres años, la administración fiscal se ha descentralizado parcialmente, ya que el cobro de los impuestos se realiza a través de los bancos comerciales. Los almacenes de aduanas serán manejados en el futuro por empresas del sector privado, en las que la información, el cálculo del impuesto y el trabajo documental se realiza por agentes aduanales privados, cuyo número ha aumentado 80% debido a la liberalización de las reglas de entrada en este sector.

Hoy en día, 10% de los contribuyentes está sujeto a auditoría en forma aleatoria. De 5% se encarga el Gobierno Federal y del otro 5% las autoridades locales. Conforme el proceso llegue a dar cobertura a todos los contribuyentes, posibilitando la construcción de una base de datos confiable, el porcentaje de auditorías irá disminuyendo.

Además de los cambios administrativos, ha habido importantes iniciativas en las áreas de auditoría, y en la persecución de delitos fiscales para evitar la evasión. De esta forma, todas las empresas con activos superiores a los 7 mil millones de pesos, o con ingresos acumulables por encima de los 5 mil millones de pesos al año, o con una nómina superior a 150 empleados, son objeto de una auditoría externa anual, realizada por un despacho independiente de contadores públicos. El número de procesos por delitos fiscales ha aumentado. Mientras que entre 1929 y 1988 sólo hubo dos procesos penales por evasión fiscal, entre 1989 y 1991 ha habido más de 200 sentencias, todas las cuales implican privación de la libertad.

c) Reducción de la tasa general del IVA

Las mejoras logradas en las áreas de recaudación y administración de los impuestos con mayor progresividad han abierto también la posibilidad de reducir las tasas de los impuestos menos progresivos. De esta manera, a partir de noviembre de 1991 la tasa general del IVA bajó de 20 y 15% a 10%, en el marco de las negociaciones del PECE. Además, el Congreso aprobó una reforma que sustituyó las tasas de 6, 15 y 20% del IVA aplicables en las zonas fronterizas del país, por un solo impuesto de 10%. Esta reforma ha estado en vigor desde el 1o. de enero de 1992.

d) Esquema tributario especial para la repatriación de capitales

A pesar de que ha habido importantes avances en materia de reducción de la inflación y se ha incrementado el potencial de crecimiento, el proceso de repatriación de capitales se había visto obstruido porque mucha gente temía reingresar su dinero al país, debido a que una gran operación financiera podría haber sido fácilmente investigada por las autoridades y, en principio, serían objeto de auditorías todos aquellos que desearan invertir en el país el capital repatriado. Por esta razón, fue necesario buscar un mecanismo que, al mismo tiempo que permitiera que el público cumpliera con sus obligaciones fiscales, les pudiera también otorgar el anonimato. El esquema, conforme al cual casi 10 mil millones de dólares han sido repatriados, funciona de la manera siguiente: la persona que desea traer su dinero al país no está obligada a declarar la operación, pero de manera anónima debe comprar —incluso, por medio de un tercero— "estampillas fiscales" por 1% de la cantidad repatriada. Sólo si dicha persona es auditada según los procedimientos normales, deberá mostrar las estampillas a las autoridades.

e) Deducciones y exenciones

El tercer elemento de la reforma consistió en un examen cuidadoso de la racionalidad económica de todas las exenciones y deducciones contempladas en leyes anteriores y la eliminación de aquéllas que no estaban plenamente justificadas. Por ejemplo, las deducciones por comidas y compra de automóviles para ejecutivos son calificadas de manera más cuidadosa en la actualidad, para asegurarse de que están vinculadas con la operación de la empresa y no se usan simplemente como forma de evadir las obligaciones fiscales.

Finalmente, el esquema de deducción de inversión a través de una depreciación acelerada, fue ajustado para incluir sólo aquellos proyectos que se realizan fuera de las tres principales zonas metropolitanas (Distrito Federal, Guadalajara y Monterrey).

CUADRO II.10. *Esquema de depreciación acelerada fuera de las grandes zonas metropolitanas*

Años de depreciación	Deducción durante el primer año
3 años	91%
10 años	77%
33 años	48%

FUENTE: DGPI, Secretaría de Hacienda.

f) Resultados

Aun con las reducciones en las tasas impositivas, los ingresos tributarios han aumentado a un ritmo más acelerado que la expansión de la producción total. Entre 1989 y 1991, los ingresos fiscales reales no petroleros se incrementaron en 29.5%, o sea, 1.5% del PIB. De ese incremento, 60% se explica por mayores ingresos derivados del Impuesto sobre la Renta, a partir de una base que se expandió de 1 millón 920 mil a 2 millones 904 mil contribuyentes. El resto proviene de una tasa real promedio de crecimiento por arriba de 12% anual en la recaudación del Impuesto al Valor Agregado y de los impuestos al comercio exterior. Este esfuerzo adicional es, por tanto, resultado de una participación más equitativa de todos los mexicanos, de una forma que es congruente con el objetivo de avanzar en términos de eficiencia y competitividad, pero que al mismo tiempo se apega a los principios fundamentales de una democracia, conforme a los cuales no puede haber justificación alguna para otorgar privilegios especiales a ningún grupo.

2.3 Diez ideas en torno a las reformas fiscales

Mucho antes del descubrimiento de la Curva de Laffer, las reformas fiscales sufrieron el asedio de paradojas que tienden a sobrestimar y subestimar sus efectos en la asignación de los recursos, la distribución del ingreso y los ingresos fiscales. Sin embargo, en realidad, la eficacia económica y social de una reforma fiscal tiene mucho que ver tanto con los elementos que señala la teoría económica como con los aspectos de la economía política de su

REFORMA FINANCIERA Y FISCAL

aplicación. Por ejemplo, un nivel adecuado de impuestos no distorsionantes depende no sólo del comportamiento de los mercados de crédito y de la dinámica del crecimiento demográfico, como lo sugerirían las teorías del ciclo vital y del ingreso permanente, sino también, del hecho que los mercados no sean perfectos y que la realidad económica es compleja, lo que implica que los aspectos relacionados con la evasión fiscal, la simplificación administrativa y el manejo de la información tienen que ser también considerados.

Al analizar con detalle la experiencia de la reforma fiscal mexicana, es posible percatarse de que, además de los efectos esperados que señala la teoría sobre la eficiencia económica, han surgido principios útiles y prácticos a seguir en la operación futura y la actualización de las instituciones e instrumentos fiscales. Por ejemplo, puede afirmarse que:

1. *Las tasas impositivas excesivas legitiman el fraude y la evasión fiscales y debilitan los esfuerzos de supervisión.* La política de reducir las tasas impositivas y las medidas que tienden a vigilar el cumplimiento de la ley forman parte del mismo paquete. Sólo puede buscarse el cumplimiento de reglas que sean viables. Al margen de los cuestionables argumentos de las teorías que enfatizan los aspectos de oferta, la reducción de las tasas puede ejercer importantes efectos sobre los ingresos totales, simplemente porque la gente puede permitirse manejar sus negocios dentro de la ley, sin que los impuestos pongan en peligro la viabilidad de sus empresas.

2. *Los impuestos sobre el comercio exterior y los impuestos internos se administran mucho mejor si dependen de una sola autoridad.* La concentración de la responsabilidad administrativa del cobro de impuestos en una sola autoridad facilita notablemente el proceso de recaudación porque es posible encontrar economías de escala en la operación, y porque también facilita el cruce de información y, en consecuencia, la supervisión de las obligaciones fiscales.

3. *Cambios administrativos con bajos costos y que ahorran tiempo pueden tener efectos muy considerables sobre los ingresos fiscales.* Una reforma fiscal efectiva se traduce en un conjunto de cambios muy complejos, que no sólo requieren de un profundo conocimiento de la economía, de los procesos legislativos y de las prácticas contables, sino también de una mentalidad práctica y de sentido común. Un ejemplo de ello es la simplificación en el cobro del IVA, en la que debido al cambio de 32 administraciones fiscales (una para cada estado) a una centralizada en conjunción con una supervisión descentralizada, ha generado un aumento sustancial en la recaudación.

4. *Una base de datos actualizada es fundamental.* Cualquier mejora conceptual y jurídica en el sistema tributario está condenada al fracaso si no se dispone de una base de datos confiable y de fácil acceso. Por esta

razón, las autoridades deben realizar un esfuerzo especial en las áreas de automatización del procesamiento de datos y de los bancos de datos en forma tal que puedan ser utilizados productivamente por todas las áreas de las oficinas de recaudación para detectar problemas, facilitar la observancia fiscal y planear mejoras adicionales.

CUADRO II.11. *Ingresos fiscales como proporción del* PIB

País	Ingresos fiscales totales como porcentaje del PIB	País	Impuesto sobre la Renta Personas Físicas (%)	País	Impuesto sobre la Renta de empresas (%)
Dinamarca	34.9	Venezuela	8.8	Irlanda	14.4
Irlanda	34.0	Chile	5.6	Bélgica	13.0
Bélgica	27.2	Ecuador	5.3	Dinamarca	12.4
Holanda	25.9	Japón	4.7	Italia	10.9
Reino Unido	25.9	Reino Unido	4.0	Reino Unido	9.9
Italia	24.9	Holanda	3.8	Holanda	9.9
Francia	20.5	Bélgica	2.8	Canadá	8.1
Chile	19.8	E.U.A	2.8	E.U.A	7.0
Venezuela	17.2	México (1988)	2.1	Japón	4.9
Canadá	14.8	México (1989)	2.3	Francia	4.8
E.U.A.	14.1	México (1990)	2.2	Alemania	4.0
Japón	13.4	México (1991)	2.1	México (1988)	2.5
México (1988)	11.5	Francia	2.5	México (1989)	2.7
México (1989)	12.0	Italia	2.4	México (1990)	2.9
México (1990)	11.8	Dinamarca	2.1	México (1991)	3.1
México (1991)	12.0	Canadá	2.0	Colombia	1.7
Alemania	11.6	Colombia	1.8	Ecuador	1.5
Colombia	10.3	Irlanda	1.6	Chile	1.0
Brasil	9.3	Brasil	1.4	Venezuela	0.8
Argentina	6.7	Alemania	1.0	Brasil	0.4

FUENTE: DGPI, SHCP.

5. *La ejecución justa de las sanciones penales ha tenido un efecto importante en el cumplimiento de la ley.* Un sistema fiscal justo descansa en el principio de que todos los miembros de la sociedad deben contribuir al pago de impuestos de acuerdo con su capacidad de pago y no con su habilidad para evadir obligaciones. Un cumplimiento efectivo de la ley no sólo constituye un instrumento eficaz para incrementar lo recaudado; es, sobre todo, un medio para asegurar la equidad social.

6. *Por otra parte, el cumplimiento estricto de la ley no ha tenido ningún efecto*

negativo en la confianza de los inversionistas ni en la repatriación de capitales. En ocasiones existe el temor de que el cumplimiento de la ley fiscal, aunque puede redundar en beneficio de la recaudación en el corto plazo, terminará mermando los ingresos a largo plazo conforme los inversionistas se sientan perseguidos para pagar más. Sin embargo, la realidad demuestra que un contexto macroeconómico estable basado en unas finanzas públicas sanas es un incentivo aún más fuerte para atraer nuevos negocios. En consecuencia, el cumplimiento de la ley sustentado en un trato parejo y justo para todos los contribuyentes les proporciona una base común para la competencia, y ofrece a los empresarios un marco estable para planear e invertir en el futuro.

7. *Los regímenes fiscales especiales no valen las distorsiones que provocan.* En la práctica, los regímenes fiscales especiales —como el tratamiento privilegiado de que disfrutaban las zonas fronterizas con respecto al Impuesto al Valor Agregado— sólo producen problemas de control, al tiempo que generan pequeñas ganancias, en términos del desarrollo económico regional.

8. *Las reformas fiscales no sólo deben revisar las tasas o la definición de la base sino también mejorar la redacción de la ley.* Las bondades conceptuales de cualquier diseño fiscal óptimo pueden perderse totalmente en la redacción de la ley. Por ejemplo, definiciones vagas de categorías, como las de prestaciones laborales, generan verdaderos monstruos fiscales después de algunos años, debido a que crean incentivos para convertir los salarios en toda clase de prestaciones en especie y causan pérdidas en los ingresos y grandes inequidades.

9. *Las reformas fiscales pueden beneficiarse con la cooperación internacional.* Los convenios para el intercambio de información constituyen la forma más práctica y efectiva de cooperación internacional en apoyo de la reforma fiscal. En la práctica, dichos convenios refuerzan notablemente la capacidad fiscalizadora de los gobiernos.

10. *Una reforma fiscal es, además de un asunto de eficiencia económica, un compromiso con la justicia social.* Sería un grave error entender el sistema fiscal sólo desde la perspectiva de lo que puede ofrecer en términos de estabilidad macroeconómica y eficiencia microeconómica. De hecho, el sistema fiscal también debe desempeñar un papel importante en la política social. Una reforma efectiva debe plantear la necesidad de aplicar recursos para atender las necesidades más apremiantes de los grupos de población con menores recursos, y ha de crear asimismo los incentivos y ofrecer igualdad de oportunidades para que todos los miembros de la sociedad participen en la economía formal, produzcan, compitan y alcancen un mejor nivel de vida.

3. La nueva estrategia de gasto social:
el Programa Nacional de Solidaridad

Todo el proceso de Reforma del Estado, que incluye la reforma fiscal, la privatización de empresas públicas, la reforma financiera y la renegociación de la deuda, ha tenido un solo propósito: fortalecer la capacidad del gobierno para responder a su mandato básico de garantizar la estabilidad macroeconómica, un ambiente propicio para la expansión de la producción y del empleo, la erradicación de la pobreza, la prestación suficiente y oportuna de los servicios públicos, y la impartición de justicia y seguridad pública.

Cuadro II.12. *Gasto social del gobierno federal*[1]

Año	% del PIB	% del gasto programable del sector público	Año	% del PIB	% del gasto programable del sector público
1971	5.3	31.7	1982	9.1	33.8
1972	6.3	33.7	1983	6.7	28.0
1973	6.3	30.1	1984	6.7	27.6
1974	6.7	30.6	1985	5.0	22.6
1975	7.3	27.8	1986	6.6	30.7
1976	8.1	32.9	1987	6.2	30.6
1977	7.8	33.7	1988	6.1	32.0
1978	7.9	32.7	1989	6.2	35.5
1979	8.4	33.4	1990	6.5	37.9
1980	8.1	31.0	1991	7.6	43.7
1981	9.2	31.2			

Fuente: Cuenta Pública SPP, varios números.
[1] El gasto engloba el que aplica en su totalidad a la educación, salud y desarrollo regional.

Al considerar la justicia social desde una perspectiva de mediano plazo, su rasgo más notable es que durante la década de los setenta, 32% del gasto programable del sector público se destinaba a las empresas paraestatales. Durante el periodo de crisis, muchos recursos necesarios en otras áreas se dedicaban a cubrir las pérdidas de empresas públicas ineficientes, llegando esta cifra casi a 28% en 1983 y 1984. En la actualidad, conforme avanza el proceso de Reforma del Estado propuesto por el Presidente Salinas, se han liberado recursos de aquellas actividades que no cumplen con el mandato constitucional, para ser aplicados a mejorar las condiciones de vida de quienes fueron más afectados durante los años de crisis y ajuste.

En su mensaje de toma de posesión, el Presidente Salinas de Gortari reconoció como su deber el combatir a la pobreza; para ello no sólo se debía gastar más en infraestructura social, utilizando los recursos obtenidos de la privatización de empresas públicas y de la racionalización del gasto en otras áreas del gobierno, sino aplicar esos recursos de manera más eficiente. El Programa Nacional de Solidaridad forma parte del nuevo enfoque del gasto social para enfrentar la pobreza extrema. A partir de diciembre de 1988, el programa ha desembolsado un promedio de 3 billones de pesos al año, cifra que a pesar de su modesto tamaño en comparación con el PIB (0.4%), ha logrado ya importantes resultados, sobre todo por haber involucrado activamente a amplios y diversos sectores de la población.

El programa de Solidaridad se basa en cuatro principios fundamentales: *i)* el respeto a la voluntad y a las formas de organización social de los beneficiarios de los programas; *ii)* las decisiones no se toman de manera unilateral por parte del gobierno sino de acuerdo con las comunidades a las que se pretende beneficiar; *iii)* la corresponsabilidad, lo cual implica que cada proyecto se basa en un acuerdo que establece la parte de los costos que deberá corresponder a cada uno de los involucrados (gobierno y comunidad), y las responsabilidades que adquieren durante cada una de sus fases; y *iv)* la transparencia, según la cual cada participante será plenamente informado y obtendrá una respuesta rápida a sus dudas sin interferencia burocrática.

En la práctica, este programa comienza con la creación de un Comité de Solidaridad en una determinada población o barrio, formado por las familias de esa comunidad. Este comité, de acuerdo con las necesidades a cubrir, presenta una propuesta y diseña —junto con las autoridades— un esquema en el cual la materia prima para el proyecto, como ladrillos, cemento y madera para la restauración de una escuela, o los cables y postes de luz necesarios para electrificar el poblado, son proporcionados generalmente por el gobierno; las cuestiones de ingeniería corren por cuenta de estudiantes universitarios, y la fuerza de trabajo por los vecinos de la localidad.

Los proyectos realizados por medio de Solidaridad pueden ser clasificados en tres grupos principales: *i)* Solidaridad para el Bienestar Social, que representa casi 55% del gasto total de Solidaridad, e implica la introducción de agua potable y alcantarillado en favor de comunidades rurales y marginadas, electrificación, aprovisionamiento de alimentos básicos, construcción de instalaciones médicas rurales y conservación y construcción de escuelas; *ii)* el segundo grupo de proyectos se conoce como Solidaridad para la Producción que, con el uso de 30% de los recursos, otorga apoyo financiero a muy pequeños productores en zonas rurales económicamente deprimidas —que ni siquiera tendrían acceso a los programas de microempresas de Nafinsa—, para ayudarles a pasar de la agricultura de subsistencia a actividades más productivas sin que tengan que desarraigarse de la región; y *iii)* Solidaridad para el Desarrollo Regional, que ofrece fondos para acrecentar la capacidad municipal de respuesta a las necesidades sociales y realiza proyectos de revestimiento de carreteras y caminos locales.

CUADRO II.13. *Programa Nacional de Solidaridad:*
los hechos (1989-1991)

- Más de 64 000 Comités de Solidaridad han sido formados en las localidades de bajos ingresos.
- Estos comités han realizado más de 150 000 proyectos.
- Seis millones de personas han sido incorporadas a los servicios de salud en instalaciones proporcionadas por el programa.
- Ocho millones de personas obtuvieron acceso a agua potable.
- Once millones de personas en más de diez mil comunidades cuentan ahora con energía eléctrica.
- Se han pavimentado calles en tres mil comunidades rurales y urbanas.
- Catorce mil kilómetros de carreteras han sido construidas, reacondicionadas o mejoradas en beneficio de casi dos millones de habitantes.
- 1 4000 00 niños reciben educación en nuevos locales escolares reconstruidos por padres y maestros a través del programa "Escuela Digna".
- Casi un cuarto de millón de niños tiene becas en efectivo, que les permiten completar su educación primaria y no desertar debido a la carencia de recursos de sus padres.
- El número de lecherías comunitarias se ha más que duplicado y casi siete millones de niños tienen acceso a este alimento básico; 27 millones de personas tienen acceso a tiendas de productos básicos.
- El servicio postal se ha ampliado hasta cubrir cuatro millones de habitantes en los barrios de bajos ingresos y zonas rurales.
- 1 2000 00 escrituras de propiedad registradas se han entregado a igual número de familias en los barrios de bajos ingresos.

FUENTE: Tercer Informe, Presidencia de la República.

Esta nueva forma de hacer las cosas, mediante la participación, organización y verdadero espíritu democrático, ha contribuido también a dotar a todos los mexicanos de un nuevo cimiento moral. Solidaridad funciona porque vincula nuevos elementos en nuestra compleja sociedad con costumbres tradicionales muy arraigadas.

4. OBSERVACIONES FINALES

Las políticas fiscales y financieras de un gobierno no pueden verse únicamente como instrumentos para lograr la estabilidad macroeconómica y crear un ambiente favorable para la producción. En realidad, son poderosas herramientas para llevar a cabo una política social eficaz. La reforma fiscal de los tres años recientes, los esquemas para microempresas de Nafinsa y el Programa Nacional de Solidaridad son ejemplos de la forma en que la macroeconomía y el desarrollo se vinculan en la más elevada misión de un gobierno ante su pueblo. La Reforma del Estado bajo el liderazgo del Presidente Salinas de Gortari ha abierto nuevas formas de participación de la sociedad civil, en el contexto de una más justa distribución del ingreso y de oportunidades.

REFERENCIAS BIBLIOGRÁFICAS

Aspe, Pedro, y Javier Beristain, "The Evolution of Income Distribution Policies During the Post-Revolutionary Period in Mexico", en Aspe, Pedro, y Paul Sigmund, *The Political Economy of Income Distribution in Mexico*, Nueva York, Holmes y Meier, 1984.

Aspe, Pedro y Paul Sigmund, *The Political Economy of Income Distribution in Mexico*, Nueva York, Holmes y Meier, 1984.

Alesina, A. y D. Rodrik, *The Growth Effects of Income Distribution*, Documento de Trabajo, CEPR, 1991.

Blanchard, Olivier y Stanley Fischer, *Lectures on Macroeconomics*, Cambridge, MIT Press, 1989.

Díaz Alejandro, Carlos, "Good Bye Financial Repression, Hello Financial Crash", *Journal of Development Economics*, 19, 1/2: 1985, pp. 1-24.

Dornbusch, Rudiger, y Alejandro Reynoso, "Financial Factors in Economic Development", en *American Economic Review*, Documentos y Procedimientos, 79, 1989, pp. 204-209.

Feldstein, Martin, y Horioka, *On the Determinants of Savings and Investment*, mimeo., Universidad de Harvard, 1979.

Gil, Francisco, "The Incidence of Taxes in Mexico: A Before and After Comparison", en Aspe, Pedro, y Paul Sigmund, *The Political Economy of Income Distribution in Mexico*, Nueva York, Holmes y Meier, 1984, pp. 59-98.

Kaldor, Nicholas, "Las reformas al sistema fiscal en México", en Solís, Leopoldo, *La economía mexicana: política y desarrollo*, México, Fondo de Cultura Económica, 1972.

Krugman, Paul, y Lance Taylor, "Contractionary Effects of a Devaluation", *Journal of International Economics*, 8, 1978, pp. 445-456.

Marglin, Stephen, *Growth Distribution and Prices*, Cambridge, Harvard University Press, 1984.

McKinnon, Ronald, *Money and Capital in Economic Development*, Washington D.C., Institución Brookings, 1973.

Reynoso, Alejandro, *When Financial Regulation becomes Financial Repression: A Look at the Case of Mexico (1940-1985)*, mimeo., Instituto Tecnológico de Massachusetts, 1988.

Solís, Leopoldo, *La economía mexicana: política y desarrollo*, México, Fondo de Cultura Económica, 1973.

Dwight S. Brothers, *The Mexican Financial System*, New Haven, Yale University Press.

World Bank, *The World Development Report*, Washington, D.C., 1991.

III. CAMBIO ESTRUCTURAL DEL SECTOR EXTERNO

En México, el ajuste macroeconómico y estructural ha ocurrido en el contexto de una profunda transformación de la economía mundial. En parte como resultado del resurgimiento del proteccionismo y de los choques energéticos de los últimos 15 años, y también como consecuencia de la dinámica del cambio tecnológico y del patrón mundial de industrialización, el comercio se ha desplazado de un conjunto de mercados nacionales fragmentados, débilmente ligados entre sí por los flujos comerciales, hacia un mercado global mucho más amplio en el que las empresas no tienen que estar cerca de su mercado "natural" para operar con éxito, sino que pueden separar geográficamente y de manera rentable las fases de programación, producción, financiamiento y distribución de sus actividades.

Como resultado de estos cambios, nuestra concepción acerca de las industrias nacionales y de las políticas de desarrollo nacional ha tenido que ampliarse. La proliferación de proyectos conjuntos entre inversionistas de diversos países y de flujos de inversión extranjera ha debilitado la estrecha relación que existía entre el potencial de crecimiento de las empresas nacionales y las oportunidades para elevar el bienestar económico. Una política nacional exitosa ya no puede basarse en la sobreprotección de los mercados y de los productores locales, sino en la creación de un ambiente económico que ofrezca a empresas nacionales y extranjeras la combinación adecuada de regulación, infraestructura, mano de obra calificada y estabilidad macroeconómica, para producir con eficiencia y ser competitivas en el mercado global.

El proceso de integración de la economía mundial es sumamente complejo e implica, por lo general, el establecimiento de un amplio conjunto de medidas de política económica, que incluyen la desregulación, la armonización de los sistemas jurídico, financiero y fiscal, y la integración monetaria. A pesar de esta complejidad, experiencias como la Comunidad Económica Europea sugieren que existe una secuencia de decisiones por tomar y, por ende, un punto de partida en el largo camino entre la autarquía y una plena participación en el sistema internacional. En general, esta secuencia comienza con la eliminación de todos los obstáculos al libre movimiento de bienes y servicios, el establecimiento de un marco jurídico que facilite los flujos de inversión extranjera, y un contexto financiero flexible que respalde la estabilidad monetaria y el financiamiento oportuno al comercio.

Para la estrategia mexicana de desarrollo, la apertura a los flujos de comercio e inversión internacionales ha significado un cambio drástico en la dirección y en los efectos de las políticas industrial, comercial, y financiera de largo plazo. De hecho, entre 1940 y 1982, el esquema de desarrollo tuvo dos características principales con respecto a sus relaciones con el sector externo. En primer lugar, la industria nacional se mantuvo sobreprotegida mediante barreras arancelarias y no arancelarias, así como por reglas muy restrictivas a la inversión extranjera. En segundo, el sector financiero se encontraba tan fragmentado que inducía a las empresas a financiarse con recursos propios y al gobierno a financiar su déficit con recursos del exterior. Como resultado de estas políticas, el proceso de industrialización tuvo que ser sustentado por una creciente inversión gubernamental, sólo para mantener la expansión requerida del empleo y la actividad económica. Esta base industrial ineficiente comenzó a necesitar cada vez más ajustes del tipo de cambio real para enfrentar sus requerimientos de divisas, en lugar de enfrentar la competencia externa con mayor productividad. Al mismo tiempo, la estabilidad financiera del país estuvo cada vez más amenazada por las cuantiosas fugas de capital que ocurrían ante cualquier señal interna o externa de dificultades.

El efecto que estas distorsiones tuvieron en la economía, sólo puede ser evaluado durante los peores meses de la crisis de 1982. La viabilidad total de la economía fue puesta en entredicho ante la amenaza de quiebras masivas y despidos de personal, mientras que la inflación y la recesión dominaban la perspectiva del futuro.

Este capítulo revisa la experiencia del sector externo mexicano desde la perspectiva de la internacionalización a largo plazo de la economía. En la sección uno, se analiza la naturaleza del "viejo mecanismo de transmisión" que estaba detrás del auge petrolero y de la crisis de la deuda, y se describe el proceso de renegociación de la deuda, al igual que la restauración gradual del acceso a los mercados financieros internacionales. En la sección dos, se presentan las medidas de apertura comercial adoptadas desde 1985, que incluyen los tratados de libre comercio ya firmados o en proceso de negociación y, finalmente, en la sección tres se hace un breve comentario sobre la reforma de las reglas a la inversión extranjera, así como de otras áreas relacionadas con la desregulación económica.

1. LA RENEGOCIACIÓN DE LA DEUDA EXTERNA

1.1 Antecedentes

La historia de la crisis de la deuda externa mexicana es muy larga. Comienza con el incumplimiento del servicio de los préstamos de 1821, sólo tres años después de que fueron contratados, y prosigue con la suspensión de pagos y las reiteradas recalendarizaciones durante el resto del siglo XIX, cuando el país fue alternativamente escenario de guerras internas, invasiones extranjeras y del propio ciclo económico internacional.

El corto periodo de solvencia entre 1890 y 1910 fue interrumpido de nueva cuenta por el periodo armado de la Revolución, y se prolongó por las desfavorables condiciones externas de una economía mundial en recesión. No fue sino hasta la firma del convenio Suárez-Lamont, en 1942, cuando el país pudo tener acceso continuo a los mercados de crédito internacionales.

Durante los años cincuenta y sesenta el financiamiento externo, aunque presente, no desempeñó un papel significativo en la promoción del crecimiento. Con respecto al sector público, los años del desarrollo estabilizador se caracterizaron por déficit financieros muy modestos que se cubrían con financiamiento "forzoso" no inflacionario, obtenido de los requisitos de encaje a que estaban sujetos los bancos comerciales. Tan sólo una pequeña fracción de los requisitos globales de recursos provenía de fuentes extranjeras oficiales.

Por otra parte, la inversión en el sector privado se financió sobre todo con sus propios ahorros, debido a la forma en que se estableció originalmente la estrategia de industrialización. En la práctica, los mecanismos de promoción industrial subyacentes a las políticas de sustitución de importaciones y de industrias nacientes permitieron a las empresas generar rentas que, a falta de un marco eficiente de intermediación, se reinvertían en la expansión de las mismas industrias. Los límites naturales a esta expansión los fijaron el tamaño del mercado y los escasos incentivos para el cambio tecnológico, implícitos en un entorno protegido de la competencia interna y externa.

Esta combinación de disciplina fiscal y autofinanciamiento privado funcionó razonablemente bien durante casi 20 años. Sin embargo, a principios de la década de los setenta fue evidente que las fuentes que apoyaban la dinámica de la industria privada y la expansión del empleo, tenían que transformarse radicalmente en una estrategia de impulso al sector exportador, a riesgo de ser sustituidas por un modelo de crecimiento sustentado en el sector público y financiado con deuda externa. En ese tiempo, las autoridades optaron por la segunda alternativa. A falta de una reforma fiscal y/o financiera significativa, la expansión permanente del gasto público, ya en marcha hacia 1973, aceleró considerablemente el ritmo de financiamiento externo, muy por encima del promedio de las décadas anteriores. Por ejemplo, en ese año el flujo de deuda externa alcanzó 1 600 millones de dólares, en comparación con el promedio de 200 millones de dólares al año durante la década anterior.

Dada la dinámica de los acontecimientos, no pasó mucho tiempo antes de que el país cayera en una grave crisis financiera. En 1976, terminó un periodo de 22 años de paridad fija con el dólar, y por primera vez tanto el nivel de la

CUADRO III. 1. *Endeudamiento público externo (1965-1991)*

	Balance presupuestal / PIB	Endeudamiento externo público neto / PIB[1]
1965	-0.8	-0.01
1966	-1.1	1.75
1967	-2.1	2.19
1968	-1.9	1.33
1969	-2.0	1.45
1970	-3.4	1.25
1971	-2.3	1.07
1972	-4.5	0.33
1973	-6.3	2.91
1974	-6.7	4.00
1975	-9.3	4.85
1976	-9.1	5.59
1977	-6.3	3.48
1978	-6.2	2.42
1979	-7.1	2.40
1980	-7.5	1.64
1981	-14.1	4.22
1982	-16.9	3.44
1983	-8.6	2.23
1984	-8.5	0.02
1985	-9.6	-0.01
1986	-15.9	0.27
1987	-16.0	2.03
1988	-12.4	-0.01
1989	-5.5	-0.21
1990	4.0	0.68
1991	-1.5	-0.21

FUENTE: Criterios de Política Económica para 1992, Presidencia de la República.
[1] Cuenta de capital del sector público. Banco de México.

deuda pública externa pendiente de pago (21 mil millones de dólares contra 6 800 millones de dólares en 1972) como el tamaño del déficit presupuestal (10% del PIB contra 2.5% en promedio en los 20 años anteriores) plantearon serias dudas sobre la política de desarrollo de México.

El programa de ajuste de 1977, que recibió el apoyo de un convenio *stand-by* del FMI, alcanzó la meta inmediata de estabilizar el uso del financiamiento externo. Desafortunadamente, no se plantearon las cuestiones más profundas

CUADRO III. 2. *Evolución de la deuda externa total (1976-1982)*

| | Monto de la deuda externa (miles de millones de dólares) | | | | Deuda externa/PIB | |
Año	Pública	Privada	Bancos comerciales	Total	Pública	Total
1976	20.8	4.9	1.6	27.3	24.9	32.6
1977	23.8	5.0	1.8	30.3	27.8	35.8
1978	26.4	5.2	2.0	33.6	25.7	32.7
1979	29.7	7.9	2.6	40.2	23.2	31.4
1980	33.8	11.8	5.1	50.7	20.9	31.3
1981	52.1	14.9	7.0	74.0	27.6	39.1
1982	58.1	18.0	8.0	84.1	29.8	43.1

FUENTE: Solís y Zedillo (1985).

CUADRO III. 3. *Finanzas del sector público*

	Gasto del gobierno/ PIB	Ingresos/ PIB	RFSP/ PIB
1976	37.9	28.8	9.1
1977	29.9	23.6	6.3
1978	31.2	25.0	6.2
1979	32.6	25.5	7.1
1980	34.4	26.9	7.5
1981	40.9	26.8	14.1
1982	47.2	30.3	16.9

FUENTE: DGPH, Secretaría de Hacienda y Crédito Público.

relacionadas con las perspectivas del crecimiento y desarrollo a largo plazo[1]. De hecho, antes de dos años a partir de esta primera crisis, no sólo permanecían sin respuesta esas cuestiones fundamentales, sino que el programa de ajuste fue abandonado en su totalidad. El énfasis en el gasto

[1] Bajo el programa, el monto de la deuda pública externa creció de forma conservadora entre 1977 y 1980 con flujos netos que promediaron 3 200 millones de dólares, en comparación con más de 4 mil millones de dólares anuales durante los últimos tres años de la administración anterior.

público para alcanzar un alto crecimiento del PIB fue notable nuevamente sólo un año después de la toma de posesión del gobierno del Presidente López Portillo, sobre la base de que la nueva riqueza petrolera financiaría el desarrollo de México en forma no inflacionaria. Para aprovechar dicha riqueza se requería de la expansión de la inversión pública. Sin embargo, se dijo también que el gobierno haría uso de otros instrumentos de política para fortalecer la economía, entre los cuales se incluía la reforma del sector financiero, para que las tasas de interés fuesen más flexibles y receptivas a las condiciones del mercado y una reforma fiscal que incluyera el Impuesto al Valor Agregado. Cualesquiera que hayan sido los argumentos, el hecho es que los desequilibrios interno y externo se aceleraron rápidamente y el endeudamiento externo creció a un ritmo insostenible; por ejemplo, entre 1980 y 1982, el saldo de la deuda externa pública paso de 20.9 a 29.8% del PIB, en tanto que la deuda privada pasó del 7.9 a poco más de 18% del PIB. En agudo contraste con las crisis anteriores, la dinámica del colapso económico de principios de los años ochenta reveló que la estructura económica mexicana era mucho más endeble de lo que se había previsto seis años antes. En esta ocasión, el endeudamiento público se vio acompañado por un fuerte endeudamiento privado en los mercados internacionales y por un deterioro extremadamente acelerado de las expectativas y la fuga masiva de capital. Un estudio realizado por Solís y Zedillo[2] sugirió que el excesivo endeudamiento durante el periodo 1979-1981 no sólo era consecuencia de una sustitución intertemporal de consumo presente debido a los ingresos futuros del petróleo, ni un elemento para amortiguar los choques temporales de los términos de intercambio. El 80% del endeudamiento se explica por "factores internos", tales como una economía sobrecalentada y la fuga de capitales. Lo que se hizo en el estudio fue comparar el endeudamiento observado con los flujos de financiamiento que podrían esperarse de las tendencias de cada uno de los componentes de la balanza de pagos. Por ejemplo, el exceso de importaciones atribuidas al mayor gasto público y/o privado se clasificaron como fuentes internas de sobreendeudamiento. El deterioro en los términos de intercambio, reflejado en un valor de las exportaciones "inferior al esperado", debido a la baja de los precios internacionales de los productos exportados, o un mayor gasto como resultado de tasas de interes más elevadas, fueron clasificados como choques externos. Finalmente, el componente de la fuga de capitales fue clasificado como el "exceso" en la cuenta de errores y omisiones de la balanza de pagos más los flujos de capital privado. La experiencia de estos años, tal como se resume en la figura III.1, demuestra claramente cómo la falta de flexibilidad en el sector industrial, el usar la expansión fiscal para mantener la tasa de crecimiento del empleo en

    [2] Solís y Zedillo (1985).

GRÁFICA III. 1. *Causas del sobreendeudamiento externo (1979-1981)*

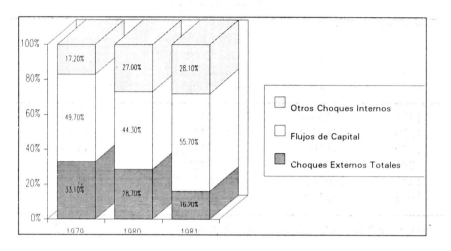

FUENTE: Solís y Zedillo (1985).

el sector formal, y un sector financiero incompleto y distorsionado, pueden producir graves efectos en la dinámica del endeudamiento externo y la fuga de capitales.[3]

1.2 La crisis de la deuda de 1982

La cronología de la crisis financiera de 1982 comienza con el súbito deterioro de los términos de intercambio hacia mediados de 1981, provocado principalmente por el inicio de la reducción en el precio internacional del petróleo y por el alza en las tasas de interés mundiales, que aceleraron la fuga de capitales. Después de la devaluación de febrero de 1982, y de la puesta en marcha de un programa de ajuste económico más bien moderado, el peso continuó sometido a una fuerte especulación. A pesar de que durante varios meses se evitó una nueva devaluación, esto fue posible sólo a expensas del agotamiento de las reservas internacionales y el uso de las últimas líneas de crédito disponibles. La crisis se desencadenó el 20 de agosto, cuando la Secretaría de Hacienda solicitó a los acreedores de la banca comercial de México una moratoria de tres meses para los pagos del principal, así como la integración de un Comité Asesor de Bancos para estudiar y llegar a una solución negociada. Entre esa fecha y diciembre, México acumularía un

---

[3] Reynoso (1989) demuestra que por tener mercados financieros regulados o "incompletos" se produjo el reciclaje del endeudamiento externo privado a la fuga de capitales, así como la dinámica explosiva de ambas variables.

CUADRO III. 4. *Indicadores de la balanza de pagos*
(millones de dólares)

	Cuenta corriente	"Otros" flujos de capital y errores y omisiones (fuga de capitales)	Cambio en reservas
1977	-1596.4	-1307.6	657.1
1978	-2693.0	-210.4	434.1
1979	-4870.5	-2175.5	418.9
1980	-10734.7	-3470.1	1018.5
1981	-16052.1	-10627.0	1012.2
1982	-6221.0	-10466.7	-3184.8

FUENTE: Indicadores Económicos, Banco de México.

retraso de 8 mil millones de dólares en pagos del principal de la deuda del sector público, y la administración del Presidente De la Madrid comenzaría con la desalentadora perspectiva de que otros 14 mil millones se acumularían en los tres años siguientes.

La renegociación de la deuda de 1982-1983 tuvo que centrarse en resolver la posibilidad de un incumplimiento inmediato en los pagos, sin hacer referencia al problema fundamental de la carga de la deuda, que eventualmente implicaría transferencias externas netas negativas del orden de 6% del PIB en los seis años siguientes. El paquete financiero derivado del convenio con el Comité Asesor de Bancos y las instituciones financieras internacionales, consideraba básicamente tres elementos:

a) Recalendarización de todos los pagos vencidos o a vencer entre el 23 de agosto de 1982 y el 31 de diciembre de 1984,[4] que debían cubrirse en un periodo de ocho años con un periodo de gracia de cuatro años a un costo muy alto: tasa Libor más 1.875, o la tasa preferencial (*Prime*) más 1.75, a elección de la banca comercial;

b) El financiamiento adicional canalizado mediante un convenio *stand-by* del FMI y la concertación de un préstamo sindicado con más de 500 bancos, por un monto de 5 mil millones de dólares, por un periodo de seis años con tres de gracia y a una tasa Libor más 2.5, o la preferencial más 2.125, obviamente a un costo de penalización;

c) Reestructuración de la deuda externa privada. Como el gobierno había decidido no asumir la deuda externa privada, y los deudores no recibirían subsidio alguno para saldar sus obligaciones externas, se tomó la decisión

[4] Con excepción de los créditos otorgados o garantizados por entidades oficiales.

de establecer un mecanismo para alentar el proceso de reestructuración. Este mecanismo ofrecería cobertura para los riesgos cambiarios en relación con los pagos del principal e intereses, que serían recalendarizados de acuerdo con los lineamientos emitidos por las autoridades financieras.[5] Para la fecha límite en octubre de 1983, obligaciones privadas por un monto de casi 12 mil millones de dólares habían sido registradas y cubiertas por este mecanismo.

El desplome de los precios del petróleo en 1986 y su efecto macroeconómico ya mencionado en el capítulo I, hicieron surgir nuevas y muy serias dificultades para pagar la deuda externa. Habría que buscar otra renegociación, a pesar del importante programa de ajuste implantado y del proceso gradual pero sostenido de la depreciación del tipo de cambio real iniciada a mediados de 1985. Al final, la renegociación de 1986 compartió básicamente los mismos elementos del convenio anterior: esta vez el componente de "dinero fresco" sería por un monto de 14 mil millones de dólares, se reestructuró el saldo de la deuda pendiente de pago con los bancos comerciales y el Club de París. El convenio con los bancos acreedores, firmado en marzo de 1987,[6] recalendarizó los pagos de amortización de 43 700 millones de dólares del principal a un plazo de 20 años, con un periodo de gracia de siete años. Esta cifra incluía la deuda total a mediano plazo con los bancos comerciales a fines de 1982 y los 8 600 millones de dólares adicionales recibidos en préstamo en 1983 y 1984. No se usó más la tasa preferencial como tasa de referencia y el diferencial en tasas sobre la tasa básica se redujo de un promedio ponderado de 1.2 puntos porcentuales a 13/16, sobre los 43 700 millones de dólares, y de 1.5 puntos porcentuales a 13/16 sobre los 8 600 millones de dólares.

Aun cuando estas dos renegociaciones permitieron que el país siguiera cumpliendo con el servicio de su deuda, se puso de manifiesto que el problema de México no era de flujo de efectivo, sino más bien que la carga de la deuda imponía severas limitaciones sobre el potencial de crecimiento. Es importante subrayar que hacia 1986 esta percepción no sólo era de México, ya que los mercados financieros habían comenzado a reconocer la naturaleza permanente de la crisis, como lo evidenciaban la creación de reservas por parte de los bancos comerciales y los descuentos considerables a que la deuda de los países en desarrollo se negociaba en los mercados secundarios.

En ese momento, existían básicamente dos opciones: aplazar la decisión de reconocer el carácter estructural de la carga de la deuda y empujar no sólo a

---

[5] Típicamente renegociada para tener un vencimiento después de ocho años, con un periodo de cuatro años de gracia. El mecanismo se conoció como Ficorca.

[6] Referido por sus siglas en inglés como MYRA, o sea Convenio de Restructuración Multianual.

México sino al resto de los países deudores a una prolongada recesión, muy semejante a la ocurrida en los años treinta;[7] o buscar un mecanismo que pudiera distribuir las pérdidas contraídas durante el proceso de sobreendeudamiento, de acuerdo con la capacidad de pago de cada una de las partes involucradas.

Una cuidadosa revisión conceptual de la forma en que tiene lugar el crédito internacional, mostró que ciertas formas de "quita" de la deuda podrían significar una mejoría económica (de tipo Pareto). Forzar al país deudor a seguir pagando la deuda en su totalidad a través de una recesión prolongada sólo destruiría los incentivos para poner en marcha las reformas económicas correctas, debido a que los únicos beneficiarios serían los acreedores externos. Por consiguiente, alguna forma de alivio incrementaría realmente las oportunidades de los acreedores para recuperar parte de lo prestado, en la medida en que el acuerdo diera al deudor suficiente espacio para retomar la senda del crecimiento.[8]

Antes de la renegociación de 1989, en la administración del Presidente De la Madrid se utilizaron dos esquemas de reducción de la deuda basados en el mercado, que ofrecieron una experiencia valiosa para el diseño del paquete financiero de 1990-1994. En primer lugar, un programa de intercambio de deuda por capital, vigente desde 1986 hasta mediados de 1988,[9] demostró que no todos los esquemas basados en el mercado eran necesariamente convenientes desde el punto de vista de la estabilidad macroeconómica y de la eficiencia.[10] Por ejemplo, se observó que este tipo de operaciones generaban efectos fiscales desfavorables, ya que significaban un prepago de la deuda, subsidio a la inversión y presiones monetarias adicionales a través de la monetización potencial de los títulos de deuda cancelada. Para llevar a cabo una operación de intercambio, las autoridades mexicanas necesitaban pesos para pagar la deuda que se intercambiaría. Si estos pesos provenían del Banco de México, se aumentaría la inflación y/o habría pérdidas en las reservas internacionales; si se obtenían en el mercado mediante emisiones adicionales de deuda pública interna, el resultado habría sido un incremento en las tasas de interés internas y el consiguiente desplazamiento de otros proyectos de inversión. Otro efecto importante estaba relacionado con el costo fiscal implícito en el cambio de la deuda externa (por la cual las autoridades estaban pagando tasas de interés internacionales) por deuda interna, cuyo costo era notablemente más alto. Por último, la necesidad

---

[7] Kindleberger (1971), Eichengreen y Portes (1986), Fishlow (1986).

[8] Esta idea fue presentada como la Curva de Laffer aplicada al problema de la deuda por Krugman (1989) y fue revisada posteriormente por Sachs (1989) y Froot (1989), entre otros.

[9] En total, el programa dio lugar a una reducción neta de 3 100 millones de dólares de la deuda pública externa con los bancos comerciales.

[10] Una discusión formal más detallada de este asunto la hicieron en esa época Bullow y Rogoff (1989), y Goldberg y Spiegel (1989). Veáse también el artículo de Luis Téllez en el *Wall Street Journal* del 31 de mayo de 1989.

Gráfica III. 2. *Deuda económica externa del sector público (% del PIB)*

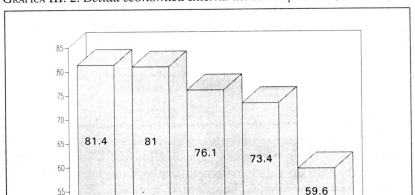

FUENTE: Subsecretaría de Asuntos Financieros Internacionales, Secretaría de Hacienda.

de racionar (o, para el caso, de promover de manera gradual) estas operaciones en aras de la estabilidad macroeconómica de corto plazo, introducía una grave distorsión que podría inhibir la inversión extranjera. Los interesados potenciales en obtener el subsidio implícito en cada operación posponían sus proyectos de inversión, esperando el siguiente otorgamiento de *swaps*.

El segundo programa, dado a conocer el 29 de diciembre de 1987 (dos semanas después del inicio del Pacto), consistía en una innovadora propuesta para que los bancos comerciales cambiaran voluntariamente parte de la deuda existente por bonos a 20 años. Los bonos negociables recientemente emitidos[11] con amortizaciones en un solo pago, ofrecían un diferencial en tasas de 1 5/8 % sobre Libor, y un bono "cupón cero" del Tesoro de los Estados Unidos, no negociable, con vencimiento a 30 años como garantía. En la subasta de deuda por los nuevos bonos a 20 años, México aceptó posturas por 3 700 millones de dólares en títulos extranjeros, a un precio promedio de aproximadamente 70 centavos por dólar de deuda existente. Las autoridades invirtieron 492 millones de dólares en bonos "cupón cero" del Tesoro de los Estados Unidos como garantía. Este segundo enfoque de las operaciones de reducción de la deuda con base en el mercado resultó ser una protección real, aunque el volumen negociado sólo fue marginal para las necesidades financieras del país. Era evidente que resultaría muy complicado realizar una operación de mayores dimensiones. Sin embargo, esta nego-

[11] Conocidos también como bonos Morgan.

ciación fue el antecedente directo de propuestas similares conocidas como el Plan Miyazawa, el Plan Miterrand y, eventualmente, el Plan Brady, en los cuales los países industrializados del mundo apoyaron la reducción de la deuda.

1.3 De la recalendarización a la reducción de la deuda: la renegociación de 1989

Desde el inicio de la crisis de la deuda, tanto los académicos como los encargados de la política económica advirtieron que los problemas de información asimétrica e incongruencia de políticas implícitos en la forma en que funcionaban las operaciones de deuda soberanas, harían extremadamente difícil cualquier solución basada en el mercado.[12] Por ejemplo, aun cuando se había aceptado que las operaciones de reducción de la deuda[13] podrían representar mejorías económicas reales (lo cual significa que al comparar la situación previa al intercambio con la solución final, todo el mundo preferiría la segunda), el problema consistía en cómo pasar de un mal a un buen equilibrio, porque cada banco acreedor obtendría una ganancia de capital sólo con esperar a que los demás bancos participaran en la operación de recompra. Esto significaría que cualquier intercambio voluntario enfrentaría necesariamente un tipo de externalidad como la de quien se aprovecha del esfuerzo de otros, lo que impediría que el intercambio ocurriera. Este ejemplo sencillo de falla del mercado dio lugar a lineamientos muy concretos en el planteamiento de la renegociación. Antes que nada, la operación debería ser de grandes dimensiones y global; tendría que incluir toda la deuda renegociable. En segundo lugar, la operación requería de una negociación directa con el Comité Asesor de Bancos, así como la cooperación absoluta de las instituciones financieras internacionales y de los gobiernos del Grupo de los 7, para evitar los problemas de coordinación y de la externalidad antes mencionada. Finalmente, para hacer posible la participación de todos los bancos, el paquete financiero debía reconocer las diferencias en materia de regulación existentes entre los países, así como la heterogeneidad financiera de los bancos, presentándoles un menú de opciones equivalentes en valor, en lugar de una sola.

En su discurso de toma de posesión, el 1o. de diciembre de 1988, el Presidente Salinas de Gortari dio instrucciones al Secretario de Hacienda para comenzar inmediatamente la renegociación de la deuda externa, de conformidad con los cuatro criterios siguientes: *i)* reducción inmediata del saldo de

---

[12] Véase, por ejemplo, Armendáriz (1990), Eaton y Gersowitz (1981), Eaton, Gersowitz y Stiglitz (1986), Sachs (1983), Krugman (1985), Corden y Dooley (1989), Dornbusch (1988), Bullow y Rogoff (1986), y Borenstein (1989), entre muchos otros.
[13] Antes del punto de inflexión de la Curva de Laffer de alivio de la deuda.

la deuda; *ii)* reducción a largo plazo en la carga de la deuda externa definida en términos de la razón deuda/PIB; *iii)* reducción en la transferencia neta de recursos al exterior; y *iv)* arreglo multianual que eliminaría la incertidumbre de renegociaciones recurrentes.

Se decidió entonces que este proceso, que se inició inmediatamente, se realizaría en dos etapas. La primera incluiría un paquete financiero con las organizaciones financieras internacionales y con el Club de París, con un doble propósito: eliminar las transferencias netas a esas entidades, mediante "recursos frescos" contratados sobre una base multianual; y contar con la asistencia técnica y el apoyo de esas instituciones. La segunda etapa consistiría en la negociación de una operación de reducción de deuda en gran escala con los bancos comerciales.

El 26 de mayo de 1989, se suscribió finalmente un convenio con el FMI.[14] Siguiendo los lineamientos del Plan Brady, la característica más importante de este arreglo fue que además de los recursos que se recibirían durante varios años[15] con el objeto de apoyar el programa de estabilización, la institución reconocía la necesidad de efectuar operaciones para reducir la deuda y contraía el compromiso de constituir una reserva de recursos adicionales que serían utilizados en garantía de dichas operaciones. Gracias a las valiosas y visionarias propuestas de Nicholas Brady, Secretario del Tesoro de los Estados Unidos, la posición adoptada por el FMI reflejó un profundo cambio en la actitud de las instituciones oficiales ante el problema de la deuda, y sentó un precedente a seguir por otros agentes financieros. El 30 de mayo, México llegó a un acuerdo con el Club de París, para reestructurar los créditos a corto plazo y obtener nuevas líneas de crédito. El resultado fue la recalendarización de los pagos del principal por 2 600 millones de dólares con un periodo de 10 años de gracia, lo que significaría un alivio de 100% tanto del principal como de los intereses entre junio de 1989 y marzo de 1990, 100% del principal y 90% de los intereses hasta marzo de 1991 y 100% del principal y 80% de los intereses hasta mayo de 1992. Lo más importante de todo fue que el Club de París ofrecería garantías al crédito para la exportación por aproximadamente 2 mil millones de dólares al año, hasta 1992.

Finalmente, y sólo un par de semanas después[16] el Banco Mundial llegó a un acuerdo para otorgar créditos de ajuste estructural por 1 960 millones de dólares en 1989, y un promedio de 2 mil millones de dólares durante el periodo 1990-1992. El propio banco haría también una reserva de recursos para las operaciones de reducción de deuda que eventualmente serían superiores a los proporcionados por el FMI. Con el apoyo de este paquete financie-

---

[14] Facilidad ampliada del Fondo Monetario Internacional.
[15] 4 135 millones de dólares por tres años, con posibilidad de ampliarse a un cuarto año a solicitud de México.
[16] 13 de junio de l989.

ro, y los antecedentes de su propio programa de ajuste interno puesto en práctica por más de seis años, México comenzó a negociar con los más de 500 bancos comerciales representados por el Comité Asesor de Bancos con la misma línea que el Plan Brady. Una operación exitosa haría posible capturar el alivio implícito en los precios de la deuda externa en el mercado secundario, dados los recursos disponibles para garantías.

Enseguida, haré un breve comentario sobre las consideraciones que influyeron en el planteamiento de las opciones de intercambio de deuda presentadas a los bancos. La deuda básica, es decir, la cantidad de deuda comercial sujeta a la operación de intercambio, ascendía a 48 231 millones de dólares.[17] El precio del papel denominado EUM (Estados Unidos Mexicanos) en el mercado secundario llegaba entonces a cerca de 42 centavos por cada dólar de la deuda nominal. Esto significaba que si México recompraba todo el saldo de su deuda debería desembolsar 20 200 millones de dólares. Los recursos disponibles del FMI (1 640 millones de dólares), del Banco Mundial (2 060 millones de dólares), del EXIM-BANK de Japón (2 050 millones de dólares), y las garantías del Banco de México (1 300 millones de dólares), ascendían tan sólo a un total de 7 mil millones de dólares.

La propuesta presentada por México y el Comité Asesor de Bancos a los bancos participantes, consistía en un menú con las tres opciones siguientes:

a) El intercambio al valor nominal de la deuda histórica (denominadas en dólares o su equivalente en otras monedas) por bonos a una tasa de interés fija de 6.25% (o su equivalente, dependiendo de la moneda), con pagos de interés semestrales y amortización en un solo pago después de 30 años; los bonos cuentan con la garantía principal de bonos "cupón cero" del Tesoro de los Estados Unidos, así como una garantía por intereses refinanciables de18 meses para los pagos de intereses.

b) Cambio de la deuda histórica por bonos con un valor 35% menor al valor nominal. Los bonos pagarían una tasa de interés Libor más 13/16 (o su equivalente en otras monedas), con pagos de interés semestrales y amortización en un solo pago al vencimiento en 30 años; los bonos de descuento tendrían las mismas garantías sobre el principal e intereses que los bonos a la par.

c) El cambio de la deuda histórica por nuevos instrumentos de deuda con vencimiento a 15 años y 7 años de gracia, a la tasa de interés Libor más 13/16, junto con el compromiso de otorgar financiamiento en los mismos términos durante el periodo 1990-1992 por un importe equivalente a 25% de la deuda asignada a esta opción por medio de una combinación de los

---

[17] MYRA más la totalidad del "dinero fresco" prestado durante 1987 y 1988.

Gráfica III. 3. *Valor presente de los flujos*
de un bono de descuento Brady
(en centavos por dólar del valor nominal)

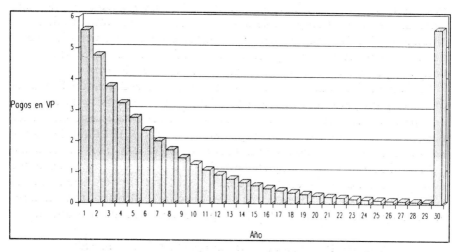

cuatro instrumentos siguientes: compra de bonos para obtener dinero fresco, créditos bancarios tradicionales a mediano plazo, programa de représtamo al sector público o programa de financiamiento al comercio exterior.

Tomando en cuenta la reducción de la deuda y las opciones de reducción del servicio de la misma, puede afirmarse que ambas eran equivalentes a una recompra. Esto significa que en cada una de ellas el alivio sería el mismo que si los recursos usados para garantizar cada opción hubieran sido utilizados para comprar la deuda mexicana directamente en el mercado a los precios prevalecientes cuando comenzó la negociación.[18] Por ejemplo, se podría tomar un bono de reducción de la deuda (opción b) y demostrar que, dadas las condiciones en el mercado de crédito y en el mercado de deuda secundario, valía 42 centavos de dólar en la fecha de cambio.

Como se muestra en el cuadro III.5, el valor de este bono tiene tres componentes. Primero, está el bono cupón cero, utilizado para garantizar el principal, que valdrá 100 centavos de dólar en el año 30. El valor presente de esta parte se calcula descontando el bono a una tasa de mercado libre de riesgo (por ejemplo, la tasa sobre los bonos de la Tesorería a 30 años). La segunda parte corresponde a los primeros 18 meses de pagos de intereses, que fueron garantizados mediante depósitos en el Departamento del Tesoro de los Estados Unidos. El valor presente de estos flujos se descuenta también a una

---

[18] Los anteriores convenios de la deuda no permitían jurídicamente las recompras directas.

tasa de interés exenta de riesgo. Finalmente, con respecto a todos los pagos de intereses restantes y en la medida en que no se encontraban garantizados contra el "riesgo México", dichos pagos deben ser descontados a la tasa interna de descuento de la deuda mexicana (EUM), cotizada en el mercado secundario (en ese tiempo la deuda EUM ofrecía un rendimiento de aproximadamente 17% al vencimiento). Sumando estos tres elementos, el valor del bono de descuento Brady sería aproximadamente de 42 centavos, y el bono a la par Brady sería de menos de 46 centavos de dólar.

La distribución final escogida por los bancos acreedores fue 47% de la deuda elegible para los bonos a la par, 41% para los bonos de descuento y 12% para la opción de dinero fresco. Los bonos de descuento asignados a los bancos comerciales mexicanos representaron 11.91% del total de los bonos de descuento y no fueron garantizados debido a la escasez de recursos.

El resultado directo del paquete negociado con los bancos comerciales fue de 7 190 millones de dólares de reducción en el principal, y una disminución en las transferencias netas de recursos por 4 071 millones de dólares al año en promedio entre 1990 y 1994, provenientes de ahorros anuales en

Cuadro III. 5. *Valuación de las opciones de la reducción de deuda y de la reducción del servicio de la deuda (por dólar)*

Supuestos[1]	Tasa de interés libre de riesgo = 8.5%	
	Tasa de descuento para el riesgo México = 17%	
	Diferencial pagado sobre la Libor = 13/16	
Bonos de reducción de la deuda (valor facial de 65 centavos por cada dólar de la base de deuda)	Valor presente del bono cupón cero	= 5.6 centavos
	Valor presente del pago de intereses garantizados	= 10.3 centavos
	Valor presente del pago de intereses no garantizados	= 25.7 centavos
	Total	= 41.6 centavos
Bonos de reducción del servicio de la deuda (valor facial = 100, tasa fija de 6.25%)	Valor presente del bono cupón cero = 8.6 centavos	
	Valor presente de los pagos de intereses garantizados = 10.6	

[1] Estos supuestos reflejan esencialmente las condiciones del mercado en la fecha en que se llegó en principio a acuerdo.

GRÁFICA III. 4. *Precio de la deuda mexicana en el mercado secundario (centavos por dólar)*[1]

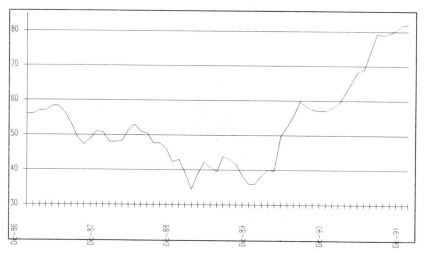

FUENTE: Oficina de la Tesorería de Operaciones en Divisas, Banco de México.
[1] Antes de marzo de 1990, se refiere al precio de los valores de los Estados Unidos Mexicanos. Después de esa fecha es el precio de los bonos de "dinero fresco".

el pago de intereses por 1 629 millones de dólares, dinero fresco por un monto de 288 millones de dólares y aplazamiento de pagos del principal por 2 154 millones de dólares a vencer durante el período.

Otro efecto directo de la renegociación es que, en principio, el convenio con los bancos comerciales a mediados de 1989 permitió a México, nuevamente, ser sujeto de créditos voluntarios en los mercados financieros internacionales. La primera colocación desde 1982 por un deudor mexicano, sin ninguna relación con la reestructuración de la deuda, tuvo lugar en junio de 1989 cuando el Banco Nacional de Comercio Exterior[19] colocó bonos por 100 millones de dólares. Desde entonces, por lo menos 3 500 millones de dólares se han recibido en préstamo en los mercados europeos por los sectores empresarial y bancario de México, utilizando una diversidad de instrumentos, como Eurobonos, Europagarés, Pagarés con Tasa Flotante, Certificados de Depósito con Tasa Flotante, Eurocertificados de Depósito Convertibles[20] y Pagarés Garantizados.

Finalmente, el convenio incluía la reapertura de un programa de intercambio de deuda por capital que, con el fin de evitar las desventajas de la

---

[19] Banco Nacional de Comercio Exterior, de México.
[20] Eurobonos que pueden ser convertidos en capital a solicitud del inversionista.

GRÁFICA III. 5. *Estructura de la respuesta de los bancos comerciales al menú presentado por México y el Comité Asesor de Bancos*

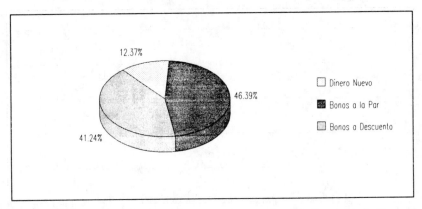

FUENTE: Subsecretaría de Asuntos Financieros Internacionales, Secretaría de Hacienda y Crédito Público.

GRÁFICA III. 6. *Reducción de los flujos del servicio de la deuda resultantes del convenio con los bancos comerciales (millones de dólares)*

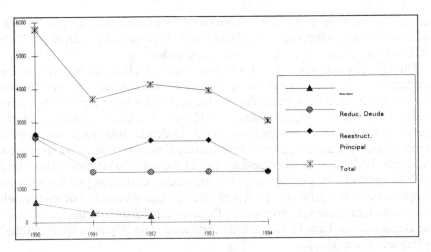

FUENTE: Subsecretaría de Asuntos Financieros Internacionales, Secretaría de Hacienda y Crédito Público.

experiencia anterior, tiene restricciones en términos de la cantidad de deuda sujeta a subasta, el uso del producto de una operación de intercambio y el tiempo durante el cual estas operaciones pueden tener lugar. En con-

CUADRO III. 6. *Emisiones mexicanas seleccionadas en los mercados financieros*[1]

Emisor	Fecha	Tipo	Cantidad
BNCE	06/15/86	Pagarés	$100m
TELMEX	07/06/90	Pagarés	$150m
NAFIN	08/02/90	Pagarés	$100m
PEMEX	10/25/90	Pagarés	$150m
PEMEX	10/07/90	Pagarés	$100m
PEMEX	04/24/90	Pagarés	DM100m
Cemex	06/14/90	Convertibles	$100m
Cemex	10/17/89	Pagarés garantizados	$150m
PEMEX	07/20/90	Pagarés	Austrian Sch. 500m
Dyneworld	01/05/91	Pagarés	$100m
PEMEX	03/05/91	Pagarés	$100m
UMS	02/06/91	Pagarés	DM300m
TELMEX	05/10/91	Pagarés	$570m
Cemex	05/12/91	Pagarés garantizados	$425m
PEMEX	08/20/91	Pagarés	ECU100m
UMS	08/25/91	Pagarés	Ptas 10bn
Cemex	10/10/91	Pagarés a mediano plazo	$100m
BNCE	04/18/91	Pagarés a mediano plazo	$100m
NAFIN	06/09/91	Pagarés a mediano plazo	$200m
Soc. Fomento Indust.	08/06/91	Papel comercial	$100m
Cemex	08/30/91	Papel comercial	$100m

FUENTE: Nacional Financiera.
[1] Incluye sólo las emisiones mayores de 100 millones de dólares o las primeras emisiones en moneda diferente del dólar.

creto, el programa permitió la cancelación de 3 500 millones de dólares de la deuda "original"; los recursos obtenidos serían utilizados exclusivamente para proyectos de infraestructura aprobados por el Gobierno Federal, y/o para la compra de empresas públicas sujetas a privatización.

En conclusión, el proceso de ajuste y renegociación de la deuda, que inició en 1982 y culminó con la firma del convenio con los bancos comerciales el 4 de febrero de 1990, no sólo reabrió el acceso al financiamiento externo voluntario para las entidades públicas y privadas, sino que también despejó el camino para pensar y actuar en otras medidas necesarias, tales como la desregulación, la privatización y las políticas sociales. Durante ese tiempo, el desendeudamiento de la economía ha sido notable: la deuda total del sector público ha caído de 80.5% del PIB en 1987 a cerca de 46% del PIB en 1991.

Gráfica III. 7. *Deuda externa económica total*
(Porcentaje del PIB)

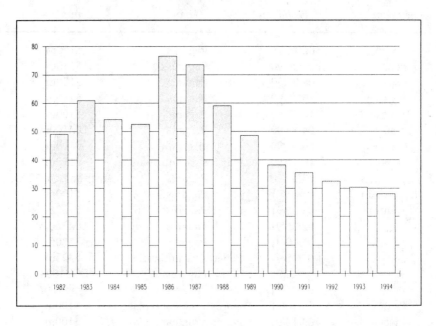

FUENTE: Subsecretaría de Asuntos Financieros Internacionales, Secretaría de Hacienda y Crédito Público.

Mientras que la deuda bruta interna ha descendido de 23.1% en 1987 a 18.1% en 1991, la deuda externa neta ha mostrado el descenso más impresionante: de 57.4% del PIB en 1987 a sólo 27.7% en 1991. De igual manera, los costos del servicio de la deuda externa total han bajado considerablemente, puesto que los pagos de intereses en la primera mitad de 1991 representaron sólo 18.5% como proporción de las exportaciones de bienes y servicios, por debajo del nivel de 43.6% que tenían en 1982.

1.4 Diez reflexiones en torno a la renegociación de la deuda externa

Como en las secciones anteriores, me gustaría terminar con algunas reflexiones sobre lo que hemos aprendido en estos años de elevado endeudamiento y renegociación de la deuda.

1.   *Una política económica sana no puede ser sustituida por una renegociación de la deuda externa.* Los desequilibrios estructurales sólo pueden ser

corregidos mediante ajustes estructurales globales; la renegociación de la deuda externa no puede ser un sustituto. En realidad, un ajuste estructural global es prerrequisito para lograr una exitosa negociación de la deuda, que, a su vez, consolide los beneficios de medidas internas sanas. La experiencia mexicana de 10 años en el manejo de la deuda ha demostrado que cuanto más grandes y profundos sean los esfuerzos de la reforma estructural, tanto mejores serán los términos y condiciones obtenidos en las negociaciones.

2. *El consenso internacional es crucial para resolver el problema de la deuda.* Aun en un contexto político, económico y financiero internacional adecuado, se requiere un trabajo muy intenso para convencer a las instituciones financieras, acreedores y gobiernos de otros países, así como a los académicos y periodistas que influyen en la opinión pública, de que el país deudor ha realizado ya todos los esfuerzos posibles y, en consecuencia, necesita apoyo internacional.

3. *La negociación de la deuda de un país no es sólo un asunto entre deudor y acreedor.* Las negociaciones deben considerarse como un asunto global que involucra a toda la comunidad financiera internacional, así como a los gobiernos. Este hecho tiene implícita una dimensión política y sólo se puede lograr una solución mediante la participación de todas las partes involucradas.

4. *La confrontación sólo obstruye una solución satisfactoria y duradera de los problemas de la deuda.* Aun cuando la defensa del interés nacional es un derecho soberano que justifica decisiones unilaterales al respecto, el repudio de la deuda como estrategia de negociación únicamente puede acarrear un alivio efímero. Además, dicha posición no sólo conduce al aislamiento financiero y a una mayor incertidumbre, sino que a la postre, se vuelve contra el interés nacional del deudor.

5. *Los clubes de deudores sólo pueden lograr soluciones de mínimo común denominador.* Dado que los países deudores enfrentan diferentes problemas en circunstancias también diferentes, los beneficios de las negociaciones en bloque están limitados por el país que tiene el peor desempeño.

6. *Los paquetes de negociación deben ser tan amplios y flexibles como sea posible.* Dada la diversidad de los marcos legales, fiscales, y administrativos de los países acreedores, debe ofrecerse a los bancos acreedores un amplio espectro de opciones viables; sin embargo, éstas deben ser financieramente equivalentes en valor presente.

7. *Un convenio satisfactorio oportuno es mejor que un convenio óptimo pero extemporáneo.* El tiempo forma parte esencial del proceso de negociación de la deuda. Una solución oportuna es preferible a ulteriores mejoras en los términos y condiciones, que en el margen llevan tiempo y no

compensan el costo de la mayor incertidumbre generada por la demora en el arreglo.

8. *Debe llegarse a una solución de largo alcance.* Tan importante como el convenio mismo son las expectativas que genera. Sin embargo, las expectativas deseadas sólo pueden derivarse de un paquete de negociación global que implique una reducción de la deuda que los agentes económicos consideren como suficiente para aportar una solución permanente e irreversible. Esto conduce a una serie de importantes beneficios indirectos, como son la reducción en las tasas de interés internas, la repatriación de capitales, la atracción de inversión extranjera y el acceso voluntario a los mercados de capitales internacionales, que multiplican los beneficios del convenio.

9. *No hay un parámetro único para evaluar los resultados de las negociaciones.* Cada país, según sus propias necesidades, deberá determinar por sí mismo lo que es un buen convenio. Lo que es suficiente para un país puede no serlo para otro.

10. *Hay vida después de la deuda.* Una política económica sana es condición necesaria para lograr una negociación exitosa que conduzca a la creación de un círculo virtuoso. Dicha negociación actúa como un catalizador para las reformas estructurales y conduce al círculo virtuoso de mayor confianza, inversiones más cuantiosas, menor inflación y mayor crecimiento.

2. El Programa de Apertura Comercial

2.1 Antecedentes

En México las políticas proteccionistas, principalmente bajo la forma de aranceles a las importaciones, tienen una larga historia. Sin embargo, hasta la segunda Guerra Mundial las medidas se centraron en productos específicos. Fue sólo después de la guerra, cuando la competencia del exterior recobró su anterior fuerza, que se implantó un sistema global de protección, cuyo objetivo principal era ofrecer a la industria manufacturera, que apenas había surgido, una oportunidad de crecer y prosperar.

Durante los años cincuenta, la política mexicana de comercio exterior tenía como principal objetivo sustituir importaciones de bienes de consumo final. Después de un periodo inicial razonablemente exitoso, las posibilidades de una continua sustitución de esos bienes virtualmente se habían agotado, y durante la década de los sesenta se promovió la sustitución de productos intermedios de la industria manufacturera. Se esperaba que el proceso condujera a una ulterior integración vertical del sector industrial interno.

Paralelamente, se realizó un importante esfuerzo para evitar la exportación de materias primas no procesadas. Mediante impuestos moderados a la exportación de productos agrícolas y minerales no procesados, se buscaba alentar su procesamiento dentro del país.

Hacia 1970, estas políticas habían conducido a una protección ligeramente negativa de las actividades primarias, una protección moderada a las manufacturas intermedias y una protección considerablemente alta para los bienes de consumo duradero.[21] Durante los años setenta, las políticas de comercio exterior se establecieron atendiendo principalmente a consideraciones de balanza de pagos. Aun cuando la estructura proteccionista básica no cambió, la política de importación fue más estricta durante la administración del Presidente Echeverría, en un intento por controlar el creciente déficit externo que finalmente desembocó en la devaluación de 1976.

Con una inflación creciente de 16% en 1978 a casi 30% en 1980, los controles de precios y subsidios tendían a mantener en un bajo nivel los precios de productos alimenticios y otros artículos no duraderos de consumo popular. Esto significó que para algunos cultivos de subsistencia básicos, como el trigo, frijol y arroz, entre otros, los precios de importación se encontraban muy por encima de los precios internos controlados. Con el fin de garantizar una oferta interna suficiente a precios controlados, la compañía paraestatal Conasupo importó grandes cantidades de esos productos, y la diferencia entre los precios de importación y los precios internos al menudeo se amplió cada vez más.

La política de fijación de precios predominó también en el sector energético. Las autoridades buscaron que los beneficios derivados de los recursos petroleros favorecieran el desarrollo económico nacional, cobrando por la energía precios muy por debajo de los prevalecientes en los mercados internacionales. Como es evidente, dichas políticas de precios tenían que ir acompañadas de políticas comerciales, como las regulaciones sobre la exportación —para impedir que los combustibles baratos fueran exportados directamente— y los subsidios a la importación, en caso de una oferta interna insuficiente para los productos petroquímicos básicos.

A comienzos de la década de los ochenta, todas estas medidas habían dado lugar a una estructura de precios muy distorsionada. Aun cuando la protección nominal promedio era prácticamente igual a cero[22] de hecho había una protección fuertemente negativa para los productos derivados del petróleo, una protección negativa para la mayoría de los bienes sujetos a alguna forma de control de precios, y una protección medianamente positiva para la mayoría de los bienes no controlados. Estas distorsiones se exacerbaron mediante el uso generalizado de barreras no arancelarias, como los

[21] Protección nominal definida como (Precios Internacionales/Precios Internos)-1.
[22] Véase Tenkate (1990).

permisos de importación que se requerían prácticamente para todos los productos, y el uso de precios oficiales para la valuación aduanera.

Como resultado del deterioro de los términos de intercambio, en 1981 las autoridades respondieron con un alza de las tasas nominales de protección, elevando el promedio hasta cerca de 10% antes de las devaluaciones de 1982. Aunque siguieron variaciones en el nivel promedio de protección, que permaneció alineado con las fluctuaciones del tipo de cambio real, la estructura básica de protección permaneció esencialmente sin cambio. A fines de 1985, se inició un profundo proceso de desregulación y apertura comercial, que todavía continúa. Las medidas han abarcado una drástica reducción en los niveles y dispersión de los aranceles, la eliminación casi total de las restricciones comerciales cuantitativas, y negociaciones bilaterales intensas con el objeto de suscribir tratados de libre comercio con los principales socios comerciales de México.

Antes de detallar cómo ocurre en la práctica este profundo cambio en la dirección de la política, me gustaría utilizar la siguiente sección para reflexionar, con la ayuda de un modelo de crecimiento muy sencillo, sobre los efectos de las políticas microeconómicas sobre los agregados macroeconómicos, haciendo referencia al caso específico de la apertura de la economía mexicana en 1985.

2.2 Los efectos económicos de la apertura comercial y de la desregulación económica

Uno de los grandes obstáculos al proceso de reforma microeconómica es que sus efectos son en su mayoría cualitativos y se propagan en los mercados a lo largo del tiempo, mientras que las medidas monetarias y fiscales suelen tener efectos inmediatos sobre variables específicas como las tasas de interés o la tasa de inflación. Consecuentemente, en muchos casos es difícil justificar, más allá de razones puramente teóricas e ideológicas, un programa global de apertura de la economía que afectaría a grupos con intereses específicos. Sin embargo, en el caso de México la profundidad y persistencia de la crisis sugerían que el impacto sobre la asignación de recursos de modificar sustancialmente la regulación vigente podría ser muy significativo.

Aunque resulta muy complicado hablar sobre cifras agregadas en el manejo de cuestiones microeconómicas, es posible intentar trabajar con modelos simples para tener una primera aproximación de los órdenes de magnitud. El ejercicio más sencillo, que se describe en el apéndice de este capítulo, consistiría en tratar de comparar dónde se encuentra ubicada la economía —dada la tecnología y los recursos disponibles— con respecto a un nivel óptimo teórico tanto en una economía cerrada como en una economía

CUADRO III. 7. *Comparación de la producción óptima en una economía cerrada y en una economía abierta*

Sector	Valor de la producción bruta en una economía abierta entre el de una economía cerrada(%)[1]
Agricultura, ganadería y pesca	0.88
Minería	0.86
Petróleo y gas natural	-14.2
Alimentos procesados	-0.28
Textiles y vestido	-0.50
Productos químicos	13.7
Madera y cemento	4.17
Maquinaria y equipo	14.6
Automóviles y otro equipo de transporte	27.4
Industria de la construcción	17.6
Electricidad	3.33
Comercio y servicios	3.00

[1] En el periodo terminal.

abierta. Pensando en términos muy sencillos, la idea es comparar tres puntos en una gráfica: *i)* el nivel de producción observado de la economía; *ii)* el punto en la curva de transformación que maximiza la producción neta a los precios internos, y *iii)* la solución que maximiza la producción neta a los precios internacionales. Las restricciones del modelo estarían determinadas por la disponibilidad de divisas, el acervo de capital y las preferencias de los consumidores, que se supone están dadas por una función utilidad Cobb-Douglas. Finalmente, con el fin de captar la parte de la dinámica del cambio estructural, se presenta éste como un modelo de seis periodos y doce sectores.

Calculados con información sobre la estructura de la economía en 1985,[23] se encontró que el "vector" observado de producción y consumo se encuentra significativamente lejos del "vector óptimo" calculado por el modelo. De hecho, el modelo predice que durante un lapso de seis años, con sólo una mejor asignación de la inversión, se generaría un proceso que haría posible un crecimiento a una tasa promedio anual de 6.6% al año, aun con una restricción de divisas equivalente a transferencias netas negativas promedio

[23] Matriz insumo-producto, la matriz de coeficientes de capital y la estructura de protección (promedio) de 1985.

de 6% del PIB. Esta tasa de crecimiento, comparada con la tasa promedio de crecimiento registrada entre 1984 y 1990[24] de cerca de 2.5%, significaría que con las mismas condiciones iniciales de recursos de capital y divisas disponibles, sería posible encontrar una asignación capaz de generar, después de seis años, 25% más de producción, siempre y cuando no se haya alcanzado antes la ocupación plena de la fuerza de trabajo o de la tierra.

Al comparar la solución óptima de una economía cerrada con la solución óptima de una economía abierta (es decir, al comparar el vector obtenido cuando se maximiza la producción neta a la estructura de precios relativos prevaleciente, con el obtenido utilizando los precios internacionales), la diferencia entre las soluciones agregadas es mucho más pequeña. El valor presente de los flujos netos de producción y consumo en ambos casos no difiere en más de la mitad de un punto porcentual.

A pesar de que la producción agregada y el consumo en los modelos de economía abierta y cerrada difieren muy poco, la composición del producto hacia fines del horizonte de planeación muestra ya cambios de importancia. Tal como se ilustra en el cuadro III.7, el modelo óptimo de economía abierta muestra esencialmente menor producción de petróleo y mayor producción de automóviles que en la economía cerrada. Estos cambios podrían traducirse en exportaciones a largo plazo más elevadas y en un crecimiento mayor; sin embargo, de acuerdo con el modelo, estos efectos no se reflejarían de manera significativa en las cifras agregadas sino hasta algún tiempo después de terminado el periodo de optimización.

Estos tres resultados pueden llevar a la interesante conclusión de que, como se ha visto también en otros ejercicios de apertura comercial,[25] la corrección de los precios relativos proveniente de la armonización y reducción de niveles arancelarios no necesariamente se traduce en mejoras dramáticas en la producción y el bienestar económico, ni siquiera a mediano plazo. En cambio, cuando la apertura comercial abre las puertas a otras formas de desregulación económica que refuerzan la competencia interna y externa, el efecto económico puede ser considerable.

La intuición detrás de este tipo de resultados está respaldada por la evidencia internacional sobre la "ventaja competitiva",[26] que muestra un desempeño más dinámico en aquellos países en desarrollo que están más orientados hacia el exterior en sus estrategias comerciales. Paralelamente, existe la idea de que las estrategias de sustitución de importaciones no funcionaron tan bien como se esperaba en los años cincuenta y sesenta.[27] Así, aun cuando la liberalización puede ser una de las áreas más atractivas de la

---

[24] Se excluye el año de 1986 en este cálculo, para separar los efectos del deterioro masivo en los términos de intercambio que se experimentó en ese año.

[25] Baldwin (1989), por ejemplo.

[26] Porter (1990), Whalley (1989).

[27] Krueger (1978), por ejemplo.

reforma, no incrementará el potencial económico de la economía si no va acompañada por un conjunto mucho más amplio de reformas de desregulación microeconómica y macroeconómica en los sectores primario, industrial y comercial.[28]

2.3 El Programa de Apertura Comercial

La eliminación de barreras no arancelarias y la reducción de los aranceles ha tenido lugar en tres etapas. La primera implicó dos decisiones importantes que se adoptaron en 1985. Antes que nada, México suprimiría unilateralmente los permisos previos de importación sobre casi 80% de las fracciones arancelarias sujetas a restricciones cuantitativas, para comenzar después un proceso gradual de eliminación de las cuotas restantes. En noviembre, el país inició negociaciones para ingresar al GATT, lo que se logró en julio de 1986. Como resultado de este primer movimiento hacia la apertura comercial, a fines de ese año menos de 28% del valor de las importaciones quedó sujeto a permisos, en comparación con 83% que se tenía a principios de 1985. El nivel arancelario ponderado descendió de 16.4 a 13.1%, y la dispersión se redujo de 16 a 11 niveles arancelarios.

La segunda etapa se relaciona de manera directa con la implantación del Pacto de Solidaridad Económica, como se describe en el capítulo I. En ese entonces, además de los efectos estructurales favorables de una estrategia de protección más racional, se consideró que la competencia externa contribuiría también al esfuerzo de reducir la inflación. En consecuencia, se decidió que la política de apertura ya en proceso debería acelerarse significativamente como parte integral del programa de estabilización. Entre diciembre de 1987 y diciembre de 1988, el arancel más alto descendió de 100 a 20%, y el número de artículos sujeto a restricciones cuantitativas pasó de 1200 a 325, representando 21.2% de las importaciones totales. Durante 1989, 13 artículos adicionales quedaron excluidos del esquema de restricciones de cuotas, y 106 más durante 1990.

Para finales de 1991, menos de 10% del valor total de las importaciones está sujeto a permisos de importación, el nivel más bajo en 36 años. Con respecto a la composición, 54% de las importaciones sujetas a permisos corresponde a productos agrícolas, 11% a productos petrolíferos, 23% a insumos de la industria de bienes de capital, 7% a la industria automotriz y el restante 5% a artículos de las industrias electrónica, química y farmacéutica.

Como parte del esquema de liberalización, todos los "precios oficiales" usados para la valuación aduanera que se aplicó a 41 categorías arancelarias, fueron eliminados en los primeros meses de 1988 y sustituidos por una legislación *antidumping* —de conformidad con las normas del GATT— y un

---

[28] Así como la formación de capital humano y la modernización de la legislación agraria.

CUADRO III. 8. *Valor de las importaciones sujetas a permisos*

	Porcentaje		Porcentaje
1983	100.0%	1988	21.2
1984	83.0	1989	18.4
1985	35.1	1990	13.7
1986	27.8	1991	9.1
1987	26.8		

FUENTE: Secretaría de Comercio y Fomento Industrial.

CUADRO III. 9. *Estructura arancelaria*

	1982	1986	1989	1990	1991
Número de fracciones arancelarias	8 008	8 206	11 838	11 817	11 812
Arancel promedio	27.0%	22.6%	13.1%	13.1%	13.1%
Arancel promedio ponderado	16.4%	13.1%	9.7%	10.5%	11.1%
Número de tasas	16	11	5	5	5
Arancel máximo	100%	100%	20%	20%	20%

FUENTE: Secretaría de Comercio y Fomento Industrial.

sistema de derechos compensatorios. Con respecto a los niveles arancelarios, el número de categorías disminuyó a 5 hacia fines de 1987, llevando el arancel máximo hasta 20%, con una reducción adicional de la dispersión en 1989, cuando se elevó 10% el arancel mínimo para un número significativo de productos. Así, en 1990, más de 20% del valor total de las importaciones ingresó al país sin tener que pagar impuestos, mientras que la porción restante quedó sujeta a tasas entre 5 y 20%.

La tercera etapa en el proceso de la reforma comercial ha sido marcada por el fortalecimiento de las relaciones bilaterales con nuestros principales socios comerciales. En 1985, México y los Estados Unidos suscribieron un convenio bilateral sobre subsidios y derechos compensatorios, en virtud del cual las empresas estadounidenses debían demostrar que habían sufrido algún perjuicio para que se pudiera aplicar un arancel que las protegiera. En 1987, ambos países firmaron un convenio marco para establecer los principios y procedimientos aplicables en la resolución de controversias en materia de comercio e inversión. En octubre de 1989, se firmó un nuevo convenio marco para iniciar conversaciones globales que facilitaran el comercio y la inversión.

En marzo de 1990, las relaciones comerciales y de inversión con Canadá estaban regidas por el Convenio Comercial de 1946, el Convenio sobre Cooperación Industrial y Energía, y el Memorándum de Entendimiento sobre Aspectos Relacionados con el Comercio de 1984.

El 11 de junio de 1990, los Presidentes Salinas y Bush dieron instrucciones a sus respectivas Secretarías de Comercio para iniciar los trabajos relacionados con un tratado de libre comercio. En los meses siguientes Canadá se sumó al proceso. A la fecha, la negociación se ha centrado en 6 áreas de discusión. La primera se ocupa de aspectos de acceso al mercado, incluyendo las barreras arancelarias y no arancelarias, reglas de origen, compras de gobierno, agricultura, industria automotriz y otras industrias. La segunda se refiere a la regulación comercial como normas, subsidios y prácticas *antidumping*. La tercera tiene que ver con los servicios en los sectores financieros y de seguros, transportación terrestre, telecomunicaciones y otros. La cuarta se centra en la inversión, la quinta en patentes y propiedad intelectual y la sexta se refiere a la solución de controversias. Una vez terminado el proceso, el tratado promoverá la creación de una zona de libre comercio con una producción conjunta de 6 mil millones de dólares y un mercado de más de 360 millones de personas.

Al mismo tiempo, México ha estado también negociando tratados de libre comercio con otros socios comerciales de importancia. Por ejemplo, en septiembre de 1991 se suscribió el primer Tratado de Libre Comercio con el gobierno de Chile y en la actualidad se están negociando convenios semejantes con Venezuela, Colombia y los países centroamericanos.

CUADRO III. 10. *Principales socios comerciales de México (1990)*

	Exportaciones %	Importaciones %
Estados Unidos	69.7%	64.6%
Canadá	0.9	1.5
ALADI	3.2	4.1
Mercado Común Centroamericano	1.6	0.3
CEE	12.7	15.6
EFTA	0.9	2.6
Japón	5.6	4.7
Otros países de Asia	2.3	3.9
Resto del mundo	3.1	2.7

FUENTE: La Economía Mexicana en 1991, Banco de México.

2.4 Diez consideraciones prácticas sobre la apertura comercial

La apertura de la economía puede ser una forma muy efectiva de inducir la eficiencia económica en la medida en que la secuencia y el contexto macroeconómico en que tiene lugar creen el entorno adecuado para que las empresas se adapten rápidamente a las nuevas condiciones competitivas. La experiencia que proviene de la instrumentación de las políticas de apertura comercial en México, puede resumirse mencionando algunas de las lecciones aprendidas.

1. *La apertura comercial desempeña un papel central en la estrategia de estabilización.* Mientras que la disciplina en el manejo de la demanda agregada y el consenso en las negociaciones representa la clave para reducir la inflación en el sector de bienes no comerciables, la dinámica de los precios de los bienes comerciables está esencialmente determinada por las políticas cambiaria y comercial. Contar con una economía abierta refuerza el impacto de la restricción monetaria y, por ende, se convierte en un elemento indispensable de la estrategia global de estabilización.

2. *La apertura de la economía tiene que fincarse también en fuertes fundamentos macroeconómicos.* Recíprocamente, la liberalización se apoya también en otras políticas macroeconómicas. De hecho, la apertura de la economía en una economía sobrecalentada sólo puede conducir a problemas adicionales en la balanza de pagos. Para permitir que el cambio en los precios relativos, derivado de la eliminación y/o reducción de barreras arancelarias y no arancelarias, cumpla con su propósito de lograr una mejor asignación de los recursos, es necesario contar con una economía estable en la cual los mercados puedan transmitir las señales de precios en forma adecuada.

3. *Además de contar con una estricta disciplina fiscal, lo mejor es comenzar el proceso de apertura comercial con un tipo de cambio real depreciado.* Es conveniente abrir la economía y a la vez apoyar la medida con una modificación en el tipo de cambio real. Las empresas tendrán entonces el espacio y el tiempo para adaptarse a las nuevas reglas del juego. Si, por el contrario, se elimina la protección con un tipo de cambio apreciado, es probable que esta medida provoque un deterioro de la balanza de pagos. Incluso muchas empresas pueden verse forzadas a abandonar sus actividades productivas antes de haber tenido la oportunidad de ser más eficientes y competitivas.

4. *La primera fase de apertura comercial tiene que ser global y ponerse en marcha rápidamente.* La primera etapa en el proceso de liberalización tiene que abarcar todos los sectores de la economía y debe también implantarse lo más rápidamente posible, para vencer la resistencia que

pudieran oponer los grupos de productores ineficientes en sectores antes sobreprotegidos y cuyos intereses van a ser afectados por las medidas.

5. *El proceso de liberalización ha de comenzar con la supresión de las barreras no arancelarias. Después puede darse la reducción en el nivel y dispersión de los aranceles.* En la práctica, son las barreras no arancelarias las que provocan que el sistema de protección se vuelva extremadamente complicado, oscuro y discrecional. La mayor parte de la resistencia de grupos de interés se centrará en las cuotas de importación y otras regulaciones *ad hoc.* Una vez que se han eliminado las cuotas de importación será más fácil reducir el nivel y dispersión de los aranceles. De esta manera, el efecto de los cambios en la política arancelaria será también más fácil de evaluar en el contexto del resto de las políticas fiscal y cambiaria.

6. *Los aranceles no deben considerarse tan sólo como una fuente de ingresos fiscales.* Aun cuando los aranceles puedan representar una importante fuente de ingresos, la política de apertura comercial no debe estar determinada por su impacto fiscal. Es posible utilizar medios de tributación más eficientes para compensar las eventuales pérdidas de ingresos. En contraste, los aranceles habrán de evaluarse en términos de los efectos que producen sobre la eficiencia económica global.

7. *Generalmente, la primera etapa de apertura tiene que ser unilateral.* La primera parte del proceso de liberalización, que incluye la eliminación de barreras no arancelarias así como la reducción del nivel y dispersión de los aranceles, generalmente tiene que ser unilateral. El uso de medios multilaterales, como el GATT o la negociación de acuerdos bilaterales, no pretende el intercambio de grandes concesiones, sino principalmente lograr una adecuada coordinación de las regulaciones comerciales. Consecuentemente, contar con un sistema comercial menos proteccionista representa en la práctica un prerrequisito para poder avanzar en la integración a la economía global.

8. *Si el país vecino tiene una economía fuerte, la protección no arancelaria no sólo es distorsionante sino puede fomentar la corrupción y el contrabando.* Cuando, como en el caso de México, un país comparte una larga frontera con una importante economía industrializada, las barreras no arancelarias comúnmente no protegen a las industrias porque el contrabando surge con relativa facilidad. En contraste, si los permisos son sustituidos por aranceles, es probable que las importaciones anteriormente ilegales comiencen a pagar impuestos al entrar legalmente al país.

9. *La apertura comercial tiene que ser justa.* En este contexto, justicia significa tres cosas: *i)* si las empresas privadas van a estar expuestas a la competencia internacional, lo mismo debe aplicarse a las empresas públicas. El no tener disposiciones uniformes no sólo se traducirá en la

supervivencia de empresas paraestatales costosas e ineficientes, sino que también creará distorsiones, en la medida en que las empresas más eficientes desvíen recursos hacia otros usos; *ii)* la apertura comercial no puede ser permanentemente un proceso unilateral. Para alcanzar las metas de una competitividad creciente y cosechar los beneficios de la especialización, la apertura comercial ha de ocurrir sobre una base bilateral y multilateral, como es el caso de un tratado de libre comercio; y *iii)* las relaciones comerciales deben darse sobre una base igualitaria para los competidores ubicados en ambos lados de las fronteras. El *dumping* y otras prácticas comerciales desleales acaban por neutralizar los beneficios que se buscan con la supresión de las barreras arancelarias y no arancelarias.

10. *La apertura comercial debe verse como parte de un programa aún más amplio de reforma estructural.* La sola apertura comercial no es una

CUADRO III. 11. *Inversión extranjera total*
(millones de dólares)[1]

Año	Nueva inversión	Acumulada
1973	287.3	4 359.5
1974	362.2	4 721.7
1975	295.0	5 016.7
1976	299.1	5 315.8
1977	327.1	5 642.9
1978	383.3	6 026.2
1979	810.0	6 836.2
1980	1 622.6	8 458.8
1981	1 701.1	10 159.9
1982	626.5	10 786.4
1983	683.7	11 470.1
1984	1 442.2	12 899.9
1985	1 871.0	14 628.9
1986	2 424.2	17 053.1
1987	3 877.2	20 930.3
1988	2 157.1	24 087.4
1989	2 913.7	27 001.1
1990	4 978.4	35 473.5
1991	9 414.6	44 888.2

FUENTE: Secretaría de Comercio y Fomento Industrial y Comisión Nacional de Valores.
[1] Incluye inversión en cartera.

GRÁFICA III. 8. *Inversión extranjera acumulada por país*
(millones de dólares)[1]

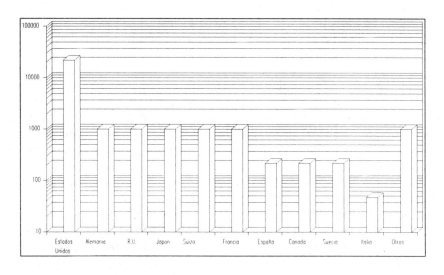

FUENTE: DGIE, Secretaría de Comercio y Fomento Industrial.
[1] Escala semilogarítmica.

herramienta suficientemente poderosa como para inducir un mayor crecimiento y una mejor asignación de recursos. De hecho, debe formar parte también de un conjunto más amplio de medidas que tiendan a mejorar el entorno económico, como es el caso de la privatización, nuevas reglas para la inversión extranjera y la desregulación de sectores así como una política antimonopólica, entre otras medidas.

3. INVERSIÓN EXTRANJERA DIRECTA

3.1 Antecedentes

El papel de la inversión extranjera y de las corporaciones multinacionales en la política industrial de México ha sido tema de debate desde hace mucho tiempo. En la práctica, las medidas adoptadas para promover la industrialización durante la mayor parte de este siglo, se caracterizaron por cierta reticencia hacia la propiedad extranjera por el temor de una posible pérdida de soberanía. Aun cuando el tamaño y la fragmentación de los mercados mexicanos dan sustento al temor de la posible formación de monopolios, el tiempo ha sugerido que las regulaciones a la inversión extranjera demasiado proteccionistas obedecían a una preocupación legítima pero que estaba siendo atendida con el instrumento equivocado. De hecho, podría decirse que la falta de un enfoque global de competencia en los mercados impidió una mayor participación del capital extranjero en el desarrollo en México.

Los dos instrumentos más importantes de la legislación sobre inversión extranjera en México han sido el decreto presidencial emitido en 1944, que otorgó al gobierno facultades discrecionales para exigir un 51% de la propiedad mexicana en todas las compañías mexicanas, y la Ley para Promover la Inversión Mexicana y Regular la Inversión Extranjera de 1972, que ratificó los principios establecidos en el decreto anterior, pero que contenía definiciones muy ambiguas con respecto a qué sectores quedarían realmente sujetos a esos límites, permitiendo la aplicación discrecional de las normas.

Al observar el comportamiento de la inversión extranjera en México durante los últimos veinte años, puede encontrarse amplia evidencia de su gran potencial para desempeñar un papel complementario, tanto en términos de equilibrios macroeconómicos, como en eficiencia en la asignación de recursos. Por ejemplo, estudios detallados del sector industrial que tenían como propósito comprobar la teoría de la convergencia[29] de Gershenkron condujeron a cuatro observaciones interesantes. En primer lugar, los niveles de productividad de empresas de propiedad local han convergido con las empresas de propiedad foránea. Segundo, la tasa de crecimiento de la productividad de las empresas locales y el tiempo requerido para alcanzar los niveles de productividad de las empresas multinacionales se relacionan de manera positiva con el grado de propiedad extranjera de una industria. En tercer lugar, la diferencia en productividad entre los sectores manufactureros de México y los Estados Unidos, entre mediados de los años sesenta y mediados de los ochenta, ha disminuido. Finalmente, la tasa de crecimiento de la productividad de industrias mexicanas y su tasa de convergencia con los Estados Unidos es más alta en industrias que tienen una mayor presencia de inversión extranjera.

Desde que se emitió el reglamento ley de 1972 (16 de mayo de 1989), y con posterioridad a la culminación de la renegociación de la deuda, se ha registrado una evolución muy favorable de los flujos de inversión extranjera. Estos flujos se han acelerado también como resultado de las oportunidades de inversión previstas a raíz de la posible formación de una zona de libre comercio en América del Norte. Por ejemplo, en 1991, se espera que los flujos de inversión extranjera hayan llegado a cerca de los 10 mil millones de dólares, el monto máximo registrado en México.

---

[29] Blomstron y Wolf (1989).

3.2 Lineamientos de la reforma

La legislación reglamentaria de la ley de 1972 ofrece un marco más claro y menos discrecional que favorece el desarrollo de proyectos que traen consigo transferencia de tecnología, entradas netas de divisas y generación de nuevos empleos. Se pone también énfasis en inversiones que contribuyan a la descentralización de la actividad económica y a lograr elevadas tasas de formación de capital.

En la actualidad, los inversionistas extranjeros cuentan ya con la posibilidad de establecer nuevos negocios en México con 100% de propiedad en actividades económicas llamadas "no restringidas". En su conjunto, éstas representan aproximadamente 66% del PIB, e incluyen alimentos, bebidas y tabaco, textiles, vestido, piel, productos de madera y de papel, restaurantes, hoteles y comercio. Adicionalmente, para estos sectores se ha eliminado el requisito de presentar sus proyectos para revisión formal y aprobación por la Comisión Nacional de Inversiones Extranjeras (CNIE). La aprobación es automática, al momento de inscribir el proyecto en el Registro Nacional de Inversiones Extranjeras, siempre y cuando se cumpla con los siguientes criterios:

a) Que la inversión en activos fijos al inicio de las operaciones, no sobrepase el equivalente en pesos de 100 millones de dólares estadounidenses;

b) Que los proyectos industriales se ubiquen fuera de las tres grandes zonas metropolitanas de México: Ciudad de México, Guadalajara y Monterrey;

c) Que la compañía mantenga un saldo positivo global en divisas durante los primeros tres años de operación;

d) Que la inversión tenga el potencial para la creación de puestos de trabajo permanentes y el establecimiento de programas de capacitación de mano de obra;

e) Que el proyecto utilice tecnología que cumpla con los requisitos de protección al medio ambiente.

Los proyectos que no se ajusten a los anteriores criterios requieren de autorización previa de la CNIE, obteniéndose ésta en forma automática si no se recibe una respuesta formal dentro de 45 días hábiles contados a partir de la fecha de solicitud.

Con el fin de evitar la aplicación discrecional de estos criterios, el reglamento de 1989 establece claramente algunas limitaciones a la inversión extranjera de acuerdo con los siguientes seis regímenes:

a) Actividades exclusivamente reservadas al Estado (12 actividades), que incluyen la extracción de petróleo y gas natural, refinación de petróleo, venta de electricidad, servicios telegráficos, ferrocarriles y acuñación de moneda.

b) Actividades reservadas a mexicanos (34 actividades), que abarcan la difusión privada de programas de radio, la difusión y repetición de programas de televisión, la transportación de carga por tierra y los servicios de transporte terrestre para pasajeros.

c) Actividades en las cuales se permite la inversión extranjera en hasta 34% del capital social (cuatro actividades), que incluyen la minería de carbón, la extracción y/o refinación de azufre, roca fosfórica y minerales ferrosos.

d) Actividades en las cuales se permite la inversión extranjera de hasta 40% del capital social (ocho actividades), que incluyen principalmente la petroquímica secundaria.

e) Actividades en las cuales se permite la inversión extranjera de hasta 49% del capital social (25 actividades), que abarcan pesca, minería (excluyendo las mencionadas en los grupos a y c), servicios telefónicos, seguros y compañías de arrendamiento financiero.

f) Actividades en las cuales se requiere aprobación previa de la CNIE en las que los inversionistas foráneos puedan tener interés mayoritario (58 actividades), tales como agricultura, ganadería, imprenta, edición e industrias asociadas, construcción y servicios educativos.

Las reformas de 1989 permiten también a los extranjeros efectuar inversiones de cartera en activos mexicanos a través de fondos fiduciarios especiales que tienen una duración de 30 años. Estos fideicomisos tienen facultades para adquirir y mantener acciones de empresas mexicanas de series especiales designadas como "N" o neutras. Estas acciones otorgan a los inversionistas extranjeros los mismos derechos patrimoniales de los inversionistas nacionales, pero no los mismos derechos de voto. A través de este esquema las compañías mexicanas cuentan ahora con la oportunidad de allegarse recursos adicionales de capital.

3.3 Otros sectores de desregulación económica

Los dos sectores más importantes de desregulación están relacionados con el comercio y la inversión extranjera. El proceso de reforma microeconómica se apoya en una serie detallada de estudios y medidas de desregulación sector por sector. Por esta razón puede resultar interesante listar algunas otras áreas además de las relacionadas con la apertura comercial y la inversión extranjera en las cuales la eliminación de regulaciones y restricciones excesivas tiene como objetivo mejorar el nivel competitivo de la economía a fin de aprovechar más plenamente las ventajas competitivas de México. De hecho, los logros de las diversas reformas microeconómicas constituyen una base importante para el mejoramiento futuro en la asignación de recursos y en la productividad factorial, redundando en mejores niveles de vida de la población.

a) Tecnología, patentes y marcas

La nueva legislación ha buscado la eliminación de barreras a la tecnología y la promoción de la modernización tecnológica. Sustituye a un marco que restringía la libertad de las compañías mexicanas para adquirir tecnología. En junio pasado, el Congreso aprobó la Ley de Fomento y Protección de la Propiedad Industrial. Las modificaciones más importantes se refieren al otorgamiento de patentes a tecnologías no contempladas anteriormente, como la biotecnología; la vigencia de las patentes se amplía a 20 años a partir de la fecha de presentación de la solicitud; la autorización para el uso de una licencia ya acreditada queda restringida tan sólo a los casos de grave escasez; se introdujo también un régimen de protección de marcas que simplifica la contratación de convenios de franquicias y se crea un Instituto Mexicano de Propiedad Industrial para la supervisión y el registro correspondientes.

b) Comunicaciones y transportes

Las nuevas disposiciones permiten transportar libremente cualquier tipo de carga (excepto sustancias explosivas y tóxicas) en las carreteras federales, así como cargar y descargar en cualquier sitio. Adicionalmente, los sobreprecios para el transporte de bienes importados fueron eliminados. Las autoridades han puesto en marcha un programa de concesiones para la construcción y operación privada de carreteras y puentes de cuota. Asimismo, el transporte aéreo regional se ha desregulado a fin de brindar acceso a pequeñas empresas de transporte.

c) Industria automotriz

Se han eliminado las restricciones que imponían requisitos de contenido nacional, sustitución de importaciones, selección de proveedores, modelos y líneas, participación extranjera y prohibiciones de ciertas importaciones. La nueva política sustituye las anteriores restricciones por tan sólo dos condiciones: una balanza comercial en equilibrio y limitaciones sobre la integración vertical en la producción de vehículos terminados. En el caso de la industria de autopartes, se han eliminado también las restricciones relacionadas con el origen del capital.

d) Telecomunicaciones

Se permite la operación, sin necesidad de autorización previa, de equipo de telecomunicación como fax, télex, intercambio telefónico y equipamiento multilineal. El consumidor tiene ahora libertad para comprar a cualquier proveedor equipo antes vendido sólo por Teléfonos de México. El título de concesión de Telmex descrito en el capítulo siguiente constituye otro ejemplo del nuevo marco regulatorio en materia de telecomunicaciones.

e) Acuacultura y pesca

Las reformas recientes disponen que la acuacultura en instalaciones privadas no requiere permiso de las autoridades. Los únicos requisitos consisten en la notificación del inicio de operaciones y la observancia de las normas sanitarias.

f) Textiles

Fueron abrogados todos los decretos que establecen la necesidad de autorización para el establecimiento y/o ampliación de fábricas de productos textiles.

g) Petroquímica

Anteriormente, los permisos para la producción de ciertos productos petro-químicos se otorgaban sobre bases discrecionales y sin reglas claras, desalentando con ello la inversión. En la actualidad, se ha publicado una lista precisa de productos petroquímicos primarios y secundarios. Con base en criterios técnicos, 20 productos se clasifican como petroquímicos primarios en lugar de los 34 anteriormente considerados. En forma análoga, la lista de productos petroquímicos secundarios se redujo de 800 a 66. Los permisos para la fabricación de estos productos se otorgan en un plazo de 45 días. Asimismo, las condiciones de operación para la refinación de subproductos se modificaron al eliminarse el permiso previo y establecerse sólo la obli-gación de proporcionar información comercial a las autoridades.

h) Electricidad

Algunos tipos de electricidad de alta tensión para uso industrial pueden ser generados por los particulares, siempre y cuando la producción excedente se venda a la red de la Comisión Federal de Electricidad.

4. Observaciones finales

El ajuste macroeconómico es condición necesaria para poner en marcha reformas a nivel microeconómico. No es posible hablar sobre los programas de privatización y desregulación si existe incertidumbre sobre los déficit y la inflación. Además, un país en desarrollo no puede mantener transferencias netas negativas al exterior durante mucho tiempo. Como decía en cierta ocasión Ángel Gurría, Subsecretario de Hacienda, lo importante es hacer frente al problema de la deuda lo más pronto posible, para empezar a concentrarse en los asuntos fundamentales de la política económica que se encuentran detrás de un proceso sostenible de desarrollo, porque, después de todo, debe haber "vida después de la deuda".

APÉNDICE A:
MODELO DINÁMICO SIMPLE DE PROGRAMACIÓN MULTISECTORIAL DE LA ECONOMÍA MEXICANA

1. Sectores

1 Agricultura, ganadería y pesca.
2 Minería.
3 Petróleo y gas natural.
4 Alimentos.
5 Textiles y vestido.
6 Productos químicos.
7 Madera y cemento.
8 Maquinaria y equipo.
9 Automóviles y otro equipo de transporte.
10 Industria de la construcción.
11 Electricidad.
12 Comercio y servicios.

2. Definiciones

Dimensión
I   Sector de origen: 1,....,12.
J   Sector de destino: 1,...,12.
T   Tiempo: l,...,6.

Escalares

IC   Coeficiente técnico para las importaciones de bienes de consumo.

CO   Razón consumo-producto en 1985. Calculado con datos de las cuentas nacionales.

FDI   Ahorro externo neto como proporción del PIB. Para este modelo la definición corresponde al déficit promedio en cuenta corriente para el periodo 1982-1988, excluyendo 1986.

Vectores

CAP(I)   Razón Producto-Capital. Obtenida a partir de la "Encuesta sobre flujos y acervos de capital" (valores para 1985).

IM(I)   Coeficientes técnicos para importaciones de bienes intermedios.

IK(I)   Coeficientes técnicos para importaciones de bienes de capital.

E(I)   Razón exportación-Producto.

BETA(T)   Vector de Descuento. Utilizando una tasa social de descuento de 5.5%.

PROT(T)   Vector para transformar los precios internos a precios internacionales (prot*interno=internacional). Fuente: SECOFI.

DEPR(I)   Tasa de depreciación del capital en el sector I, calculada mediante información de la "Encuesta de flujos y acervos de capital", realizada por el Banco de México (valores para 1985).

CON(I)   Proporciones del presupuesto total de los consumidores gastados en cada bien (Supuesto Cobb-Douglas).

Matrices

A(I,J)   Matriz insumo-Producto elaborada con la matriz de 1985 proporcionada por INEGI.

B(I,J)   Matriz de coeficientes de capital, elaborada con datos de la "Encuesta sobre flujos y acervos de capital" del Banco de México (valores para 1985).

M(T,T)   Matriz triangular con unos en el triángulo superior y ceros en todos los demás espacios.

K(I,T)   Acervo inicial de capital (en millones de pesos de 1985).

Variables

X(I,T)   Producción del sector I en el periodo T.

CONS(I,T)   Consumo total (público y privado) del bien I en el periodo T.

V(I,T)	Incremento de la capacidad en el sector I en el periodo T.
EXPO(I,T)	Exportaciones del sector I en el periodo T.
IMC(I,T)	Importaciones de bienes de consumo del tipo I en el periodo T.
IMM(I,T)	Importaciones de bienes intermedios por el sector I en el periodo T.
IMK(I,T)	Importaciones de bienes de capital por el sector I en el periodo T.
KA(I,T)	Capacidad instalada en el sector I en el periodo T.
MIPP(I,T)	Uso de bienes intermedios en la producción.
MCC(I,T)	Uso de la producción interna en la inversión.
IMPOR(I,T)	Importaciones totales.
INTL(T)	Producto Nacional Bruto valuado a precios internacionales.
C(T)	Gasto total de consumo (público y privado, tanto en bienes y servicios nacionales como importados).
W	Función Objetivo.

CONDICIONES DE NO NEGATIVIDAD
Todas las variables son positivas.

3. Ecuaciones[30]

1 $X(I,T) \leq CAP(I)*KA(I,T)$;
2 $CONS(I,T)+EXPO(I,T)+MIPP(I,T)+MCC(I,T)-X(I,T) \leq 0$
3 $IMPOR(I,T) = IMM(I,T)+IMK(I,T)$;
4 $IMM(I,T) = IM(I)*X(I,T)$;
5 $IMK(I,T) = IK(I)*V(I,T)$;
6 $IMC(T) = IC*C(T)$;
7 $MIPP(I,T) = A(I,J)*X(I,T)$;
8 $MCC(I,T) = B(I,J)*V(I,T)$;
9 $PROT(I)*CONS(I,T) = CON(I)*C(T)$;
10 $KA(I,T) = SUM(t \leq t, V(I,T)*M(T,T)) - DEPR(I)*KA(I,T-1)$
11 $SUM(I,EXPO(I,T)) - SUM(I,IMPOR(I,T)) - IMC(T) \geq - FDI*NETO(T)$;
12 $C(T) \geq CO*INTL(T)$;
13 $INTL(T) = SUM(I,PROT(I)*X(I,T)) - SUM(I,PROT(I)*MIPP(I,T))$;
14 $W = SUM(T,BETA(T)*INTL(T))$.

---

[30] La notación es la misma que se utiliza para la programación en GAMS205. Concretamente, en este caso un producto de dos matrices $(A(I,J)*B(I,J))$ da una matriz $M(I,J)$, en la cual cada elemento $m(i,j)=a(i,j)*b(i,j)$; o, un producto $P(T)*A(J,T)$ crea otra matriz $N(J,T)$ donde cada elemento $n(j,t)=p(t)*a(j,t)$.

4. Ejercicio de optimización

El ejercicio consta de una ecuación de maximización (14) sujeta a las condiciones (1)-(13) y restricciones de no negatividad. En el caso de una economía cerrada PROT(I) es un vector unitario, en el caso de una economía abierta tiene la forma descrita en las definiciones.

REFERENCIAS BIBLIOGRÁFICAS

Armendáriz, Beatriz, "The Evolution of the Secondary Market Prices of the Mexican Debt (1824-1949)", mimeo., Instituto Tecnológico de Massachusetts, 1990.

Baldwin, Robert, "On the Growth Effects of 1992", NBER, Documento de Trabajo, pp. 3-52, 1989.

Borestein, E., "Debt Overhang, Credit Rationing and Investment", *Journal of Development Economics*, abril de 1989.

—— y Kenneth Rogoff, "The Buy-back Boondogle", *Brookings Papers on Economic Activity* 2, 1988, pp. 675-698.

Bullow, Jeremy, "Sovereign Debt Repurchases: cure for Overhang", NBER, Documento de Trabajo 2850, 1989, pp. 3-30.

Corden, Max, y Michael Dooley, "Issues in Debt Strategy: An Overview", en Frankel, Jacob *et al.*, *Analytical Issues on Debt*, Washington, Fondo Monetario Internacional, 1989.

Dooley, M., 1988, "Self Financed Buy-backs and Asset Exchanges", Documentos ejecutivos del FMI, 1988.

Dornbusch, Rudiger, "Notes on Credibility and Stabilisation", NBER, Documento de Trabajo 2790, 1988, pp. 1-18.

Eichengreen, Barry, y R. Portes, "Debt and Default in the 1930's: Causes and Consequences", *European Economic Review* 30, 1986, pp. 599-640.

Eaton, Jonathan y Mark Gersovits, "Debt with Potential Repudiation, Theoretical and Empirical Analysis ", *Review of Economic Studies* XLVIII, 1986, pp. 289-309.

—— y J. Stiglitz, "The Pure Theory of Country Risk", *European Economic Review* 30, 1986, pp. 481-514.

Fishlow, Albert, "Lessons from the Past: Capital Markets during the 19th Century and the Interwar Period", en Miles Kahler *et al.*, *The Politics of Internacional Debt*, Ithaca, Nueva York, Cornell University Press.

Froot, Kenneth, "Buybacks, Exit Bonds and the Optimality of Debt and Liquidity Relief", NBER, Documento de Trabajo 2675, 1988, pp. 1-33.

Kindleberger, Charles, *The World In Depression (1929-1939)*, Berkeley, University of California Press, 1971.

Krueger, Anne, *Foreign Trade Regimes and Economic Development: Liberalization Attempts and Consequences*, Cambridge, NBER, 1978.

Krugman, Paul, "International Debt Strategies in an Uncertain World", en G. Smith, y John Cuddington (comps.), *The International Debt and the Developing Countries*, Simposio del Banco Mundial, 1985.

——"Market Based Debt Reduction Schemes", NBER, Documento de Trabajo, 1989.

Porter, Michael, *The Competitive Advantage of Nations*, Nueva York, The Free Press, 1990.

Reynoso, Alejandro, *When Financial Regulation Becomes Financial Repression: A Look at the Case of Mexico*, mimeo., Instituto Tecnológico de Massachusetts, 1988.

——, "Essays on the Macro-economic Effects of Monetary Reforms", *Price Controls and Financial Repression*, tesis doctoral inédita, Instituto Tecnológico de Massachusetts, 1989.

Sachs, Jeffrey, *Theoretical Issues in International Borrowing*, NBER, Documento de Trabajo, 1189, 1983, pp. 1-48.

——*Conditionality, Debt Relief and the Developing Country Debt Crisis*, mimeo., Universidad de Harvard, 1989.

Solís, Leopoldo, *Economic Policy Reform in Mexico: A Case Study for Developing Countries*, Nueva York: Pergamon Press, 1981.

Solís, Leopoldo y Dwight Brothers, *The Mexican Financial System*, New Haven, Yale University Press, 1970.

Solís, Leopoldo y Ernesto Zedillo, "The Foreign Debt of Mexico", en G. Smith y J. Cuddington (comps.), *The International Debt and the Developing Countries*, Simposio del Banco Mundial, 1985.

Téllez, Luis, *Essays on the History of Mexico's Debt*, tesis doctoral inédita, Instituto Tecnológico de Massachusetts, 1986.

Tenkate, A., *Proteccionismo versus apertura comercial*, mimeo., Universidad Nacional de Costa Rica, 1990.

Whalley, John, *Recent Trade Liberalization in the Developing World, What is Behind it and Where is it Headed?*, NBER, Documento de Trabajo 3057, 1989 pp. 1-45.

Zedillo, Ernesto, *External Public Indebtness in Mexico: Recent History and Future Oil Bounded Optimal Growth*, disertación doctoral inédita, Universidad de Yale, 1981.

IV. REFLEXIONES EN TORNO A LA EXPERIENCIA MEXICANA DE PRIVATIZACIÓN

Uno de los elementos más importantes en la estrategia de ajuste y cambio estructural en México ha sido la desincorporación de empresas del sector público. Vista como una condición necesaria para la corrección permanente de las finanzas del sector público y para el desarrollo de una eficiente base productiva, las autoridades comenzaron con la venta, liquidación, fusión o transferencia de pequeñas entidades del sector público en 1983. Este esfuerzo ha proseguido con mayor intensidad durante la administración del Presidente Salinas de Gortari, por medio de la realización de operaciones de privatización más grandes y considerablemente más complejas.

Durante los últimos nueve años, el gobierno ha desincorporado prácticamente entidades en todos los sectores de la actividad económica: desde ingenios hasta hoteles, líneas aéreas, telecomunicaciones, el sector bancario y la industria del acero. De 1 155 empresas bajo control estatal en 1982, se ha desincorporado un total de 950 más otras 87 que se encuentran en proceso de desincorporación. Esto se ha traducido en ventas acumuladas por 43 billones de pesos (aproximadamente 5% del PIB), y la transferencia de 250 mil empleados al sector privado hacia fines de 1991.

Este capítulo tiene como propósito describir este aspecto de la experiencia mexicana considerando tanto los resultados macroeconómicos y de eficiencia microeconómica de la privatización, como también las consideraciones institucionales y financieras que han influido sobre las características del esquema de desincorporación adoptado en cada caso. Para esos efectos, el capítulo ha sido dividido en tres secciones. En la primera, se plantean reflexiones acerca del papel del Estado en el proceso de desarrollo de México. En la segunda se efectúa una revisión de las consideraciones micro y macroeconómicas que han influido sobre la estrategia de privatización que se ha seguido, y finalmente, en la tercera se describe brevemente la forma en que la privatización se ha llevado a cabo en la práctica.

1. Antecedentes: el papel del Estado en la economía mexicana

Durante el desarrollo del México posrevolucionario, el papel del Estado, así como las ideas sobre lo que debería ser, han evolucionado de modo sustancial de acuerdo con las necesidades de la sociedad. Al término de la

Revolución, México era un país muy fragmentado, no sólo en términos de una economía que había sufrido una grave destrucción material, sino también en términos de las instituciones que debieron ser construidas para servir de base al modelo de país contemplado por la Constitución de 1917.

Entre 1920 y los años de la Gran Depresión, la expansión institucional del sector público se centró esencialmente en la tarea de reconstrucción, creación de nueva infraestructura y formación de un marco que permitiera a la iniciativa privada reanudar el proceso de inversión y crecimiento. Las primeras entidades paraestatales se crearon con el fin de complementar el papel administrativo del gobierno central, concentrándose en tareas especializadas, tales como el control monetario por medio de la creación del Banco de México o la construcción de infraestructura por la Comisión Nacional de Carreteras y Caminos y la Comisión Nacional de Irrigación.

Como ocurrió en casi todos los países del mundo, la Gran Depresión representó un fuerte argumento para motivar la activa intervención del Estado en la economía. En 1934, el Presidente Cárdenas presentó a la nación el "Primer Plan Sexenal", el cual reflejaba un profundo cambio en el concepto de las responsabilidades del sector público. El plan establecía como objetivo el progreso económico y social apoyado en una política gubernamental basada en tres principios: el control directo sobre los recursos naturales y las industrias estratégicas, la expansión del gasto del gobierno y la creación de nueva infraestructura productiva y social. Durante esa década, el crecimiento del sector paraestatal se dio principalmente en dos áreas: la organización de empresas públicas para producir productos y servicios básicos, tales como la Comisión Federal de Electricidad, y la creación de entidades que administraran los sectores nacionalizados, como Petróleos Mexicanos y Ferrocarriles Nacionales de México. El sector financiero estatal quedó conformado por la creación de un grupo de bancos nacionales de desarrollo, como Nacional Financiera, varios bancos para el financiamiento agrícola y el Banco Nacional de Comercio Exterior.

Durante los años de la guerra y la década siguiente, las autoridades mantuvieron la concepción de que el gobierno debía involucrarse directamente en las actividades productivas. De acuerdo con una estrategia de industrialización basada en la sustitución de importaciones, las empresas estatales tendrían el encargo de proporcionar un flujo confiable de insumos para una industria privada nacional naciente, que sería responsable de la producción de bienes de consumo final. El Estado comenzó a llevar a cabo fuertes inversiones en aquellas actividades que eran muy intensivas de capital sentando las bases de las cadenas productivas; éstas incluían acereras (Altos Hornos de México), fertilizantes (Guanos y Fertilizantes), minas de carbón (Carbonífera de Pachuca), papel (Compañía Industrial de

Atenquique y Ayutla), etc. Asimismo, en este periodo se crearon instituciones, como el Instituto Mexicano del Seguro Social (1943) y el Instituto de Seguridad y Servicios Sociales de los Trabajadores del Estado (1949), que debían hacerse cargo del sistema de seguridad social.

CUADRO IV. 1. *Evolución del sector paraestatal en México (1920-1982)*

	Incremento neto en el número de empresas incorporadas al sector público	Número acumulado de empresas paraestatales al final del periodo
1920-1934	15	15
1935-1940	21	36
1941-1954	108	144
1955-1962	62	206
1963-1970	66	272
1971-1975	232	504
1976-1982	651	1155

FUENTE: SEMIP.

Durante el *desarrollo estabilizador* (1954-1970), el motor del proceso de industrialización se desplazó gradualmente de una acelerada expansión de la inversión gubernamental a un incremento en la inversión privada (tanto interna como externa). Sin embargo, la inversión privada fue financiada en gran parte con privilegios fiscales y rentas proporcionadas por un amplio conjunto de barreras arancelarias y no arancelarias y por una sobrerregulación que impidió la libre entrada de productores en muchos mercados. En esta época, el gobierno invirtió menos, creó un menor número de nuevas empresas y sostuvo una firme posición de finanzas públicas sanas para mantener la inflación en un bajo nivel. Dicho esquema regulatorio funcionó muy bien en un principio hasta que fue evidente que la estrategia de sustitución de importaciones no podía sustentar un crecimiento permanente. Las rentas de un mercado interno protegido se agotarían tarde o temprano, y la estructura organizacional no contenía los incentivos para promover incrementos en la productividad.

Ante la alternativa de impulsar una vez más la inversión pública, o desmantelar los obstáculos a la competencia y la inversión privada, México entró en la década de los setenta adoptando la primera opción. Poco a poco, conforme la inversión privada se tornó menos dinámica, el gobierno tomó una vez más mayor control sobre la economía, gastando más y obteniendo una mayor parte de los recursos necesarios para ello a través de endeudamiento externo. Durante la primera mitad de la década, fueron

CUADRO IV. 2. *Indicadores de las actividades del sector paraestatal*
(porcentaje del PIB)

	Gasto total del sector público	Inversión pública[1]	Gasto del sector paraestatal[2]	Ingresos del sector paraestatal	Balance del sector paraestatal
1950	7.87%	6.1%			
1951	8.61%	5.2%			
1952	10.79%	5.5%			
1953	8.84%	5.0%			
1954	10.71%	5.7%			
1955	10.06%	5.0%			
1956	10.34%	4.6%			
1957	9.85%	4.9%			
1958	10.71%	5.0%			
1959	10.55%	4.9%			
1960	13.39%	5.6%			
1961	12.61%	6.4%			
1962	11.43%	6.1%			
1963	10.42%	7.1%			
1964	12.77%	7.9%			
1965	26.30%	5.4%	11.22%	11.71%	0.49%
1966	24.39%	5.7%	12.39%	12.32%	-0.07%
1967	26.36%	7.0%	12.81%	12.92%	0.11%
1968	24.60%	6.9%	12.47%	12.50%	0.03%
1969	26.14%	7.0%	12.85%	12.98%	0.12%
1970	24.59%	6.6%	12.74%	12.82%	0.09%
1971	24.77%	4.6%	13.38%	13.40%	0.03%
1972	26.35%	5.9%	12.67%	12.72%	0.05%
1973	29.54%	7.2%	14.73%	14.87%	0.14%
1974	30.74%	7.2%	15.64%	15.61%	-0.02%
1975	36.43%	8.7%	18.20%	18.23%	0.03%
1976	37.94%	7.9%	17.88%	17.63%	-0.25%
1977	29.96%	7.6%	12.25%	12.02%	-0.23%
1978	31.22%	8.7%	13.41%	12.77%	-0.64%
1979	32.67%	9.8%	13.65%	13.47%	-0.19%
1980	34.40%	9.6%	13.38%	14.93%	1.55%
1981	40.93%	12.9%	15.98%	14.81%	-1.17%
1982	47.24%	10.2%	14.24%	18.01%	3.77%
1983	40.52%	7.5%	13.07%	22.26%	9.19%
1984	38.81%	6.7%	13.59%	22.33%	8.73%
1985	38.61%	6.1%	13.03%	21.08%	8.05%
1986	43.97%	6.0%	13.73%	19.42%	5.69%
1987	44.67%	5.5%	12.40%	19.83%	7.44%
1988	40.03%	4.4%	11.73%	18.04%	6.31%
1989	34.38%	3.9%	9.97%	15.48%	5.51%
1990	28.51%	5.0%	10.50%	15.50%	5.00%
1991	27.00%	5.2%	9.40%	14.00%	4.60%

FUENTE: Indicadores Económicos, Banco de México, La Economía Mexicana en Cifras, Nacional Financiera y Cuenta Pública (SPP), varios números.

[1] Incluye inversión realizada por entidades paraestatales no controladas.

[2] El sector paraestatal se incorpora al presupuesto en 1965.

creadas o adquiridas nuevas compañías de gran tamaño, especialmente en el sector de bienes de capital. Estas incluían las compañías como Sidermex (acero), Dina (camiones y automóviles), Concarril (trenes), Propemex (pesca), para mencionar sólo algunas de ellas.

Este crecimiento explosivo del sector paraestatal cobró un ritmo todavía mayor por la debilidad estructural de la economía en la última parte de la década de los setenta. La fuerte apreciación del tipo de cambio real, el ambiente de inflación elevada e inestable, y las distorsiones en los mercados crediticios que dieron lugar cada vez más al racionamiento del crédito, colocaron a muchas empresas privadas al borde de la quiebra. Durante esos años, la incorporación de nuevas empresas al sector paraestatal fue resultado no solamente de la estrategia industrial del gobierno, sino también de una masiva operación de rescate diseñada para proteger el empleo. Como consecuencia de ello, a fines de 1982, el sector paraestatal, conformado por 1155 empresas —incluyendo todos los bancos comerciales— representaba 18.5% del PIB[1] y daba ocupación a casi un millón de personas, o sea 10% del empleo total en la economía.

2. Teoría Económica de la Privatización

2.1 Eficiencia de las empresas bajo propiedad pública y privada: revisión del debate teórico

Antes de ocuparnos de la privatización en el caso de México, resulta útil detenernos un momento a revisar los argumentos teóricos sobre los casos en que existe una justificación para la intervención pública, y las circunstancias en que no hay suficientes razones para justificar el control estatal sobre las empresas.

Desde un punto de vista puramente técnico, en una situación en que no existen indivisibilidades ni costos hundidos, donde es posible diseñar, negociar y hacer cumplir contratos tan complicados como sea necesario, y en la cual los mercados son completos y funcionan razonablemente bien, no existen argumentos de peso para afirmar que la transferencia del sector público al privado (o viceversa) de los derechos sobre el control de las decisiones y utilidades de una empresa, debiera tener un efecto significativo sobre la eficiencia económica o la estabilidad macroeconómica.

Sin embargo, cuando un país comienza su proceso de desarrollo, es posible encontrar sólidos fundamentos para justificar una amplia presencia del Estado en la economía. La falta de mercados e infraestructura pueden

---

[1] Esta cifra corresponde a 1983 e incluye el efecto de la nacionalización de los bancos comerciales en septiembre de 1982.

presentar obstáculos tan insuperables a los empresarios privados que nadie tendría interés en la producción de ciertos tipos de bienes, o si lo tuvieran, no existiría garantía alguna de que lo pudieran hacer de manera eficiente. De hecho, al observar cuidadosamente la literatura especializada y la experiencia de otros países, se podría llegar a la conclusión de que existen fundamentalmente tres circunstancias económicas en las cuales se justifica la propiedad pública:

a) *Falta de mercados y tributación insuficiente.* Cuando una gran proporción de las transacciones en un país no se lleva a cabo en mercados bien organizados, o es difícil recaudar impuestos, las utilidades de las empresas públicas pueden ser una fuente importante de recursos no inflacionarios para financiar infraestructura e inversión social.

b) *Precios vs. cantidades en mercados fragmentados.* Se ha hecho notar[2] que cuando es necesario definir si una economía debe tener predominantemente señales de precios o señales de cantidades, es crucial observar la dinámica del ajuste de los mercados y los costos de dicho ajuste. Existen circunstancias en que es necesario elegir entre la velocidad de respuesta y la eficiencia. Por ejemplo, las empresas privadas que utilizan señales de precios podrían alcanzar al final de cuentas una mejor asignación de recursos. Sin embargo, en el caso de ciertos choques externos, generalmente pasa algún tiempo entre el momento en que el mercado transmite la nueva información a los agentes y el momento en que éstos responden con cambios en las cantidades ofrecidas. Para las industrias estratégicas, cualquier rezago en la respuesta de la oferta o cambios bruscos en la demanda podrían tener efectos negativos para el resto de la economía. *En consecuencia, cuando los costos del ajuste son altos o hay una tendencia natural a la formación de monopolios, y cuando la industria desempeña un papel estratégico en la economía, la propiedad pública puede ser la mejor opción.* Es el caso, por ejemplo, de la extracción del petróleo y de las industrias conexas.

c) *Distribución del ingreso, monopolios naturales y tamaño del mercado.* Cuando el tamaño del mercado del país no es lo bastante grande como para respaldar una sólida estructura competitiva, y el país carece del marco legal y de las instituciones y experiencia para aplicar una efectiva política antimonopólica, puede ser más fácil usar las empresas públicas en lugar de una complicada combinación de medidas fiscales y regulatorias para alcanzar la eficiencia económica y una equitativa distribución del ingreso.[3]

---

[2] Weitzman y Reagan (1982).
[3] Bos y Peters (1986).

El primero y el tercer argumento en favor de la propiedad estatal son menos relevantes conforme la construcción de infraestructura articula mercados anteriormente separados, y el avance en la industrialización y el comercio exterior ofrece un contexto más competitivo, y el sistema tributario va madurando.

La bibliografía empírica sobre el desarrollo económico, la teoría de la elección pública y la organización industrial aportan elementos sobre algunas deficiencias severas en la operación de compañías paraestatales, que pueden lesionar gravemente la economía en su conjunto, tanto en términos de eficiencia como de justicia social.[4] Con base en esos estudios, pudiera afirmarse que, a pesar de los argumentos teóricos en favor de una más amplia intervención del Estado en los países menos desarrollados, en la práctica las circunstancias en que las empresas estatales son creadas y administradas hacen menos evidentes los beneficios. Por ejemplo:

Eficiencia. El proceso de formación de un sector paraestatal no siempre se guía por alguno de los criterios antes expuestos. En numerosos casos, las empresas se incorporan de manera casual al sector público, en un intento por proteger el empleo. El resultado es que el gobierno termina manejando cabarets, salas de cine, líneas aéreas y hoteles sin ninguna estrategia congruente. Más aún, muchas de las empresas rescatadas por los gobiernos no son eficientes de entrada puesto que es precisamente porque estuvieron a punto de quebrar que fueron estatizadas. En la mayoría de los casos, la administración gubernamental no mejora la situación. Las empresas que enfrentan pérdidas continuaron registrándolas, generando una carga adicional sobre los contribuyentes y empeorando el entorno macroeconómico.[5] Adicionalmente, la política de rescate de empresas ineficientes

[4] Veanse, por ejemplo, Jones (1982), Nellis (1986), Short (1982) y Van de Walle (1989).

[5] Durante algún tiempo se sostuvo que el gobierno podría ser mejor administrador, sobre todo en el caso de empresas en dificultades, porque en principio, los problemas asociados con información asimétrica y de agente-principal, que tendían a complicar el control de los administradores por los accionistas, no se presentarían en las empresas del sector público por que el propietario y el administrador serían la misma persona. Sin embargo, la teoría y la experiencia han demostrado que, debido al hecho de que la operación de las entidades paraestatales implicaría por lo menos dos grupos: las autoridades y los servidores públicos, surgiría una serie de complicaciones relacionadas con los incentivos y el monitoreo. En la práctica, la respuesta a este problema ha estado lejos de ser óptima, ya que en repetidas ocasiones ha originado una excesiva intervención política en los detalles del proceso mismo de decisiones administrativas, en lugar de la relación de "prudente distancia" existente entre los departamentos y los administradores —que se consideró cuando muchas de las empresas fueron nacionalizadas en primer término. Para un buen tratamiento teórico de este tema, véanse Williamson (1975) y Vickers y Yarrow (1988).

Esta situación se agrava porque, aunque no se presentara el problema de riesgo moral entre autoridades y servidores públicos, hay una fuerte tendencia natural a que las empresas públicas operen en niveles considerablemente menores que los de eficiencia. Por ejemplo, Niskanen (1971) muestra un caso sencillo en que la función utilidad maximizada por el servidor público en y y z es $U= y2 (z-c^*)$, sujeta a $B=yc^*$, en donde y es el nivel de actividad,

introduce un incentivo negativo que evita que las empresas privadas respondan en forma creativa a los choques exógenos, porque saben que la quiebra nunca se presentaría y que lo peor que les puede pasar es que el gobierno nacionalice y les compre la compañía.

Justicia social. Cubrir las pérdidas de las empresas paraestatales ineficientes desvía los recursos escasos de la función principal de un gobierno de proporcionar salud, educación e infraestructura básica a la población. Asimismo, en muchos casos, los recursos provenientes de los contribuyentes se utilizaron para evitar pérdidas de capital de los accionistas y banqueros de las empresas salvadas, en lugar de utilizarlos para atender las necesidades sociales más apremiantes. Finalmente, en la prisa por expandir el sector paraestatal, muchas nuevas empresas se incorporaron, sin mantener informado al público y con poca consideración de las consecuencias distributivas de las decisiones.

Habiendo afirmado que, salvo en el caso de las industrias estratégicas, el proceso de modernización deja muy poco espacio para una industrialización basada en las empresas de propiedad estatal, aún queda por responder si las empresas privadas lo pueden hacer mejor. En principio, no hay una respuesta directa a esta cuestión, porque a pesar de las reformas institucionales asociadas a la apertura comercial, la reforma fiscal progresiva y la desregulación, habrá circunstancias en que la privatización pueda no resultar eficiente. Sin embargo, también es cierto que habrá casos en los que se cuente con un marco institucional en el cual las empresas privadas puedan contribuir de manera más efectiva al bienestar económico que las empresas estatizadas.

En consecuencia, de acuerdo con las investigaciones teóricas y empíricas, las razones para privatizar residen, aunque no de manera exclusiva, en los costos que para el bienestar representan los monopolios cuando se privatiza sin un marco de regulación o de competencia adecuados; las razones para privatizar tienen que ver con los altos costos de monitoreo y otras asimetrías de la información entre el público, la autoridad y los administradores de las empresas de propiedad estatal, injerencia burocrática, toma de decisiones centralizada, capitalización insuficiente, excesivos costos de personal y alta rotación laboral. En última instancia, la decisión dependerá de la formación de un adecuado marco institucional en el cual los propietarios privados puedan asegurarse de que sus administradores operan la empresa

z el nivel real de costos unitarios, c* el nivel de costo unitario eficiente y B es el presupuesto que enfrenta la empresa; en el nivel óptimo, la actividad de la empresa es una función lineal creciente del presupuesto, en tanto que los costos unitarios son siempre iguales al doble de su nivel óptimo. Además, su función y la utilidad indirecta es $U^*=B/4c^*$, de tal suerte que las remuneraciones de los funcionarios son una función creciente de su presupuesto departamental.

LA EXPERIENCIA MEXICANA DE PRIVATIZACIÓN

de manera eficiente, y las autoridades se aseguren de que el mercado funciona de tal forma que asigna los recursos bajo el principio de igualación de beneficios y costos marginales.[6]

Estudios empíricos acerca del desempeño comparativo de empresas públicas y privadas en países que han pasado por el proceso de privatización antes que México, confirman estos razonamientos. Por ejemplo, en un estudio detallado en el que se toman en cuenta de forma cuidadosa la estructura de los mercados, la regulación y otras condiciones de mercado relevantes se ha encontrado que cuando el poder de mercado es significativo pero existe espacio para cierto grado de competencia,[7] como en el caso de las aerolíneas, venta y distribución de gas, servicios telefónicos de larga distancia, servicios públicos, etc., las empresas privadas son muy superiores a las públicas en lo que se refiere a productividad y rentabilidad.[8] Sin embargo, esos mismos estudios muestran también que cuando hay poder de mercado y una fuerte tendencia hacia el monopolio natural, no hay forma de afirmar, inequívocamente, que un tipo de propiedad es superior a otro, y por lo tanto la decisión final de si se privatiza o no depende de las características particulares de cada empresa e industria. De hecho, a pesar de las ventajas que se pudiesen encontrar para transferir empresas al sector privado, el riesgo de cometer errores puede eliminar todos los beneficios potenciales. Por lo mismo, cuando la venta ocurre, el gobierno debe asegurarse que la empresa opere dentro de un marco regulatorio que sea propicio para un manejo eficiente de los recursos y favorable a la competencia.

Es importante subrayar el hecho de que todo lo que se ha dicho en esta sección tiene que ver con la teoría de la intervención del Estado en la economía, sin referencia alguna a los aspectos de Economía Política relacionados. Menciono esto porque es importante tener presente que los sólidos argumentos políticos en favor de la nacionalización de una determinada empresa o industria pueden algunas veces tener más peso que consideraciones estrictamente económicas. Ése sería el caso de una empresa o grupo de compañías privadas que mantuvieran una posición estratégica tal en la economía que consideraran posible soslayar y hasta rechazar las disposiciones que impone el orden jurídico establecido. La decisión de nacionalizar la industria petrolera en México, por ejemplo, partió de la necesidad de restaurar el respeto a la Constitución mexicana y a las resoluciones de la Suprema Corte de Justicia.

[6] Bos y Peters (1986).
[7] Pryke (1982), Forsyth et al. (1986), Rowley y Yarrow (1981), y Hartley y Huby (1985).
[8] Los mismos estudios muestran asimismo que cuando hay poder de mercado, pero también una fuerte tendencia hacia un monopolio natural, no hay evidencia inequívoca a favor de ningún tipo de propiedad con respecto al otro, y que la decisión final sobre si es pertinente privatizar depende de las características peculiares de cada empresa e industria.

2.2 Consideraciones microeconómicas sobre un programa de privatización[9]

El proceso de privatización no inicia y termina con la venta de una entidad pública. Debe prestarse también atención a los principios económicos implícitos en la forma en que se efectúa la venta, y a la forma en que operará la empresa bajo propiedad privada. Por ejemplo, se plantearán cuestiones relacionadas con el número de personas a las que se puede vender la empresa (es decir, si la venta se hará a través de colocaciones privadas o licitaciones públicas), la naturaleza de la transferencia (si la empresa va a ser liquidada, fusionada, quebrada, o si la venta significará la transferencia de un monopolio regulado o el desarrollo de franquicias) y las características de la competencia y regulación después de la venta. En términos generales, puede hablarse de dos tipos de consideraciones microeconómicas respecto de la desincorporación de empresas. En primer lugar, el esquema de ventas debe permitir a los nuevos dueños controlar la administración de la empresa de manera efectiva. Además, la empresa debe operar en un ambiente competitivo y, de no ser posible, debe haber una regulación apropiada para asegurar la eficiencia interna y sobre la asignación de recursos.

De manera más detallada, los aspectos más importantes son los siguientes:

Garantizar a los accionistas el control adecuado

Tanto la ley como el proceso de privatización deben proporcionar un marco en el cual la supervisión de la operación de las empresas pueda quedar efectivamente centralizada en manos de un sólido consejo de administración. Se ha encontrado que una alta dispersión en la tenencia de acciones reduce la capacidad de supervisión de la administración por dos razones. En primer término, se presenta una externalidad cuando cada pequeño inversionista gasta una gran cantidad de recursos para monitorear el desempeño de la empresa y los beneficios de este esfuerzo se diluyen entre el resto de los accionistas. Segundo, como resultado de elementos tales como las economías de escala en la adquisición de la información, podría ser más efectivo en términos de costos hacer que las actividades de monitoreo se concentraran en un grupo de personas, evitando así la posible duplicación de esfuerzos asociados con la tenencia múltiple de acciones. Desde este punto de vista, una buena alternativa en la privatización de grandes empresas, cuando pueden necesitarse los recursos de muchos accionistas, consiste en la combinación de un consejo de administración fuerte que tendrá la motivación para supervisar la empresa, respaldado por un gran número de pequeños accionistas.

[9] Para una explicación más detallada, véanse Vickers y Yarrow (1988) y Caves (1990).

Es esencial avanzar en el desarrollo de los mercados de capital y en la reglamentación necesaria para hacer posible las adquisiciones de unas empresas por otras sin que se genere inestabilidad financiera. En general se acepta que dichas adquisiciones contribuyen a generar incentivos para un buen desempeño administrativo. Por desgracia, en las economías en desarrollo, las instituciones necesarias para llevar a cabo este tipo de operaciones apenas existen, lo cual constituye una poderosa razón para usar el proceso de privatización como forma de contribuir a que los accionistas privados aprendan más sobre las finanzas corporativas y sobre estos tipos de operaciones, así como para desarrollar un mercado nacional de capitales. Así, siempre que sea posible, resulta aconsejable utilizar el mercado bursátil para realizar las operaciones de privatización. Además, es una buena razón para comenzar a introducir nuevas reglas sobre las adquisiciones de unas empresas por otras y de las compañías controladoras con el fin de evitar los problemas experimentados en otros países.[10]

El mecanismo de quiebra debe operar adecuadamente. Esto puede sonar obvio en economías con una larga experiencia de mercado. Sin embargo, grandes empresas privadas fueron rescatadas por el gobierno mexicano en tiempos de crisis. Como ya se ha mencionado, el riesgo de irse a la quiebra no tuvo efecto alguno sobre la prudencia de los directivos de las empresas. Por tanto, la privatización es insuficiente si sólo significa el restablecimiento del *statu quo*, para que eventualmente ocurra otra nacionalización.

Los esquemas de participación de los empleados en el capital social pueden ejercer un impacto favorable sobre la eficiencia de la empresa. La participación de los trabajadores puede ser deseable porque los empleados disponen de mayor información que el público en general acerca de ineficiencias que pudieran ser corregidas. Uno de los problemas con las empresas de propiedad estatal es que carecen de mecanismos para motivar a los trabajadores a elevar su productividad a largo plazo. La participación de los trabajadores en el capital puede favorecer el compromiso para incrementar la eficiencia.

Creación de un ambiente competitivo[11]

Las fusiones o, para el caso, todas las medidas que permitirían a la nueva empresa privada mantener o ganar poder en el mercado, deberían permitirse sólo cuando existan economías de escala, de modo que la entrada de nuevas

[10] Para un excelente estudio sobre la economía de la regulación para la adquisición de unas empresas por otras, véase Grossman y Hart (1982).

[11] Además de los bien conocidos efectos de la competencia sobre la asignación de recursos, es importante tener presente que la competencia puede funcionar como un poderoso mecanismo para estimular la eficiencia interna, como se dice originalmente en los estudios hechos por Hayek (1945) y Leibenstein (1966), en torno a la ineficiencia -X.

empresas condujera a una duplicación no deseable de los costos fijos. Así, a menos que el conflicto entre la eficiencia y las economías de escala conduzca hacia el monopolio, debieran limitarse las fusiones que impliquen ganar control en el mercado.

Desmantelamiento de barreras a la entrada. Como sucede con el resto de los elementos de una reforma estructural, estos aspectos están íntimamente relacionados y pueden reforzarse si se coordinan de manera adecuada. Es importante asegurarse que, simultáneamente al proceso de privatización, se eliminen las barreras exógenas a la competencia (tales como barreras arancelarias y no arancelarias en el caso de competencia internacional), y que haya una regulación antimonopólica global encaminada a frenar prácticas colusivas tales como la fijación de precios, prevención del registro de patentes, etcétera.[12]

El diseño de la estrategia de venta puede tener un impacto significativo sobre la estructura de mercado. Muchos de los problemas de regulación que se plantean con la transferencia de empresas con cierto poder monopólico del sector público al sector privado, pueden resolverse en la fase de planeación del esquema de privatización. Un buen ejemplo es la opción de otorgar franquicias,[13] sobre todo en los casos en que el producto o servicio contiene especificaciones sencillas. Otro ejemplo sería la decisión de dividir un monopolio del sector público y vender sus partes, contra la alternativa de vender el monopolio tal como está y proceder enseguida a regular, como es el caso típico de los sectores de telecomunicaciones, en los cuales es posible separar los servicios telefónicos locales de los servicios de larga distancia.

2.3 Consideraciones macroeconómicas en torno a un programa de privatización

Desde el punto de vista macroeconómico, también es cierto que cuando existen mercados financieros completos y eficientes, la venta de empresas del sector público no debiera tener ningún efecto macroeconómico. De hecho, lo que la privatización significa al final de cuentas, es simplemente un cambio en la composición de las carteras de los sectores público y privado, sin que esto implique variación alguna en sus posiciones netas. Consecuentemente, si el precio pagado por una empresa es igual al valor presente del flujo de utilidades futuras descontadas a una tasa de interés de equilibrio, debería aplicarse una plena equivalencia ricardiana, y no re-

---

[12] Para un estudio sobre éstas, véase Vickers (1985); y para un tratamiento téorico general, véanse Fudemberg y Tirole (1984), y Baumol (1982).
[13] Demsetz (1969).

percutir de forma alguna sobre las tasas de interés, las trayectorias de consumo e inversión, la inflación, la cuenta corriente y el tipo de cambio real.

En realidad, el hecho de que los mercados no sean perfectos implica que este tipo de neutralidad no necesariamente se producirá. Por ejemplo, si los mercados financieros internos no están integrados de manera completa con los mercados internacionales de fondos prestables, importará ciertamente si los compradores se fondean en el exterior, o están repatriando sus propios ahorros para efectuar la compra. Por consideraciones de planeación presupuestal, será también muy importante distinguir entre los efectos de corto plazo y los permanentes de esta clase de operaciones. Los aspectos más importantes que es necesario atender al decidir la forma en que el programa de privatización debe insertarse en el diseño global de política macroeconómica son los siguientes:

Efectos sobre el sector real

La venta de una entidad del sector público tiene dos componentes: los ingresos de la operación misma y la desaparición de todos los flujos futuros de ingresos o transferencias entre el gobierno y la compañía. Para asegurar la neutralidad, los ingresos transitorios deben utilizarse sólo para financiar el gasto transitorio por la misma cantidad, o un gasto permanente por una cantidad equivalente en términos del valor presente. Por ejemplo, si el producto de la privatización se usa para cancelar la deuda pública, sólo el ahorro por el pago de intereses puede ser usado para financiar un incremento permanente en el gasto corriente. Asimismo, la reducción en las transferencias netas a las empresas paraestatales con pérdidas puede usarse para incrementar el gasto corriente sobre una base permanente, asegurando a la vez su neutralidad macroeconómica. Si, por el contrario, los ingresos transitorios se usan para incrementar el gasto permanente por la misma cantidad, el efecto neto será expansionario.

Cuando los mercados de fondos prestables, internos y externos, se encuentran segmentados, si la venta se hace a inversionistas extranjeros, la operación será neutral sólo si el precio que pagan es igual en valor presente a las divisas que se envíen al exterior en el futuro. Éste no es el caso si se presenta cualquier ingreso de inversión extranjera adicional, lo que puede ocurrir si se interpreta la decisión de privatizar como un factor que contribuye a crear un ambiente más favorable para los negocios.

Otra posibilidad es la inducción de inversión interna adicional. En este caso, una vez más la privatización de las empresas públicas no es neutral. Entonces, los efectos de la privatización serían expansionarios. Además, en la medida en que las empresas tengan acceso a los mercados de crédito internacionales para financiar el componente externo de la inversión adicional, la privatización podría reforzar también otras políticas macroeconómicas dirigidas a estabilizar la inflación y el tipo de cambio nominal.

Efectos monetarios

Si la compra es apalancada con financiamiento interno, la venta será equivalente, desde el punto de vista del mercado de dinero, a una operación de mercado abierto en la cual los agentes intercambian activos líquidos (como depósitos o instrumentos monetarios de corto plazo) por acciones. Esto puede tener efectos contraccionarios, al menos por cierto tiempo (es decir, hasta que la reducción en los agregados de crédito se traduzca en menor inflación). Para neutralizar este efecto, sería necesaria una política monetaria expansionista.

Si la compra es apalancada con financiamiento externo o repatriación de capitales, y no se esterilizan las entradas de capital que suelen comenzar varios meses antes de que se termine la operación real, el resultado será una expansión (tal vez no deseada) de los agregados monetarios. Entonces, para minimizar estos aspectos se requeriría de medidas monetarias contraccionistas durante esta fase de expansión.

3. PRIVATIZACIÓN EN MÉXICO

A partir de la reflexión sobre los efectos macro y microeconómicos antes mencionados, el proceso de privatización de las empresas del sector público se finca en tres elementos. El primero es el marco jurídico; el segundo, un procedimiento que habrá de ser simple, abierto y no discriminatorio, y el tercero, un conjunto de principios que se siguen para aplicar la ley a los casos concretos. Los primeros dos elementos pueden encontrarse en leyes y decretos, mientras que el tercero tiene que ver más con el estilo administrativo de las autoridades.

En esta sección haremos una breve mención de esos tres elementos, para después revisar algunos casos específicos como la privatización de Teléfonos de México y la venta de los bancos comerciales. En cada uno de esos casos, será posible identificar la forma en que se han tomado en cuenta las consideraciones microeconómicas antes aludidas al planear la estrategia de venta y al establecer la regulación que regirá posteriormente. Esta sección termina con algunos cuadros que resumen los resultados alcanzados y el impacto macroeconómico del proceso de desincorporación.

3.1 Marco de la privatización

3.1.1 El marco legal

Los fundamentos jurídicos del proceso de desincorporación se establecen claramente en tres artículos de la Constitución Política de los Estados Unidos Mexicanos. El Artículo 25 consigna los límites a la participación del sector privado y, por ende, los límites del programa de privatización. Textualmente estipula que "[...] El Sector Público tendrá a su cargo, de manera exclusiva, las áreas estratégicas que se señalan en el Artículo 28, párrafo cuarto, de la Constitución, manteniendo siempre el Gobierno Federal la propiedad y el control sobre los organismos que en su caso se establezcan". Estas actividades estratégicas son la acuñación de moneda, el servicio postal, telégrafos, radiotelégrafos y comunicación vía satélite, la impresión de papel moneda, el petróleo y todos los hidrocarburos, la industria petroquímica básica, los minerales radioactivos y la generación de energía nuclear, la electricidad y los ferrocarriles. En lo que se refiere a todas las demás actividades, por tanto, no sólo es posible, sino además congruente con el espíritu de la Constitución,[14] buscar la participación del sector privado a través de la privatización, entre otras opciones.

Mientras esos dos primeros artículos se refieren a lo que puede ser propiedad del sector privado o social, el Artículo 134 establece las condiciones mínimas que deben satisfacer los procesos de desincorporación. Por ejemplo, en el párrafo 2 se dice que la transferencia del control de una empresa paraestatal a otros sectores sociales "[...] se adjudicarán o llevarán a cabo a través de licitaciones públicas mediante convocatoria pública para que libremente se presenten proposiciones solventes en sobre cerrado que será abierto públicamente, a fin de asegurar al Estado las mejores condiciones disponibles en cuanto a precio, calidad, financiamiento, oportunidad y demás circunstancias pertinentes".

Varias leyes complementan el marco constitucional básico relacionado con operaciones de desincorporación diferentes de las ventas. La Ley Orgánica de la Administración Pública Federal define la manera en que las empresas paraestatales pueden ser declaradas en quiebra y liquidadas, mientras que la Ley Federal de Entidades Paraestatales prevé los procedimientos legales para fusiones y transferencias.

Finalmente, cuando una entidad del sector público haya sido creada por ley o decreto del Congreso, éste debe otorgar su autorización para la

---

[14] El último párrafo del Artículo 25 dice: [...] "La ley alentará y protegerá la actividad económica que realicen los particulares y proveerá las condiciones para el desenvolvimiento del sector privado contribuya al desarrollo económico nacional, en los términos que establece esta Constitución".

desincorporación de la entidad. Asimismo, en la medida en que esas operaciones puedan tener efecto sobre el presupuesto, de conformidad con la obligación constitucional del poder ejecutivo de informar a la Cámara de Diputados acerca del estado financiero que guarda la Nación, existe también la obligación de mantenerla informada acerca de la evolución del proceso de desincorporación (Artículo 74).

3.1.2 El procedimiento de ventas

Todas y cada una de los cientos de empresas paraestatales vendidas pasan por un proceso que consta de 12 pasos. Este procedimiento ha sido diseñado de tal manera que la discrecionalidad queda reducida a un mínimo, el procedimiento se mantiene tan transparente y sencillo como es posible y se observan estrictamente todos los requisitos legales. El proceso puede describirse brevemente en la forma siguiente:

1. *Propuesta de desincorporación presentada por la Secretaría responsable de la empresa.* El proceso se inicia formalmente cuando la Secretaría responsable de la empresa que va a ser desincorporada (legalmente referida como la coordinadora sectorial), presenta la propuesta de desincorporación a la Comisión Intersecretarial de Gasto y Financiamiento (CIGF) formada por los titulares de la Secretaría de Hacienda, Secretaría de Programación y Presupuesto, Secretaría de la Contraloría General de la Federación, Secretaría de Comercio y Fomento Industrial, Secretaría del Trabajo y Previsión Social y del Banco de México. Esta propuesta debe establecer explícitamente que la empresa no es estratégica ni se clasifica como prioritaria en la Constitución. Por ejemplo, si se está hablando de un hotel, la propuesta sería presentada por la Secretaría de Turismo; el caso de un ingenio sería presentado por la Secretaría de Agricultura y Recursos Hidráulicos.
2. *Resolución emitida por la Comisión Intersecretarial.* La Comisión Intersecretarial de Gasto y Financiamiento analiza la propuesta y, considerando la situación general de la entidad, su área de actividad y su historia operativa, decide sobre la alternativa de desincorporación más adecuada. Ésta podría ser la liquidación, cierre, fusión, transferencia o venta.
3. *Acuerdo para iniciar el proceso de venta.* Si se ha decidido que la mejor opción es vender la empresa, de conformidad con la ley, la empresa es colocada bajo la responsabilidad única de la Secretaría de Hacienda, que está autorizada para realizar el proceso de venta.
4. *Designación del agente de venta.* La Secretaría de Hacienda en todos los casos selecciona uno de los 18 bancos comerciales establecidos en el

país como agente para la venta. La decisión del banco seleccionado se toma considerando su experiencia y carga de trabajo. La Unidad de Desincorporación de Entidades Paraestatales de la Secretaría de Hacienda estudia la situación de cada empresa, y en estrecha colaboración con su agente, diseña la estrategia de venta.

5. *Lineamientos de venta.* Una vez diseñada la estrategia de venta, el agente presenta lineamientos concretos acerca de las notificaciones al público, bases para la venta, horarios de visitas, entrega de prospectos y perfiles de la empresa, monto de los depósitos, etc. El paquete completo deberá contar con la aprobación final de la Unidad de Desincorporación.

6. *Perfil y prospectos.* El Banco Agente prepara dos documentos: el perfil, que es un documento breve con una visión general de la empresa, y al mismo tiempo publica en los periódicos de mayor circulación un aviso público informando a las partes interesadas que la empresa está en venta y que se cuenta ya con la información preliminar. El segundo documento consiste en una descripción que contiene datos detallados acerca de los aspectos financieros, comerciales, técnicos y laborales de la empresa.

En la mayoría de los casos, para ser elegible a la entrega del documento de prospecto, se requiere un depósito cuyo monto varía dependiendo del tamaño de la empresa en cuestión. Debe firmarse también una carta en la cual se expresa que la información contenida en ese documento no puede divulgarse durante cierto tiempo. Además, los compradores interesados pueden efectuar tantas visitas técnicas a la entidad como consideren necesarias, y todas las cuestiones que pudieran plantear les serán contestadas por escrito y comunicadas a todos los demás postores.

7. *Evaluación técnica y financiera.* Con base en toda la información disponible, el agente lleva a cabo una evaluación técnica y financiera para determinar, mediante el uso de varios métodos,[15] un precio mínimo de referencia. En la mayor parte de los casos esta evaluación es llevada a cabo por expertos financieros mexicanos, pero ha habido casos en que, por la naturaleza de la empresa, se busca el apoyo adicional de consultores internacionales. Éste fue el caso de la determinación del precio referencia de Mexicana de Aviación, Teléfonos de México, Compañía Minera de Cananea, Sidermex y Altos Hornos de México, así como los de los bancos comerciales.

De las ventas efectuadas durante la administración del Presidente Salinas, 89% de las empresas (que representan más de 98% del valor

---

[15] El valor en libros, el valor presente neto de las utilidades después de impuestos, el valor de mercado y el valor de liquidación, entre otros.

total) han sido vendidas a un precio igual o mayor que el precio de referencia y sólo 11% fueron vendidas a un precio inferior, que en su mayoría, incluye los ingenios, debido sobre todo a la incertidumbre que prevalecía en los mercados del azúcar y a las precarias condiciones físicas en que se encontraban la planta y el equipo.

8. *Evaluación de las ofertas recibidas.* De acuerdo con los lineamientos de venta trazados por el agente, en una fecha determinada se reciben todas las ofertas en sobre cerrado. Este evento tiene lugar ante la presencia de un notario público y representantes de la Secretaría de Hacienda y de la Secretaría de la Contraloría. Inmediatamente después, el Banco a cargo de la venta procede a homologar las ofertas para hacerlas comparables. Por ejemplo, el agente no sólo se fija en el precio contenido en la oferta, sino también considera los planes que tiene el propietario potencial con respecto al futuro de la empresa, si bien el precio es el criterio dominante.

Una vez realizado lo anterior, el agente prepara una recomendación a la Secretaría de Hacienda en torno a la propuesta que representa la mejor alternativa. Si todas las ofertas se hallan por debajo del precio de referencia, o si sólo hay una oferta, la CIGF podrá decidir si se adjudica la empresa a uno de los participantes o se inicia de nueva cuenta el proceso de venta. En la mayoría de los casos, no hay más que tres vueltas en la subasta. Si aun así no se realiza la venta, la CIGF procede a negociar directamente con los participantes bajo la supervisión de la Secretaría de la Contraloría.

9. *Resolución y autorización legal para el cierre de la venta.* Cuando la CIGF emite una resolución favorable, la Secretaría de Hacienda expide una autorización oficial de la venta a favor del participante que presentó la mejor postura.

10. *Firma del contrato de venta.* El trato se cierra con la firma de un contrato mediante el cual se efectúa el pago a la Tesorería. En este punto, la Secretaría de Hacienda lleva a cabo una auditoría de la venta, y si hubiere reclamos fundados del comprador, los reembolsos correspondientes se hacen de inmediato.

11. *Desincorporación.* La Secretaría de Hacienda envía notificación y copia del contrato de venta a la Secretaría de Programación y Presupuesto, la cual en cumplimiento de todas las formalidades legales declara oficialmente la desincorporación de la empresa del sector paraestatal.

12. *Edición del "libro blanco".* Cuando ha concluido el proceso de venta, el agente tiene la obligación de preparar el llamado "libro blanco" con todos los documentos pertinentes que corresponden a cada etapa del proceso de privatización. El Coordinador de la Unidad de Desincor-

poración envía dicho libro a la Secretaría de Hacienda y a la Secretaría de la Contraloría. Asimismo, se remite una copia a la Contaduría Mayor de Hacienda de la Cámara de Diputados, que puede hacer todas las observaciones y estudios que considere necesarios.

3.1.3 Algunos principios prácticos acerca de la privatización

Además de respetar las leyes y procedimientos, las características del programa de privatización mexicano han sido marcadas por el estilo administrativo con que se aplican dichas leyes y procedimientos. Más que preocupaciones legales o económicas, estos principios obedecen a consideraciones de economía política, tales como la capacidad administrativa de la clase empresarial, el respeto por el derecho de la sociedad a ser informada y la experiencia con la que se inicia y se realiza el proceso. En las páginas siguientes, me gustaría sugerir una lista de 11 principios prácticos derivados de la experiencia mexicana que, aun cuando no necesariamente los establece la ley, han llegado a ser orientaciones útiles para las autoridades durante el proceso.

1. *En primer lugar, hay que privatizar al sector privado.* La privatización no consiste simplemente en la transferencia de empresas de propiedad estatal al sector privado, sino es un concepto mucho más amplio de reforma que implica la redefinición del papel del Estado y de la sociedad civil en la producción y distribución del ingreso. En el nuevo contexto de mayor competencia de mercado y propiedad privada, no hay espacio para los subsidios directos a la producción y otras distorsiones que van en contra del desarrollo de empresas eficientes. En consecuencia, antes de que se inicie la venta de empresas, se debe asegurar que los nuevos propietarios enfrenten condiciones reales de mercado mediante la implantación de medidas, como la corrección de precios del sector público (es decir, colocándolos en niveles de recuperación de costos sin que excedan las referencias internacionales), la apertura de la economía y la eliminación de todo tipo de subsidios y subvenciones al sector privado.

2. *Comenzar con pequeñas empresas y avanzar tan rápido como sea posible.* Hay varias razones para ser prudentes en lo que se refiere a la secuencia de la privatización. Los servidores públicos no necesariamente sabemos cómo vender. Tenemos que aceptar que el aprendizaje de todos los aspectos técnicos de la privatización lleva mucho tiempo, al igual que cualquier otra tarea compleja de la administración pública. En segundo término, es importante minimizar los riesgos. Si uno se equivoca al vender un club nocturno o una fábrica de bicicletas está muy mal, pero no es tan grave como si esos errores se cometieran en la venta de los más

grandes bancos comerciales del país, la compañía de teléfonos o una importante línea aérea. Además, las autoridades necesitarán tiempo para explicar las ventajas macroeconómicas y de distribución del ingreso de la política de desincorporación, particularmente cuando la visión de los últimos cincuenta años había sido que una mayor presencia estatal era prerrequisito para una mayor justicia social. Esta tarea política de educación y convencimiento se basa en el argumento de que los recursos liberados por la desincorporación de empresas ineficientes se destinan a programas de educación, infraestructura y salud, como se ha hecho en el Programa Nacional de Solidaridad del Presidente Salinas.

Todo lo anterior no significa que el proceso tenga que avanzar lentamente. Por el contrario, al igual que con todos los otros elementos de la estrategia de estabilización y cambio estructural, es importante avanzar lo más rápidamente posible. El mensaje fundamental es que es importante el reconocimiento de que la secuencia de la privatización posee alta prioridad y de que, a pesar de todos los esfuerzos, inevitablemente tomará algún tiempo su realización.

3. *La privatización no puede tener éxito sin estabilidad macroeconómica.* El avance en las áreas del ajuste macroeconómico, desregulación y cambio estructural es cimiento esencial para una estrategia de privatización exitosa. Unicamente en un ambiente de certidumbre económica y confianza pueden las personas planear adecuadamente inversiones productivas y, consecuentemente, ofrecer un precio más alto por las entidades del sector público. Me permitiré ofrecer un ejemplo de esto. Una semana antes de que México suscribiera el convenio con los bancos comerciales extranjeros relacionado con la negociación de su deuda externa, no habíamos recibido una sola oferta por encima del precio de referencia de la Compañía Mexicana de Aviación. Una semana después de haber suscrito el convenio, la Unidad de Desincorporación recibió siete ofertas, cuatro de ellas muy por encima del precio mínimo.

4. *A veces una quiebra vale más que muchas ventas.* No todas las empresas del sector público pueden ser vendidas. Muchas de ellas no son viables. Reconocer lo anterior constituye un paso esencial, y tal vez sea uno de los obstáculos más difíciles de superar porque habrá quienes piensan que la meta del programa de estabilización es rescatar todas las empresas. En numerosas ocasiones, será preferible otorgar, de una vez por todas, pagos de liquidación generosos a los trabajadores que continuar drenando las finanzas públicas de manera permanente. Además, las quiebras indican a la sociedad que el gobierno sabe lo que está haciendo y que está comprometido en hacer lo que sea necesario para corregir de manera permanente los desequilibrios económicos.

5. *Mantener el proceso bajo control.* La experiencia ha demostrado que el control centralizado de las operaciones de privatización no sólo facilita la contabilidad de lo realizado, sino que agiliza también el proceso de toma de decisiones. La centralización significa tener una sola oficina como responsable de presidir el consejo de la empresa en venta, nombrar al director general y supervisar todos los requisitos legales de cada alternativa de desincorporación. Esta oficina puede desempeñar también un importante papel en la promoción de nuevas ventas, alentando a los compradores potenciales a que participen, con base en experiencias anteriores exitosas.

6. *Puede resultar recomendable reestructurar las grandes empresas y compañías del sector público en sectores importantes, antes de privatizarlas.* Además de las tareas que la oficina de desincorporación ha de llevar a cabo en cada situación, en ocasiones la empresa tiene que pasar por ajustes administrativos y financieros antes de poder ser vendida. A menudo se necesita el apoyo de las autoridades, como por ejemplo, para la negociación y la nueva redacción del contrato de trabajo, el recorte de personal, operaciones de reestructuración financiera que requieren cambios jurídicos, o el diseño de contratos de concesión. En este punto, es importante subrayar que la Unidad de Desincorporación manejaría sólo los cambios administrativos mayores, mientras que los ejecutivos de la propia empresa, en sus áreas de especialidad tendrían que desempeñar un papel primordial en aquellos procesos que son específicos para la operación de la empresa.

7. *Vender en efectivo.* Éste es un principio fundamental estrechamente relacionado con la idea de que la privatización es un proceso irreversible que transfiere la posesión de activos del gobierno al sector privado sobre la base de una operación que se realiza de una vez por todas, y que busca romper el patrón de industrialización basado en un sector capitalista protegido e ineficiente que ve al gobierno como red de salvamento en caso de quiebra. Vender en efectivo es una forma de cortar el cordón umbilical entre el gobierno y las empresas. Asegura también que la empresa no volverá a manos del gobierno o que el saldo adeudado sea utilizado para ejercer presión sobre el gobierno.

8. *Creatividad en el uso del financiamiento.* No existe una forma única de vender los activos de una empresa. Múltiples ideas de ingeniería financiera pueden ser desarrolladas en el contexto de las instituciones y regulaciones existentes, y es importante observar la forma en que pueden ser utilizadas para facilitar y mejorar las condiciones de cada transacción. Por ejemplo, las acciones de una empresa podrían colocarse parte en el mercado bursátil nacional, parte en los mercados financieros internacionales o mediante colocaciones privadas; o se podrían diseñar

mecanismos para la participación de los trabajadores, o para incrementar el interés de los inversionistas extranjeros, entre otras cosas.

9. *Mantener informada a la sociedad.* Para ganar credibilidad en el proceso de desincorporación no basta con hacer las cosas conforme a la ley, sino que la gente debe saber que las cosas se están haciendo realmente bien. Esto es una razón poderosa para seguir una política activa para mantener informada a la sociedad. Por ejemplo, el anuncio de la venta debe hacerse no sólo en los periódicos sino también en la televisión, radio y otros medios de comunicación masiva; deben describirse también las características del comprador, la forma de pago y, por último, tanto al Congreso como a la Contaduría Mayor de Hacienda de la H. Cámara de Diputados debe mantenérseles informados de manera permanente.

10. *Ser prudente en el uso de los ingresos de la privatización.* Una vez terminada la venta, es preciso decidir lo que se hará con los ingresos transitorios de la misma, con el fin de mantener un impacto positivo permanente sobre las finanzas públicas. La prudencia y el sentido común sugieren que los ingresos que se obtienen de una sola vez como producto de la privatización no deben ser utilizados para financiar gasto corriente permanentemente. De ser así, esta fuente de ingresos gubernamentales eventualmente desaparecerá dejando un faltante en las finanzas públicas. Por el contrario, una parte considerable debe destinarse a la reducción del gasto gubernamental sobre bases permanentes, por ejemplo, disminuyendo el monto de la deuda; o, dadas ciertas circunstancias extraordinarias como la inestabilidad de los mercados financiero y petrolero mundiales en la crisis del Golfo Pérsico, a la constitución de reservas o compras de seguros para amortiguar el impacto de las amplias fluctuaciones en los ingresos del sector público. Reducir la deuda abre nuevos espacios presupuestales para incrementar de manera permanente el gasto del gobierno en educación e infraestructura básica.

11. *Recordar que la desincorporación conduce a un gobierno más efectivo.* Los años de inflación, crisis y ajuste sirvieron para percatarnos de los inaceptables costos sociales del estatismo. Si el compromiso real de un país es con su pueblo, ¿por qué entonces su gobierno debería mantener la propiedad de una aerolínea y usar miles de millones de pesos del dinero de los contribuyentes para modernizar su flotilla, cuando sólo 2% de su población ha volado alguna vez por avión y al mismo tiempo requiere mejores servicios públicos? ¿Cúal sería la justificación para mantener la propiedad de un conglomerado metalúrgico, como Sidermex, que en dos décadas acumuló pérdidas por más de 10 mil

millones de dólares como resultado de una deficiente administración, malas decisiones de inversión y severos problemas de productividad? Como asunto de interés público y por razones de sentido común, no es posible seguir cubriendo esas pérdidas cuando con una fracción de ese costo se podría haber dotado de agua potable, alcantarillado, hospitales y educación a todas las comunidades marginadas en el sureste del país. En contraste con las que se consideraban como razones sociales para una amplia participación del gobierno en la economía, ejemplos como los anteriores demuestran que la Reforma del Estado, mediante la desincorporación de empresas y el fortalecimiento del gasto social, constituye una política verdaderamente progresista de distribución y empleo.

3.2 Dos casos concretos

Aunque cada privatización tiene sus peculiaridades, hay dos ejemplos que pueden ayudar a ilustrar el alcance de las decisiones y consideraciones políticas y sociales implícitas en cada operación. El primero es la venta de la empresa nacional de teléfonos (Telmex); el segundo, la privatización de los bancos comerciales nacionalizados en septiembre de 1982.

3.2.1 La privatización de Teléfonos de México

El proceso de privatización de Teléfonos de México comenzó con el anuncio hecho por el Presidente Salinas de Gortari, en marzo de 1990, en el auditorio del Sindicato Nacional de Trabajadores de Teléfonos. En esa fecha, debido a la importancia estratégica de la compañía, su mensaje a la Nación estableció que la desincorporación tendría que satisfacer por lo menos cinco criterios básicos, además de los establecidos por la ley: *i)* habría un total respeto de los derechos de los trabajadores, quienes tendrían la prerrogativa de participar como accionistas en la compañía; *ii)* aun cuando se permitiría la inversión extranjera, Telmex seguiría bajo el control de mexicanos; *iii)* los nuevos dueños deberían comprometerse a incrementar la calidad y cobertura del servicio a niveles internacionales; *iv)* tendría que garantizarse un crecimiento sostenido de la red; y *v)* tendría que reforzarse la investigación y el desarrollo.

Inmediatamente después de este anuncio, Telmex se puso bajo la responsabilidad de la Secretaría de Hacienda. El Secretario, como Presidente del Consejo, designó a un nuevo director general, y ambas partes pusieron en práctica un proceso global de reestructuración, que contemplaba las siguientes medidas que se instrumentaron antes de la licitación de la empresa:

a) Reforma Fiscal: Telmex se encontraba sujeto a un régimen fiscal especial, consistente en un conjunto de gravámenes *ad hoc* no necesariamente vinculados a la operación o desempeño general de la compañía. Esta pesada estructura fiscal fue reemplazada por un régimen fiscal aprobado por el Congreso igual al del resto de las empresas.

b) Nuevo contrato colectivo de trabajo: Se negoció un nuevo contrato colectivo que consolidó los 57 contratos que se tenían, en uno solo. Esto dio a los trabajadores una mayor seguridad en su trabajo, a la vez que facilitó aún más las negociaciones futuras.

c) Renegociación de la deuda. Telmex recibió en préstamo 220 millones de dólares en los mercados internacionales para recomprar su antigua deuda, que se estaba cotizando con un descuento de casi 70% en el mercado secundario. En el fondo, lo importante es que la operación representó una reducción neta en su pasivo por 480 millones de dólares.

d) Nueva estructura de tarifas. Se revisó la estructura de precios con el fin de eliminar los subsidios cruzados de los servicios de larga distancia, con precios anormalmente altos, hacia el servicio local que los tenía demasiado bajos.

Para vender una empresa tan grande sin dar lugar a un monopolio no regulado, así como para garantizar que el control de la empresa quedara en manos de mexicanos, fue necesario trabajar en varias áreas en forma simultánea. Con respecto a la regulación, la decisión consistió en crear condiciones de mayor competencia en la industria. Para ello, los servicios telefónicos en los segmentos de telecomunicaciones celulares y telefonía local se abrieron de inmediato a la entrada de nuevos participantes. Además, una vez privatizada, Telmex debía operar bajo contrato de concesión que considerara un proceso de transición de cinco años conducente a una apertura a la competencia en los servicios de larga distancia. Durante este tiempo, la compañía, de acuerdo con el título de concesión continúa sujeta a una serie de regulaciones de tarifas, así como a metas de cobertura y calidad. Por ejemplo, el contrato impone objetivos mínimos de investigación y desarrollo y de inversión, de tal suerte que el número de líneas deberá crecer a una tasa promedio anual de 12% entre 1990 y 1994. Se establecieron requisitos explícitos con respecto a la distribución geográfica y el tipo de servicio, y que cumpla con normas de calidad como la digitalización completa de la red.

En lo que se refiere al aspecto financiero de la venta, ésta ha tenido lugar en tres etapas. La primera consistió en emitir un dividendo para las acciones de voto limitado, de tal forma que cada acción ordinaria obtuviera 1.5 acciones de la serie "L". De esta manera, con sólo 20.4% del capital sería posible tener el control sobre toda la empresa. El primer paquete de las acciones de control se subastó publicamente en diciembre de 1990, con la participación de tres grupos: el primero, que ganó, fue un consorcio formado por el grupo Carso de hombres de negocios mexicanos, France Cable y Radio y Southwestern Bell; el segundo se integró con la GTE de Nueva York, Telefónica de España y un grupo mexicano, y el tercero fue otro grupo mexicano. Esta fase terminó el 20 de diciembre de 1990 y el intercambio de acciones tuvo lugar a un precio de 2.03 dólares por acción, ascendiendo la operación total a 1 757 millones de dólares. El sindicato participó también en esta etapa con la compra apalancada de 4.4% del capital social.

La segunda etapa correspondió a la venta de la mitad de las acciones de control restantes en manos del gobierno (15.7% del capital), esta vez mediante colocaciones públicas en los mercados financieros de México, Estados Unidos, Canadá, Europa y el Lejano Oriente.[16] Esta etapa se completó el 20 de mayo de 1991 y las acciones se colocaron a un precio de 3.50 dólares cada una. La tercera etapa, a realizarse en fecha posterior, consistirá en una colocación final de las restantes acciones gubernamentales en los mercados internacionales.

La estrategia global de venta y reestructuración hizo posible culminar la operación en términos muy favorables. Por ejemplo, en el inicio de la actual administración (1° de noviembre de 1988) el valor de Teléfonos de México, calculado a partir del precio de sus acciones en la Bolsa de Valores de Nueva York, era inferior a 1 500 millones de dólares (37 dólares por acción); pero el 20 de diciembre de 1990 Telmex valía más de 8 mil millones de dólares y, hacia mediados de 1991, esta cifra rebasaría los 13 mil millones de dólares. Al haber reestructurado la empresa antes de su privatización, el Gobierno obtuvo mucho mejores condiciones en su venta.

3.2.2 La privatización de los bancos comerciales

Los bancos comerciales difieren en más de una forma del resto de las empresas porque su papel en la economía no está limitado al servicio que prestan: la manera en que operan puede tener un efecto significativo sobre la estabilidad macroeconómica y el crecimiento a largo plazo, en su calidad de proveedores de liquidez e intermediarios en el proceso de ahorro e inversión. En consecuencia, la estrategia de privatización a seguir debía ser diferente.

Para empezar, el marco básico para la privatización de los bancos comerciales se estableció por medio de una cuidadosa definición de los

---

[16] De hecho, en ese tiempo llegó a ser la más grande operación "internacional" de privatización que tuvo lugar por medio de los mercados bursátiles, ya que las operaciones británicas ocurrieron sobre todo en su mercado doméstico local.

fundamentos operacionales y legales para desarrollar un sistema bancario moderno y eficiente. Como ya se dijo en el capítulo II, en abril de 1989 las autoridades iniciaron una fase importante en el proceso de liberalización bancaria mediante la eliminación gradual del requisito de encaje legal que se completaría en septiembre de 1991. También importante, fue la decisión de permitir que los bancos determinaran libremente sus tasas de interés pasivas y activas, a mediados de 1989. Como resultado de ello, el mercado de servicios bancarios se tornó cada vez más competitivo, lo cual constituyó un prerrequisito indispensable para la privatización. Además de estos cambios, en mayo de 1990, fue necesario reformar la Constitución para terminar con la exclusividad estatal en la prestación del servicio público de banca y crédito. Inmediatamente después entró en vigor la Ley de Instituciones de Crédito, junto con la Ley para Regular las Agrupaciones Financieras.

Una vez que estuvo listo el marco jurídico, comenzó la privatización de los bancos comerciales, conforme a las reglas establecidas por un acuerdo del Presidente Salinas de Gortari, el 5 de septiembre de 1990, por el cual se creó el Comité de Desincorporación Bancaria y se fijaron los principios que habían de regir el proceso de privatización:

— contribuir a crear un sistema financiero más competitivo y eficiente;
— garantizar una participación diversificada en el capital de los bancos para fomentar la inversión en el sector bancario e impedir la concentración;
— ligar en forma adecuada las capacidades administrativas de los bancos con su nivel de capitalización;
— asegurar el control de los bancos por parte de mexicanos, sin excluir la participación minoritaria de los inversionistas extranjeros;
— promover la descentralización de las operaciones bancarias y favorecer el desarrollo regional de las instituciones;
— obtener un precio justo, de acuerdo con un avalúo basado en criterios generales, objetivos y homogéneos para todos los bancos; y
— promover un sector bancario equilibrado, así como una operación de acuerdo con prácticas bancarias transparentes y sanas.

Según la experiencia internacional, los gobiernos han seguido esencialmente dos enfoques diferentes con respecto a la venta de bancos. Uno de ellos, considera que los bancos desempeñan un papel estratégico en la economía, de manera que el precio más alto de licitación no puede ser utilizado como criterio único para adjudicarlos a la parte interesada. En consecuencia, el primer criterio prevaleciente de selección, dependerá de la seriedad y el prestigio de los postores de compra. En el otro extremo está la opinión de que, siempre y cuando los mecanismos de supervisión bancaria funcionen razonablemente bien, no hay razón para concederle tanta importancia al prestigio personal de los compradores y los bancos deben venderse al que presente la oferta más alta.

En principio, no debiera haber ninguna razón para descartar ambos puntos de vista, ya que contando con bases transparentes para discriminar entre las partes se elimina la discrecionalidad y se refuerza la confianza en el proceso de desincorporación; aunque también es cierto que los bancos debieran entregarse a empresarios responsables que gocen de una reputación de conocimiento y solvencia moral en el sector financiero. Por esta razón fue que, en lugar de escoger entre ambos enfoques, la privatización de los bancos mexicanos utilizó elementos de ambos.

Así, en los comienzos del proceso de privatización el papel del Comité consistió en recibir y registrar las solicitudes de los grupos de empresarios interesados en la adquisición de un banco. Acto seguido, estas solicitudes eran evaluadas sobre la base de la probidad y experiencia de los aspirantes, y sólo a aquellos que se consideraba aptos se les concedía el derecho de participar en la subasta. En esta segunda etapa, se permitió participar en las subastas de los bancos a todos los grupos que lograban su registro, y en las cuales el único criterio aplicable era el precio, de manera que el banco se adjudicaba al grupo que ofrecía el monto más alto.

Un asunto relacionado con esta cuestión es la técnica de evaluación, que se buscó fuera más completa y detallada que en los casos ordinarios, no sólo porque algunos bancos son muy grandes, sino porque se reconoce que las empresas del sistema financiero son afectadas de manera diferente por cambios en las expectativas y en los fundamentos macroeconómicos que el resto de las empresas. De esta forma, antes de que el Comité determine lo que considera como precio de referencia adecuado, examina con detenimiento tres valuaciones independientes entre sí. La primera es una valuación financiera basada en la información contable del banco, y formulada de acuerdo con estrictos lineamientos fijados de manera general por la Comisión Nacional Bancaria; la segunda es una evaluación económica preparada por un consultor externo, que describe su perfil comercial y expresa opiniones acerca del futuro desempeño de la institución, con base en tendencias individuales y de mercado; la tercera, realizada por los propios bancos, se enfoca a analizar su evolución, evaluar su posición en el mercado y definir oportunidades de negocios.

Además de la política de venta en dos etapas, hay otros principios que influyeron en la estrategia de privatización bancaria; por ejemplo, de conformidad con los criterios básicos de privatización del acuerdo presidencial, las ventas se han efectuado de manera que la estructura de control combina un pequeño grupo de accionistas responsables y bien identificados, con un gran número de pequeños inversionistas que pueden contribuir a reforzar la base de capital de la institución. Tal ha sido el caso de Banamex (el más grande banco comercial); cuya sociedad controladora está conformada por casi 4 mil individuos que representan 80% del capital, mientras que el restante 20% se halla en manos de aproximadamente 1 200 inversionistas regionales.

CUADRO IV. 3. *Precio obtenido por la venta de los bancos comerciales*

	Número de veces el ingreso neto	Número de veces el valor en libros
México	14.6	2.8
Estados Unidos y Europa	14.0	2.2

FUENTE: Subsecretaría de Hacienda, Secretaría de Hacienda y CS First Boston.

CUADRO IV. 4. *Ingresos provenientes de la privatización de los bancos comerciales*

Banco	Fecha	Total (millones de dólares)
Mercantil	14-Jun-1991	611.2
Banpaís	21-Jun-1991	544.9
Banca Cremi	28-Jun-1991	748.3
Banca Confía	09-Ago-1991	892.3
De Oriente	16-Ago-1991	223.2
Bancreser	23-Ago-1991	425.1
Banamex	30-Ago-1991	9 744.9
Bancomer	08-Oct-1991	8 564.2
Total		21 754.1

FUENTE: Unidad de Desincorporación, Secretaría de Hacienda.

Toda vez que uno de los principales elementos que hace que la banca al menudeo no sólo sea eficiente sino también eficaz para brindar oportunidades de progreso económico a todos los lugares del país es su cercanía con las necesidades de una región en particular, la estrategia de venta no quedaba limitada a esperar que los clientes llegaran y compraran el banco, sino que se realizó un esfuerzo de promoción por parte de las autoridades que permitiera alcanzar y atraer el interés de hombres de negocios de las distintas localidades. El resultado fue muy alentador: más de la mitad de los bancos quedó en manos de grupos regionales, mientras que las instituciones de cobertura nacional asumieron el compromiso de formar asambleas regionales de accionistas con el fin de tener una mejor comprensión de las necesidades específicas de sus clientes. En los casos de Bancomer y Banamex, un gran número de empresarios locales de diferentes partes del país se unieron y establecieron fondos fiduciarios regionales mediante los cuales adquirieron una parte importante del capital de los bancos, y con ello el derecho de influir sobre la estrategia de la institución. De hecho, la participación de estos fondos regionales correspondió a 20% del capital (con más de 4 mil empresarios participantes) en el primer caso, y 25% (1 200 participantes) en el segundo. Además, sumando los ocho bancos que han sido privatizados hasta la fecha, el número de inversionistas individuales involucrados se acerca a 30 mil.

Con respecto a las condiciones de venta, el programa de privatización bancaria ha tenido éxito. Durante los primeros 10 meses, ocho de las 18 instituciones fueron vendidas en aproximadamente 21 billones de pesos. Con respecto al capital total del sistema bancario, esos bancos representan más de 64%. Entre enero y febrero de 1992, el número de bancos vendidos será de 12, lo cual representa 84% del capital total. Los precios pagados por esas instituciones en las subastas no sólo mostraron las actuales condiciones financieras de las instituciones; también rebasaron las expectativas de los asesores externos del Comité. Los resultados son también muy favorables si se comparan con la experiencia internacional .

3.3 El programa de privatización en cifras

La privatización comenzó hace casi nueve años con la desincorporación de muchas empresas pequeñas. Sin embargo, no fue sino hasta la administración del Presidente Salinas de Gortari, que el gobierno se ocupó de los mayores y más complicados casos.

De un total de 905 empresas que se desincorporaron entre 1982 y 1988, 204 fueron vendidas y el resto fueron liquidadas, fusionadas o transferidas. A pesar del gran número de operaciones, éstas ascendieron a un valor acumulado de menos de 500 millones de dólares. Con todo, dichas empresas brindaron una experiencia invaluable para la venta de otras mucho mayores, proceso que comenzó en 1989.

De hecho, durante los últimos tres años, el gobierno ha llevado a término 310 desincorporaciones de empresas públicas que la Constitución no considera estratégicas, de las cuales se han recibido cerca de 42 billones de pesos —como Aeroméxico y Mexicana de Aviación, la Compañía Minera de Cananea (una de las minas de cobre más grandes del mundo), Sidermex (el conglomerado metalúrgico más importante de México) y Teléfonos de México— y se espera finiquitar la venta de los bancos comerciales hacia mediados de 1992.

GRÁFICA IV. 1. *Número de empresas paraestatales (1982-1991)*

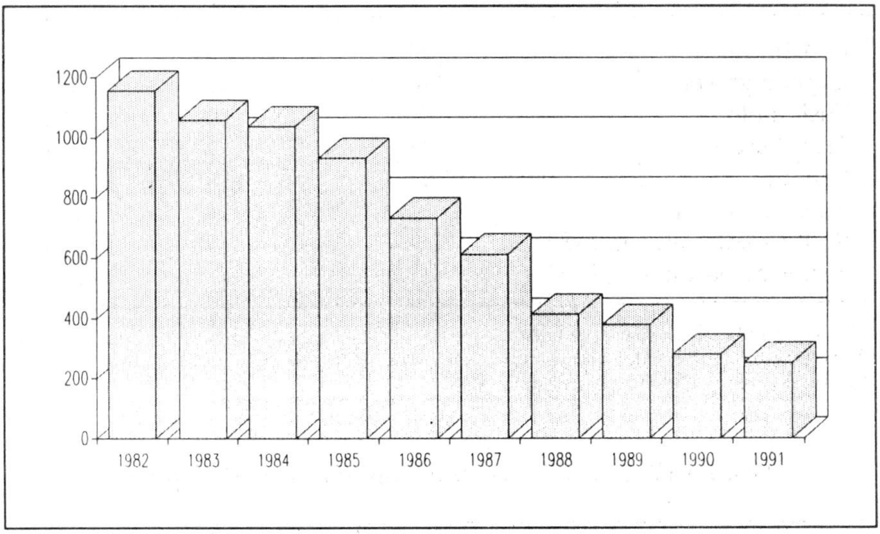

FUENTE: Unidad de Desincorporación, Secretaría de Hacienda.

Como resultado de lo anterior, el sector paraestatal ha reducido su importancia en términos del empleo y producción totales. En 1989, último año del que se dispone de información acerca del PIB del sector público, la participación de las empresas de propiedad estatal en la producción total ha descendido de casi 25% en 1983 a menos de 16%. Es probable que esta cifra sea mucho menor en la actualidad, dado que los servicios bancarios por sí solos representan casi 2% del PIB. Con respecto al empleo, el número de personas que trabajan en las compañías desincorporadas es ligeramente mayor a 200 mil, lo cual representaba aproximadamente 20% de la ocupación total en el sector paraestatal en 1983 (y casi 10% de la ocupación total en la economía). Esta cifra podría llegar a 250 mil, conforme el proceso de privatización llegue a su término.

En relación con los efectos macroeconómicos, vale la pena mencionar por lo menos tres aspectos. El primero está relacionado con los efectos permanentes de los ingresos provenientes de la privatización. Como se

CUADRO IV. 5. *Proceso de desincorporación*
del sector paraestatal [1]

	Del 1o. de diciembre de 1982 al 30 de noviembre de 1988	Del 1o. de diciembre de 1988 al 1o. de noviembre de 1991	Total
Concluido	595	310	905
Liquidado o cerrado	294	137	431
Fusionado	72	10	82
Transferido	25	7	32
Vendido	204	156	360
En proceso			87
Sector paraestatal en 1982			1155
Sector paraestatal en 1991			239

FUENTE: Unidad de Desincorporación, Secretaría de Hacienda y Secretaría de Programación y Presupuesto. La cifra del tamaño del sector paraestatal en 1991 incluye el efecto de la creación de nuevas entidades paraestatales.

GRÁFICA IV. 2. *PIB del sector paraestatal entre el PIB total*

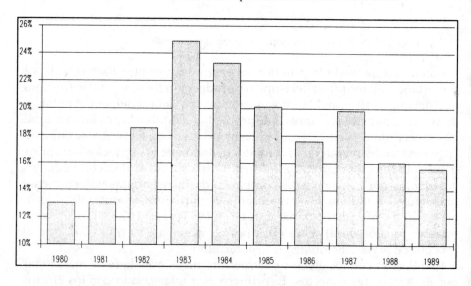

Fuente: Producto Interno Bruto del Sector Público, INEGI.

CUADRO IV.6. *Las diez compañías
paraestatales vendidas con el mayor
número de empleados*

	Número de empleados
Teléfonos de México	51 126
Bancomer	37 041
Banamex	31 385
Mexicana de Aviación	13 027
Impulsora de la Cuenca del Papaloapan	3 617
Astilleros Unidos de Veracruz	2 988
Compañía Minera de Cananea	2 973
Compañía Real del Monte y Pachuca	2 416
Dina Camiones	1 678
Tabamex	1 259

Fuente: Unidad de Desincorporación, Secretaría de Hacienda.

CUADRO IV. 7. *Ingresos no recurrentes
provenientes de la privatización*

	Ingresos de la privatización/ Ingresos del sector público	Ingresos de la privatización /PIB
1985	0.02%	0.01%
1986	0.04%	0.01%
1987	0.31%	0.10%
1988	0.67%	0.20%
1989	0.59%	0.19%
1990	4.32%	1.19%
1991	14.4%	3.83%

Valor presente
(diciembre de 1991) $ 18 016 millones de dólares

Ahorro fiscal permanente
equivalente a los "ingresos por una sola vez"
provenientes de la privatización[1]   .0933% de PIB

FUENTE: DGPH, Secretaría de Hacienda.
[1] Suponiendo una tasa de crecimiento a largo plazo de la economía de 4.5% y una tasa de interés real de 6%.

apuntó en una sección anterior, el producto obtenido de una sola vez de la venta de las empresas del sector público, no debe ser utilizado para financiar incrementos permanentes en el gasto corriente sobre la base de uno a uno, sencillamente porque esos ingresos no son recurrentes. Sin embargo, si se usan para reducir el monto de la deuda, el ahorro en los pagos de intereses reales que ocurrirá año con año puede utilizarse permanentemente para incrementar el gasto social sin ningún impacto macroeconómico negativo.

No obstante, sería insuficiente pensar que el único propósito de la privatización fuera obtener el dinero proveniente de la venta, pues existen otros elementos de la desincorporación y reestructuración del sector paraestatal que pueden tener un gran efecto macroeconómico; por ejemplo, un segundo componente del programa de reforma es la reducción de las transferencias del Gobierno Federal a las empresas de propiedad estatal. Como se muestra en el cuadro IV.8, los subsidios totales a las paraestatales descendieron de 12% del PIB en 1982 a cerca de 2% a la fecha, como resultado de la desincorporación de empresas ineficientes y no estratégicas ni prioritarias, y como resultado de la privatización del sector privado a que antes hicimos referencia. La razón es que el déficit de numerosas empresas prioritarias fue el reflejo de los subsidios y privilegios otorgados a compañías privadas. En consecuencia, la racionalización del sector paraestatal no se ha limitado a la venta o liquidación de empresas; también se han llevado los precios de los bienes y servicios proporcionados por compañías estratégicas viables a sus niveles de equilibrio.[17] Este elemento sustancial de ahorro del sector público libera también recursos adicionales para el gasto en otras áreas que verdaderamente corresponden al Estado, como la infraestructura productiva y los programas sociales, sin consecuencias macroeconómicas desfavorables.

Un tercer elemento de la política macroeconómica vinculado a las operaciones de venta es que los ingresos no recurrentes pueden ser utilizados para hacer frente a condiciones externas adversas no recurrentes. Tal fue el caso presentado con motivo de la guerra en el Golfo Pérsico, a principios de 1991. La incertidumbre que generó este evento con respecto

---

[17] Desde 1983, pero especialmente durante los últimos cuatro años, el objetivo de la política de precios del sector público ha consistido en fijarlos al nivel de recuperación de costos sin sobrepasar las referencias internacionales pertinentes. Así, los precios reales de la energía eléctrica, derivados del petróleo, servicios de aeropuertos, caminos y puentes, agua, etc., se elevaron de manera considerable respecto de sus niveles de 1987. De esta manera, no sólo se reforzaron notablemente los ingresos reales del gobierno, sino que se desalentó el desperdicio de los bienes escasos. Los precios de la energía eléctrica se han reestructurado para ofrecer a las empresas la posibilidad de seleccionar un procedimiento de fijación de precios con base en la carga máxima. Se creó una Comisión Nacional del Agua con, entre otros, el fin de racionalizar las tarifas para los derechos de agua, y se regionalizaron también los precios de los derivados del petróleo y fertilizantes mediante el cargo de precios LAB, para permitir que costos del transporte reflejaran las distancias.

a la evolución de los precios internacionales del petróleo y, por tanto en las finanzas públicas de México, originó que las autoridades reservaran una parte de los ingresos provenientes de la privatización, en una cuenta especial de la contabilidad ordinaria de la Tesorería y de las reservas del Banco de México, de modo que pudiera ser utilizada estrictamente en el caso de un eventual desplome de las exportaciones petroleras; así, se aseguraba que el programa económico pudiera continuar sin requerir un ajuste de importancia.

CUADRO IV. 8. *Subsidios y transferencias del Gobierno Federal al sector paraestatal (proporción del PIB)*

1980	8.37	1986	3.31
1981	9.46	1987	5.94
1982	12.71	1988	3.42
1983	8.89	1989	3.09
1984	6.96	1990	2.51
1985	5.11		

FUENTE: Cuenta pública, varios números

CUADRO IV. 9. *Fondo de contingencia (a noviembre de 1991)*

Por la venta de:	Millones de dólares	Miles de millones de pesos
Bancos	0.0	6 229.2
Telmex	451.3	13 286.2
Otros	0.0	127.4
Interés acumulado	14.8	506.8
Repago de la deuda	0.0	20 027.0

FUENTE: Tesorería de la Federación, Secretaría de Hacienda.

El fondo de contingencia tiene dos cuentas, una en pesos y otra en dólares, y en ellas se acumularon todos los ingresos recibidos desde diciembre de 1990. Como resultado, a finales de octubre el saldo ascendió a 20 billones de pesos y 466 millones de dólares, en cada cuenta. Al respecto, el Presidente Salinas de Gortari dio instrucciones a la Secretaría de Hacienda para aplicar el saldo de la cuenta en pesos a la reducción de la deuda interna, considerando que ya no existía la incertidumbre que había dado origen a la necesidad de dicho fondo.

4. Conclusiones

La privatización del sector productivo constituye uno de los elementos más importantes de la Reforma del Estado. Más que un mero intercambio de activos entre el gobierno y el sector privado, representa una participación más amplia de la sociedad civil en el desarrollo económico y social. No se trata de una señal de retraimiento del Estado con respecto a su mandato legal; por el contrario ha cobrado mayor fuerza para atender las necesidades sociales de la población y para ofrecer un entorno de estabilidad macroeconómica a largo plazo. Esta política, junto con la desregulación de la economía, la reforma fiscal, la reforma financiera y el nuevo programa de gasto social, completa el cuadro de un México más moderno, en el cual se generan mejores oportunidades para todos los mexicanos.

REFERENCIAS BIBLIOGRÁFICAS

Baumol, William, "Contestable Markets: An Uprising in the Theory of Industrial Structure", *American Economic Review*, 72, 1.15, 1982.

Bos, Dieter, y W. Peters, *Privatization, Efficiency and Market Structure*, Documento de Estudio A-79, Universidad de Bonn, Instituto de Economía, 1986.

De Alessi, Louis, "Ownership and Peak Load Pricing in the Electric Power Industry", *Quarterly Review of Economics and Business*, 17, 1977, pp. 7-26.

Demsetz, H, "Why Regulate Utilities?", *Journal of Law and Economics*, marzo de 1968.

Dixit, Avinash, "The Role of Investment in Entry Deterrence", *Economic Journal*, 90, 1980, pp. 95-106.

Forsyth, P. J., *Airlines and Airports: Privatization, Regulation and Competition*, Estudios Fiscales, 1984.

Fudenberg, Drew, y Jean Tirole, "The Fat-Cat Effect, the Puppy-Dog Ploy, and the Lean and Hungry Look", *American Economic Review*, Documentos y Procedimientos 74,2, 1984, pp. 361-368.

Frossman, Sanford, y Oliver Hart, "Takeover Bids, the Free Rider Problem and the Theory of the Corporation", *Bell Journal of Economics II*, 1980, pp. 42-64.

Hayek, Friedrich August, "The Use of Knowledge in Society", *American Economic Review*, 35, 1945, pp. 519-530.

Jones, Leroy, *Public Enterprise in Less Developed Countries*, Cambridge, Cambridge University Press, 1982.

Kroll, H., *Monopoly and Transition to the Market*, Economía Soviética, 1991.

Leibeinstein, Harvey, "Allocative Efficiency versus X-Efficiency", *American Economic Review*, 56, 1966, pp. 392-415.

Millward, Robert, "The Comparative Performance of Public and Private Ownership", en Roll, Eric (comp.), *The Mixed Economy*, Londres, Macmillan Press, 1982, pp. 58-93.

Nellis, J., *Public Enterprises in Sub-Saharan Africa*, Washington D.C., El Banco Mundial, 1986.

Peltzman, S., "Pricing in Public and Private Enterprises: Electric Utilities in the United States", *Journal of Law and Economics*, 14 (1), 1971, pp. 109-148.

Pryke, R., *The Comparative Performance of Public and Private Enterprise*, Estudios Fiscales, 1982.

Short, R. P., "The Role of Public Enterprises: An International Statistical Comparison" en Floyd, *et al.*, *Public Enterprise in Mixed Economies: Some Macroeconomic Aspects*, Washington, Fondo Monetario Internacional, 1986.

Thompson, W. y K. Robbie, *Privatization via Management and Employee Buyouts*, 1991.

Van de Walle, Nicholas, "Privatization in Developing Countries: A Review of the Issues", *World Development*, 17, 5, 1989, pp. 601-615.

Vickers, John y G. Yarrow, *Privatization and Natural Monopolies*, Londres, Centro de Política Pública, 1985.

Vickers, John y G. Yarrow, *Privatization*, Cambridge, MIT Press, 1988.

Weitzman, Martin, y Patricia Reagan, "Asymmetries in Price and Quantity Adjustment by the Competitive Firm", *Journal of Economic Theory*, 27, 2, 1982, pp. 410-420.

V. PERSPECTIVAS ECONÓMICAS DE MÉXICO: EL "NUEVO MECANISMO DE TRANSMISIÓN"

Hace casi 14 años, cuando estudiaba el doctorado en el Instituto Tecnológico de Massachusetts, escribí mi tesis con el título tal vez poco atractivo de *Ensayos sobre los mecanismos de transmisión: el caso de México*. En esa época tenía interés en conocer y entender mejor las formas en que la microeconomía afectaba las variables macroeconómicas en una economía pequeña y abierta. Los resultados que arrojó esa investigación mostraron que, dada la forma en que operaban las instituciones financieras, la naturaleza de la competencia entre los productores nacionales y las distorsiones prevalecientes en el sector externo, la economía mexicana parecía muy vulnerable a los choques externos. Además, las perspectivas de una expansión sostenida de la producción agregada en el futuro eran incompatibles con ese tipo de escenario micro-económico.

Si tuviera yo que reescribir mi tesis hoy en día —lo cual no me alegraría por las muchas noches que pasé frente a la "inolvidable" computadora—, tengo la impresión de que los resultados serían sustancialmente diferentes. De hecho, después de casi dos décadas de inestabilidad macroeconómica, México ha avanzado por un largo camino en la reforma de su estrategia de desarrollo. Como se ha visto en los capítulos anteriores, durante los últimos nueve años, y particularmente durante la primera mitad del sexenio del Presidente Salinas, el pueblo y el gobierno han adoptado un importante programa global de ajuste y cambio estructural. Más allá de la mera corrección de los desequilibrios monetario y fiscal, muchos de los obstáculos estructurales que habían inhibido el crecimiento fueron allanados. Ejemplos de ello son la implantación de un pacto social para corregir la inercia de los precios, la eliminación de barreras no arancelarias al comercio, la modernización del sector financiero, el proceso de desincorporación de las empresas del sector público, la renegociación de la deuda externa, la desregulación de la economía, las reformas educativa y agraria, y la fijación de nuevas reglas para promover la inversión extranjera, así como una profunda reforma fiscal y un nuevo programa de gasto social y de participación popular para combatir la pobreza.

En este sentido, se ha logrado un éxito considerable. La inflación anualizada, medida por el índice de precios al consumidor, ha disminuido de más de 500% en enero de 1988 a menos de 19% en 1991. La economía está en recuperación, como resultado del repunte de la inversión privada nacional y extranjera. El balance primario del sector público se desplazó de un déficit de 7% a un

190

superávit de 6% del PIB, lo que equivale a un ajuste tres veces la Ley Gramm-Rudman de los Estados Unidos. Nuestra estructura comercial se ha diversificado: las manufacturas representan actualmente más de la mitad de las exportaciones totales, mientras que el petróleo representa menos de un tercio en comparación con 75% en 1982. Algunos sectores e industrias se han modernizado y la economía mexicana se ha vuelto considerablemente más competitiva y está más orientada a la exportación conforme nos acercamos al Tratado de Libre Comercio de América del Norte.

En este nuevo contexto económico, marcado por nuevas oportunidades de inversión y nuevas formas de participación de la sociedad civil, algunos indicadores macroeconómicos han cambiado su significado con respecto al que tenían cuando yo era estudiante. Por ejemplo, a fines de la década de los setenta, un déficit considerable en cuenta corriente era causa de preocupación. En general, era el resultado de una economía sobrecalentada e impulsada por un mayor gasto gubernamental y financiada por un endeudamiento externo cada vez mayor. Actualmente, un déficit en cuenta corriente del mismo tamaño, con respecto al PIB, es resultado de una fuerte expansión de la inversión privada financiada por la repatriación de capitales o por flujos directos de inversión extranjera al país. En otras palabras, en el *viejo mecanismo de transmisión* la secuencia de eventos consistía de productividad y rentas decrecientes para un sector privado sobreprotegido que implicaba la necesidad de utilizar el gasto del gobierno para mantener la actividad económica, que a su vez llevaba al sobrendeudamiento externo, provocando devaluación, inflación, suspensión de pagos de la deuda y recesión. Por el contrario, en el *nuevo mecanismo de transmisión*, la secuencia va de mejores oportunidades para invertir —derivadas tanto de cambios en las expectativas como de una mejoría real en las condiciones económicas "objetivas"— hacia una mayor inversión privada financiada por la repatriación de capitales, flujos de inversión extranjera directa y complementada también por ahorro interno adicional, lo cual propicia una mejoría en el nivel de vida de la población sustentado por una productividad creciente y la consecuente apreciación del tipo de cambio real sin pérdida de competitividad; todo ello en un entorno de menor inflación y estabilidad cambiaria.

El propósito de esta última sección es presentar un comentario sobre los retos y oportunidades futuros, partiendo de la noción de que *hay todavía mucho por hacer*, sobre todo en términos de eficiencia microeconómica e igual acceso a las oportunidades. En la primera sección, se presenta un modelo simple para ilustrar la manera en que la política económica, que forma parte del programa de Reforma del Estado, se refleja en la balanza de pagos y en los mercados financieros. Asimismo, se realiza una comparación con la situación de la economía hace 10 años. En la segunda sección, se exponen algunas reflexiones como conclusión de estas conferencias.

CUADRO V.1. *Viejos y nuevos mecanismos de transmisión*

Viejos	Nuevos
1. Escasas oportunidades de inversión para los agentes del sector privado. Presiones sociales por falta de empleos.	1. Expectativas crecientes y surgimiento de nuevas oportunidades de inversión provenientes de la desregulación, privatización y comercio exterior.
2. Gasto del gobierno para apuntalar la demanda, producción y empleo. Menor gasto en infraestructura y servicios sociales.	2. La disciplina fiscal y monetaria abre nuevos espacios para el financiamiento del sector privado en un ambiente de estabilidad de precios y cambiario. Mayor gasto en infraestructura y servicios sociales.
3. El incremento en el gasto agregado, particularmente la inversión del sector público, se traduce en un déficit comercial, ya que una gran proporción de los componentes de los nuevos proyectos se importa.	3. El incremento en el gasto agregado, particularmente la inversión privada, se traduce en un déficit comercial, ya que una gran proporción de los componentes de los nuevos proyectos privados son importados.
4. Debido a un sistema financiero incompleto y a un sistema fiscal que coloca una carga muy pesada sobre los contribuyentes, el gobierno tiene que endeudarse en el exterior para cubrir la brecha de un gasto más elevado.	4. La nueva inversión se financia a través de la repatriación de capitales y de flujos directos de inversionistas extranjeros. Se genera también un nuevo ahorro financiero como resultado de un sector financiero liberalizado. El nuevo ahorro del sector público, derivado de los efectos permanentes de la privatización y de la reforma fiscal, contribuye también a liberar recursos financieros para la expansión del sector competitivo.
5. Durante la fase de expansión se presenta una apreciación del tipo de cambio real que se traduce en desequilibrios adicionales en la cuenta corriente.	5. Durante la fase de expansión se presenta una apreciación del tipo de cambio real, al tiempo que la gente recupera su nivel de vida. Sin embargo, el incremento relativo en el precio de bienes no comerciables contra comerciables refleja incrementos en la productividad del trabajo y no una economía sobrecalentada bajo el impulso de la demanda.
6. El proceso termina con la incapacidad para seguir endeudándose en el exterior indefinidamente. El desplome se presenta bajo la forma de una devaluación masiva, recesión y elevada inflación.	6. La expansión continúa mientras que la inflación retrocede hasta niveles internacionales, como resultado de una productividad más alta y de la confianza de productores, trabajadores y consumidores. El tipo de cambio se estabiliza y cualquier otra apreciación ulterior del tipo de cambio real es esencialmente un reflejo de los diferenciales de productividad.

Revisaremos lo que hemos aprendido de lo realizado, así como de los retrocesos sufridos en nuestra experiencia de estabilización y cambio estructural. Finalmente, haremos una breve evaluación de los retos que México debe seguir enfrentando en los años venideros.

1. LOS EFECTOS MACROECONÓMICOS DE LA REFORMA DEL ESTADO

1.1 Los hechos

Aunque el proceso de ajuste macroeconómico y de cambio estructural involucra prácticamente a todos los sectores de la economía y de la sociedad, afectando con ello un gran número de variables, se podrían subrayar los efectos a largo plazo de la Reforma del Estado, tomando en cuenta cuatro elementos clave.

El primero es la cuenta corriente. En vista de que México es un país con relativa abundancia de mano de obra y escasez de capital, se esperaría que fuera un importador neto de capital. Éste fue el caso durante los años de la posguerra hasta 1983, cuando el país se convirtió en un exportador neto de

GRÁFICA V.1. *Saldo de la cuenta corriente como porcentaje del PIB*

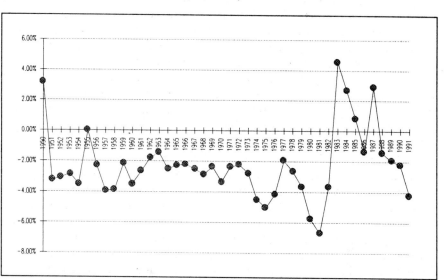

FUENTE: Banco de México.

GRÁFICA V.2. *Déficit del sector público*
como porcentaje del PIB

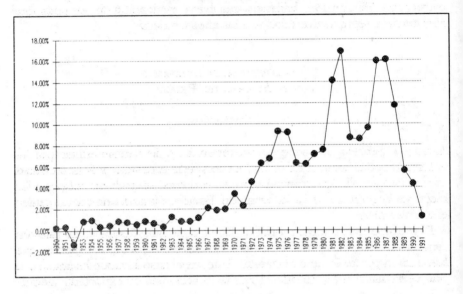

capital. Durante los años del *desarrollo estabilizador,* el déficit en cuenta corriente osciló en torno 2 y 4% del PIB, y pudo ser financiado mediante un prudente endeudamiento externo e inversión extranjera directa. A fines de la década de los setenta y principios de la siguiente, estos déficit aumentaron y se financiaron, sobre todo, mediante endeudamiento externo del gobierno, hasta que ya no fue posible conseguir crédito externo adicional. Durante la etapa de un elevado servicio de la deuda, el país tuvo que generar grandes superávit en la cuenta corriente. Esta situación se revirtió hace tres años, cuando la economía regresó a lo que debe ser la situación de *normalidad* en el largo plazo: convertirse otra vez en un importador neto de capital.

Una segunda variable es el equilibrio fiscal. Durante los años cincuenta y sesenta, las finanzas públicas se caracterizaron por un déficit muy moderado como proporción del PIB. En cambio, las décadas de los setenta y ochenta presentaron un creciente déficit del sector público que coincidió con el deterioro de las cuentas externas. El desplome de la balanza de pagos fue, en gran parte, resultado de los desequilibrios en las finanzas públicas. Desde 1989, esta fuerte correlación entre el desequilibrio externo y el desequilibrio del sector público ya no se presenta. En la actualidad, el déficit externo se incrementa a pesar del regreso a la *normalidad* de largo plazo en las finanzas públicas con un déficit fiscal inexistente.

El tercer elemento necesario para completar la descripción de la transición, es el comportamiento de la inversión privada. En una primera fase, como resultado de los incentivos brindados por las políticas de sustitución de importaciones, la inversión privada aumentó de aproximadamente 7% del PIB a cerca de 13%. Esos niveles se mantuvieron prácticamente durante 25 años, hasta la década de los ochenta, cuando la formación de capital privado cayó a sus más bajos niveles desde 1955. Este proceso contraccionista se detuvo en 1987 y desde entonces la inversión ha crecido a un ritmo notablemente superior al del PIB. En este caso, el déficit de la cuenta corriente es una consecuencia del incremento de la inversión privada y no del deterioro de las finanzas públicas.

GRÁFICA V.3. *Inversión privada como porcentaje del PIB*

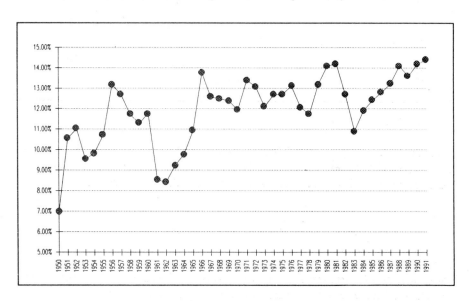

FUENTE: Banco de México.

La cuarta variable, que representa en cierto sentido el resultado neto en la balanza de pagos, es la acumulación de las reservas internacionales. En casos anteriores, los episodios de deterioro de la cuenta corriente por encima de sus tendencias históricas fueron acompañados por una significativa pérdida de reservas. En esta ocasión, el incremento en la inversión externa y la repatriación de capitales no sólo ha compensado la expansión de las importaciones, sino que ha permitido la acumulación de montos importantes de reservas. Por ejemplo, mientras que el 1o. de noviembre de 1989, las reservas

GRÁFICA V.4. *Acumulación de reservas internacionales netas como porcentaje del PIB*

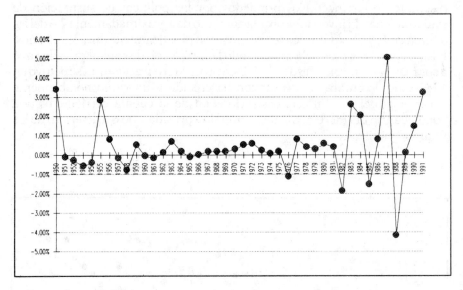

FUENTE: Banco de México.

internacionales llegaban a 7300 millones de dólares, un año después alcanzaron 8420 millones de dólares. Las reservas se duplicaron al año siguiente para llegar el 31 de octubre de 1991 a 16 700 millones de dólares.

1.2 Un modelo simple

Algunos puntos de interés sobre el nuevo comportamiento de la economía mexicana pueden presentarse con la ayuda de un modelo simple consistente de una identidad y cuatro ecuaciones de comportamiento que relacionan la inversión, la repatriación de capitales y las finanzas públicas. Estas relaciones básicas son:

a) La identidad en las cuentas nacionales (ahorro=inversión).
b) Una función que explica el comportamiento de la inversión interna privada, dependiendo del grado de estabilidad macroeconómica, del ahorro financiero disponible y del ambiente global para la inversión medido por la carga fiscal, los subsidios totales del gobierno como proporción del PIB y e! balance del sector público.
c) El nivel de ahorro financiero como función del ahorro privado interno y de la repatriación de capitales (flujos netos de capital privado menos

la inversión externa neta). El modelo supone que la inversión extranjera directa es financiada uno a uno por flujos financieros provenientes del exterior.[1]

d) Los flujos de inversión extranjera directa que dependen de la estabilidad macroeconómica, el ambiente global para la inversión medido por las mismas variables que se usan para la función de inversión interna privada, el tipo de cambio real y la situación de la economía mundial.

e) Una ecuación para los flujos de repatriación de capitales que dependen del nivel del tipo de cambio real y de los flujos de la inversión privada.

De hecho la economía descrita por esas ecuaciones es muy similar a los modelos macroeconómicos simples del tipo IS-LM, pero presentada en forma tal que ilustra los vínculos entre la inversión privada y la repatriación de capitales. En esencia, la intención del ejercicio es estudiar el cambio en esas ecuaciones, como resultado de la transformación estructural de la economía. Con el fin de simplificar el análisis, pueden tomarse la serie de reformas comentadas en los cuatro capítulos anteriores y clasificarlas en dos grupos. El primero abarca cambios institucionales tales como la liberalización financiera, mientras que el segundo se ocupa del cambio en las oportunidades de inversión. Aunque estas últimas no significan por sí un cambio en las instituciones, tienen el potencial de inducir nueva inversión y crecimiento. Entre estos factores se cuentan los *anuncios* de un acuerdo de renegociación de la deuda externa, la perspectiva de un Tratado de Libre Comercio, o la decisión gubernamental de privatizar los bancos. Este modelo básico trata de captar estas dos clases de cambios con dos variables tipo *dummy:* una que se refiere al cambio en la pendiente e intersección de las ecuaciones después de la liberalización de las tasas de interés y durante el acelerado proceso de innovación financiera; y otra que divide la muestra a mediados de 1989, cuando se dieron a conocer los eventos antes mencionados.

Comparando este modelo con el modelo keynesiano de economía abierta, las únicas variantes incluidas aquí son la especificación de una ecuación de inversión que depende del grado de ahorro financiero y una presentación más detallada de los determinantes de los flujos internacionales de capital privado.

La razón para incluir la primera variante es analizar otro ángulo del papel que desempeñan las instituciones financieras en el crecimiento económico. Pero aquí, en contraste con lo realizado en el capítulo IV, se hace hincapié en el aspecto de la inversión. Es de esperarse que cuando el incremento en la profundización financiera refleje nuevas y más eficientes instituciones se presenten oportunidades de inversión, que antes no eran viables debido a la segmentación de mercados. La razón de la segunda variación es observar las diferentes razones para el ingreso de capitales al país. Por ejemplo, se ha

[1] Veáse Sales (1991).

sostenido que, en algún periodo, las salidas y entradas de capital no tenían conexión alguna con los recursos destinados a la inversión física, sino más bien estaban relacionados con la especulación financiera, y por tanto, ninguna entrada de capital se podría considerar como permanente. En consecuencia, lo que está por probarse es si el ingreso de flujos privados de capital del exterior (ya sean recursos propios del inversionista o créditos obtenidos en el exterior) se utilizan para emprender actividades productivas, financiando *automáticamente* con ello las importaciones vinculadas con esa nueva inversión.

Las definiciones y resultados de la estimación de este modelo se muestran en los siguientes cuadros:

CUADRO V.2. *Un modelo simple de financiamiento a la inversión privada para la economía mexicana*

Muestra: Datos mensuales de enero de 1980 a abril de 1991.
Método: Máxima verosimilitud.

Definiciones:

IP	Inversión privada/ PIB. Se utiliza el índice de inversión privada del Banco de México. El PIB mensual se interpola con el PIB trimestral del INEGI.
AFIN	Ahorro financiero/ PIB. El ahorro financiero se define por el cambio en M4. Las series se elaboraron con información del Banco de México.
INF	Tasa anualizada de inflación. Fuente: Banco de México.
SUBSI	Subsidios más transferencias del Gobierno Federal/PIB. Fuente: DGPH. Secretaría de Hacienda.
DEF	Déficit del sector público/ PIB. Fuente: DGPH, Secretaría de Hacienda.
AIP	Ahorro interno privado/PIB. A partir de la identidad de las Cuentas Nacionales se calculó como IP + DEF -RCP.
RCP	Repatriación de capitales/PIB. Definido como la cuenta de capitales privados de la balanza de pagos, menos la inversión extranjera directa, más errores y omisiones, todo dividido entre el PIB. Fuente: Banco de México.
IE	Inversión extranjera directa/PIB. Fuente: Banco de México.
TCR	Tipo de cambio real, definido como el tipo de cambio nominal multiplicado por el nivel de precios externos, dividido entre el nivel de precios internos. Índice 1970=100. Fuente: Banco de México.
MERC	Tasa de desempleo de los Estados Unidos. Fuente: Oficina de Estadísticas Laborales.
DUM1	Variable *dummy* que es igual a cero de enero de 1980 a diciembre de 1982, e igual a 1 de enero de 1983 en adelante.
DUM2	Variable *dummy* que es igual a cero de enero de 1980 a mayo de 1989, e igual a 1 de junio de l989 hasta abril de 1991.
CFIS	Ingresos fiscales/ PIB. Fuente: DGPH, Secretaría de Hacienda.
CREC	Tasa anual de crecimiento del PIB, elaborada con información del Banco de México e INEGI.

CUADRO V.2.1. *Resultados de la ecuación 1*

Variable dependiente: IP	Coeficiente	Estadístico-t
Constante	0.46	4.32
AFIN	-0.24	-8.04
AFIN*DUM1	0.48	2.60
CREC	0.083	1.95
CFIS	-0.14	-1.99
SUBSI	0.019	0.08
DEF*DUM1	-0.19	-1.50
IP(-1)	0.67	-5.5
R^2= 0.85		

CUADRO V.2.2. *Resultados de la ecuación 2*

Variable dependiente: AFIN	Coeficiente	Estadístico-t
Constante	-0.068	-4.65
AIP	0.464	4.02
RCP	0.80	2.98
AFIN(-1)	0.42	2.01
R^2= 0.93		

CUADRO V.2.3. *Resultados de la ecuación 3*

Variable dependiente: IE	Coeficiente	Estadístico-t
Constante	0.003	3.16
DUM2	0.001	1.43
INF	-0.001	-0.042
CFIS	0.03	0.69
SUBSI	0.02	0.59
TCR	0.04	2.90
MERC	-0.01	-1.45
IE(-1)	0.45	9.50
R^2= .69		

CUADRO V.2.4. *Resultados de la ecuación 4*

Variable dependiente: RCP	Coeficiente	Estadístico-t
Constante	.025	2.70
DUM2	-0.021	-1.29
IP	0.086	0.93
IP*DUM2	0.92	2.60
TCR	0.0005	3.10
DEF	-0.176	-2.12
RCP(-1)	0.35	6.43
$R^2 = .81$		

Para probar la presencia de cambio estructural, se podría partir de un modelo básico que corresponde a la economía antes del cambio en la política económica y comparar los resultados con los obtenidos una vez realizado dicho cambio.

Graficando los resultados de los cuadros V.2.1 a V.2.4, con un valor de cero para ambas variables *dummy*, se obtiene la figura V.5. Esta gráfica revela algunas características interesantes de la economía mexicana antes del proceso de cambio estructural. La ecuación 1 se traza en el cuadrante superior izquierdo y muestra que antes de la liberalización de las tasas de interés, la inversión privada mantuvo una relación negativa con el nivel de ahorro financiero. La razón de ello es que, en el contexto de mercados financieros segmentados, el incremento en el ahorro financiero se debe sobre todo a los efectos del impuesto inflacionario,[2] y no a la intermediación financiera. Esto significa también que las empresas que habían recurrido al financiamiento con recursos propios para llevar a cabo sus proyectos verían que estos fondos les fueron extraídos para financiar los desequilibrios gubernamentales.

La ecuación 2 se muestra en el cuadrante inferior izquierdo. Como se esperaba, la profundización financiera depende esencialmente de los niveles de ahorro interno y también de la repatriación de capitales. Cabe hacer aquí un comentario interesante en el sentido de que el capital que se canaliza directamente al sistema financiero, en un contexto de represión financiera, no necesariamente se traduce en inversión, sino que forman parte de una porción "especulativa" de la cartera de las empresas.

La combinación de las ecuaciones 1 y 2 resulta en la ecuación I=I(RC), con pendiente negativa, graficada en el primer cuadrante.[3]

---

[2] El ahorro financiero definido como $[M(t)-M(t-1)]/PIB(t-1)$ puede dividirse en dos términos, el cambio en el nivel de intermediación económica: $[M(t)/PIB(t)]-[M(t-1)/PIB(t-1)]$; más los ingresos provenientes del impuesto inflacionario (en una economía sin crecimiento): $[M(t)/PIB(t)]*$ [tasa de crecimiento del PIB nominal].

[3] La ecuación 3 y la identidad en las cuentas nacionales entran en el ejercicio cuando se sustituyen en la ecuación 2 (véase definición de AIP arriba).

Finalmente, la ecuación 4 muestra que en el modelo básico, los flujos de repatriación de capitales y de fuga de capitales estaban más ligados con la especulación financiera que con las decisiones de inversión (la elasticidad de repatriación de capitales con respecto a la inversión no es significativamente diferente a cero). En consecuencia, los dólares regresarían como respuesta a una reducción del déficit fiscal, o después de una devaluación, para hacer frente a problemas de liquidez, pero no debido a la existencia de mejores oportunidades de inversión.

GRÁFICA V.5. *Modelo básico*

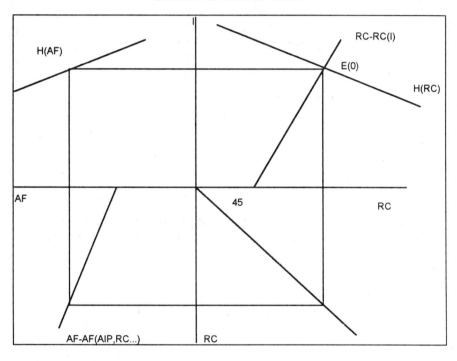

Este sistema estructural de ecuaciones representa el viejo mecanismo de transmisión. La forma en que funciona puede verse en el ejercicio de estática comparativa de las figuras V.6 y V.7. Por ejemplo, un incremento en el déficit presupuestal desplazaría la inversión y propiciaría la fuga de capitales.

Realizando un ejercicio de lo que ocurriría al incrementarse en un punto porcentual del PIB el déficit público, el resultado es un descenso de la inversión en la misma proporción, el monto de la fuga de capitales aumentaría y sólo una fracción del financiamiento de ese déficit provendría del ahorro interno (40%). La conclusión es que, por cada peso de déficit adicional, 60 centavos tendrían que ser financiados con

GRÁFICA V.6. *Efectos de un incremento en el déficit fiscal*

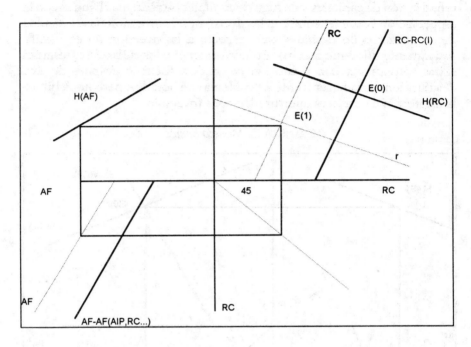

GRÁFICA V.7. *Efectos de un incremento de un punto porcentual del PIB en el déficit presupuestal, según el viejo mecanismo de transmisión (simulación)*

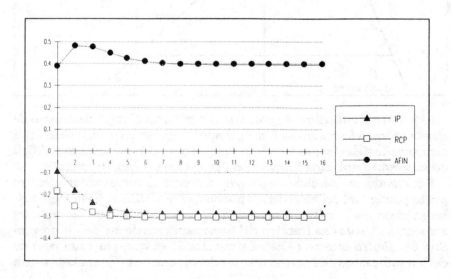

endeudamiento externo. Como ya se ha reiterado, esta situación terminó por imponer una limitante al crecimiento de la economía en el largo plazo.

El nuevo mecanismo de transmisión se muestra en la figura V.8. La posición y pendiente de las curvas considera ahora los efectos del cambio estructural de acuerdo con los coeficientes de las variables *dummy* y de los términos de interacción. Estos nuevos coeficientes revelan por lo menos tres hechos importantes. Primero, después de la liberalización financiera, la inversión está positivamente correlacionada con incrementos en el componente del ahorro financiero adicional no determinado por los incrementos en el déficit presupuestal. (La elasticidad de la inversión con respecto al déficit presupuestal se torna significativamente negativa, a un nivel de significancia de 5% después de 1983). Esto implica que el avance en la *profundización* financiera, resultante de la creación de nuevos instrumentos, permite a las empresas obtener cada vez más recursos por medio de los mercados de dinero y de capitales para poner en marcha proyectos de inversión viables.

GRÁFICA V.8. *El nuevo mecanismo de transmisión-efecto de una mejora en las expectativas en una economía con mercados financieros liberalizados*

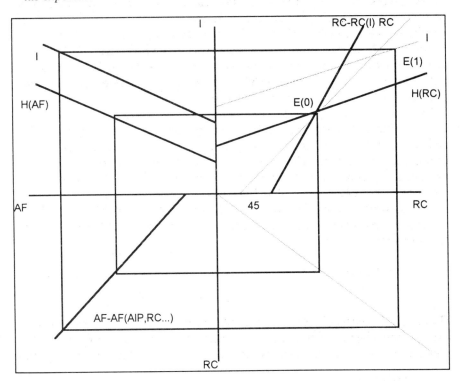

Una segunda observación es que los flujos de capital privado se encuentran vinculados con la inversión real y no sólo con la especulación financiera. Esto queda claro por el hecho de que el coeficiente de la inversión en la ecuación 4, que no era significativamente diferente de cero antes del cambio estructural de 1989, se convierte después en positivo. Este último resultado es tal vez lo más notable del nuevo mecanismo de trasmisión, porque muestra que cualquier incremento en la inversión privada es financiada en su totalidad por la repatriación de capitales (y/o por endeudamiento externo adicional), porque el coeficiente de corto plazo es 1.08 y la elasticidad a largo plazo es 1.6. La diferencia implica acumulación de reservas internacionales. En términos de la figura V.8, el efecto de la política económica adecuada se muestra en el incremento de la elasticidad-inversión en la ecuación de los flujos de capital privado, y mediante el "brinco" en el nivel de la inversión privada exógena.

El ejercicio descrito en la figura V.8 corresponde al efecto de una mejoría en las expectativas de los inversionistas en el nuevo mecanismo de transmisión. Un ejemplo de esto podría ser el anuncio del comienzo de las negociaciones sobre el Tratado de Libre Comercio de América del Norte que, antes aun de cualquier cambio en las condiciones objetivas de los negocios, se traduce en nueva inversión en aquellas empresas que desean tener una posición de avanzada una vez que concluyan las negociaciones. De esta manera, los resultados del modelo estimado ilustran cómo, en los últimos meses, la *perspectiva* de un mayor comercio internacional ha promovido la inversión, que se financia de manera automática con flujos de capital privado del exterior, y ha permitido que la política cambiaria continúe siendo congruente con los objetivos de una menor inflación.

Un tercer hecho es que dentro del nuevo marco institucional, incrementos en otros elementos de la demanda agregada, como un aumento en el déficit público, tendrían un impacto negativo menor sobre la inversión y el endeudamiento externo. Esta vez la expansión de un punto porcentual del PIB en el déficit público sería financiada, en *equilibrio*, en un 60% con recursos internos y en un 40% con endeudamiento externo.

En resumen, el modelo confirma lo que habían sugerido los hechos estilizados: la economía mexicana funciona de modo muy diferente de como lo hacía antes.

2. Transformación económica y crecimiento de largo plazo: los retos futuros

Hace algún tiempo, Albert Hirschman[4] afirmó que el desarrollo era semejante a un rompecabezas: es más fácil acomodar una pieza cualquiera cuando las piezas más cercanas ya se encuentran acomodadas, mientras que resulta muy

---

[4] Hirschman (1958).

difícil colocar piezas cuando sólo una cercana se encuentra en su lugar. Esta inteligente analogía evoca dos principios económicos muy importantes que tanto los académicos como los encargados de la política económica están redescubriendo, conforme avanzamos de la década de ajuste a una nueva época de reforma y crecimiento. El primero es que en los inicios de la experiencia de desarrollo, cuando una economía no es más que una colección de mercados y regiones fragmentados, el establecimiento de instituciones gubernamentales, la construcción de infraestructura, así como la participación directa del Estado en algunas áreas de la economía, *no sólo es un requisito deseable sino indispensable para poner en marcha el proceso de desarrollo.*

GRÁFICA V.9. *Simulación del incremento de un punto porcentual del* PIB *en el déficit presupuestal, en el nuevo mecanismo de transmisión*

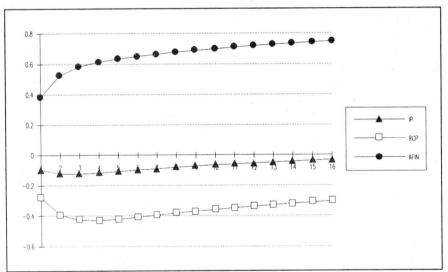

El segundo principio va más de acuerdo con las recientes teorías del crecimiento económico endógeno.[5] Este principio refleja la idea de que la apertura de oportunidades de inversión a través de cambios en el entorno en que los individuos trabajan, ahorran e invierten, crea y al mismo tiempo revela oportunidades de inversión adicionales. En el ejemplo de Hirschman, una vez que se ha resuelto la parte más difícil del rompecabezas, parece como si las siguientes piezas comenzaran a caer casi automáticamente en su sitio. Lo que esto significa para el papel del Estado en el desarrollo económico es que después de algún tiempo de proteccionismo e intervención gubernamental debería esperarse que el crecimiento ya no

[5] Véanse, por ejemplo, Scott (1991), Lucas (1988), Romer (1989).

respondiera tan intensamente a una mayor participación gubernamental como sucede en las etapas muy tempranas de industrialización. Además, esta analogía conlleva la noción de que una vez que se encuentra en su lugar el marco institucional básico, resultaría más fácil para la sociedad civil encontrar mejores caminos para crecer cuando sus autoridades, en vez de participar directamente en las actividades productivas, están dispuestas a abrir nuevas oportunidades de inversión y pueden hacerlo, a través de la desregulación, la privatización, la liberalización comercial y, en general, ofreciendo un ambiente favorable para la competencia.

Analizando la experiencia mexicana desde el punto de vista de estos dos principios, se puede tener una visión más amplia de nuestra historia y colocar en perspectiva la naturaleza e importancia de todos los cambios de la última década. Por ejemplo, en los años que siguieron a la Revolución Mexicana, e inclusive durante los años inmediatamente posteriores a la segunda Guerra Mundial, el país era muy diferente de lo que es en la actualidad. En esa época, la economía y la sociedad mexicanas estaban geográfica y económicamente fragmentadas y carecían de las instituciones necesarias que las articularan en la enorme tarea de reconstrucción y crecimiento. Sin embargo, la generación de nuestros padres fue capaz de visualizar la naturaleza de los papeles del Estado y de la sociedad civil en una forma que fuera posible crecer rápidamente dentro de un entorno de estabilidad de precios. De hecho, puede afirmarse que, por algún tiempo, las instituciones subyacentes al "viejo mecanismo de transmisión" *sirvieron efectivamente para crear un mercado interno*, sentar las bases para el surgimiento de una clase media en expansión y proporcionar las condiciones adecuadas para el comienzo de un sector industrial. De este modo, entre 1950 y 1970 México fue capaz de alcanzar lo que se conoció como *el milagro económico* de crecer a una tasa anual promedio de 6.6 por ciento con inflación de 4.5 por ciento.

Los cambios institucionales que se encuentran detrás del nuevo mecanismo de trasmisión son a su vez la respuesta de nuestra generación al desafío del desarrollo en un nuevo contexto económico. En el México de hoy, el motor de nuestros esfuerzos es el mismo nacionalismo que impulsó a nuestros padres, pero esta vez ocurre en respuesta al riesgo de quedar marginados del proceso de la nueva integración mundial. El ejemplo de otras naciones y nuestra propia experiencia nos ha llevado a percatarnos del enorme costo que implica tratar de evitar el cambio y de volver la vista solamente hacia adentro, mientras que somos testigos también de la esperanza de alcanzar un mayor nivel de bienestar económico. Nosotros como país hemos llegado a la conclusión de que no es cerrando las puertas y pretendiendo ignorar lo que sucede en el exterior como aseguraremos una mayor independencia económica. Así, México está promoviendo sus intereses esenciales cuando establece nuevos lazos con el resto del mundo.

GRÁFICA V.10. *Tasa real de crecimiento del PIB (1951-1991)*

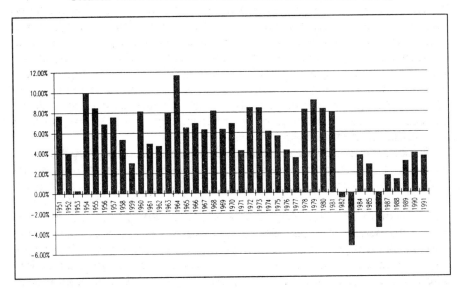

FUENTE: Banco de México e INEGI.

GRÁFICA V.11. *Tasa anual de inflación (1951-1991)*

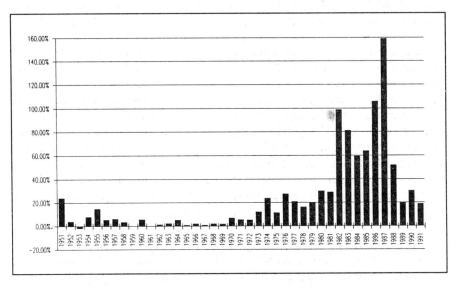

FUENTE: Banco de México.

Existen razones para ser optimistas ante el futuro porque sabemos que fuimos capaces de crecer con estabilidad en el pasado y porque los resultados alcanzados hasta ahora nos han demostrado que el esfuerzo del ajuste y la confianza entre todos los sectores de la sociedad mexicana pueden realmente traducirse en progreso económico y social. Mientras que hace cuatro años el país estaba en una trayectoria hacia la hiperinflación y la recesión, hoy en día la inflación se encuentra por debajo del rango de 20 por ciento anual y la expansión en los niveles de actividad refleja la renovada confianza de los mexicanos, y de los extranjeros, en nuestra capacidad para responder a circunstancias desfavorables.

No obstante, existe todavía un largo camino por recorrer. Para reducir la inflación a niveles internacionales y asegurarse que el progreso es soste-nido y justo, es importante desplazar el énfasis de la política macroeco-nómica de corto plazo para situar la agenda de la política económica en los aspectos de desarrollo de largo plazo. A la fecha, debido a los esfuerzos de ajuste realizados en el pasado, no sólo es posible sino necesario instru-mentar medidas para incrementar las tasas de ahorro e inversión tanto en capital humano como físico, emplear mejores tecnologías, actualizar nuestros métodos de organización productiva y lograr la erradicación de la pobreza. En consecuencia, no hay duda de que para responder al reto de nuestro proyecto nacional consagrado en la Constitución, México tendrá que continuar la tarea de modernización por muchos años, con el mismo vigor que lo ha hecho hoy bajo el liderazgo del Presidente Salinas de Gortari.

Observando los fundamentos del crecimiento económico, para producir más necesitaremos usar óptima y plenamente los factores de la producción utilizando las mejores tecnologías y procesos para lograr constantes aumentos en la eficiencia. La agenda económica para los próximos años tendrá que centrarse en los esfuerzos requeridos para continuar con una profunda reforma microeconómica encaminada tanto a la eficiencia económica como una mejor distribución del ingreso y de las oportunidades. La responsabilidad para llevar a cabo dicha agenda tendrá que recaer tanto en el sector público como en el privado. El gobierno seguirá teniendo la obligación de ofrecer mejores servicios educativos y de salud, y de establecer un marco regulatorio que garantice la adecuada operación de los mercados. Por el lado del sector privado, las empresas y los trabajadores tendrán que poner en marcha con un gran sentido de urgencia verdaderos *pactos microeconómicos* para incrementar la productividad y el ahorro sobre bases sostenibles.

Para edificar el México previsto por nuestra Constitución, la educación tendrá que seguir siendo una prioridad para el gobierno y para la sociedad, de tal manera que fortalezca la integración nacional, se convierta en un instrumento de justicia para abrir oportunidades donde no existen, pre-serve nuestra identidad cultural y al mismo tiempo proporcione a la base productiva trabajadores calificados y dotados de las habilidades requeridas para ser competitivos en la economía global. Es necesario recordar que el gasto en educación, al incrementar el nivel cultural y la capacitación para el trabajo de los grupos menos favorecidos, crea riqueza permanente que por sí misma genera oportunidades de mejor trabajo e ingreso. La reorientación del gasto público en esta área incrementa la movilidad social y provoca que la riqueza actual y la concentración del ingreso sean menos permanentes y pronunciados.

Para apoyar la inversión requerida para crecer y para crear más empleos permanentes, será necesario incrementar la tasa de ahorro interno mediante mecanismos que posibiliten el ahorro de los trabajadores y de las clases medias. En el futuro, el sistema financiero tiene que acercarse más a las demandas del público, para convertirse en un instrumento abierto y justo que permita a los mexicanos ahorrar con el propósito de disfrutar de un retiro digno, enfrentar el difícil problema de la vivienda y lograr que las ideas y los proyectos de inversión y desarrollo de empresas pequeñas y grandes se conviertan en una realidad en cada una de las regiones del país.

Como lo manifestó el Presidente Salinas en su Informe de Gobierno de noviembre de 1991, en los años venideros tendremos que trabajar muy duro para modernizar el sector agrícola, destinar recursos adicionales para dotarlo de activos productivos y crear opciones para la producción y alternativas de asociación, respetando al mismo tiempo la integridad de los ejidos, comunidades, poblados y otros tipos de asentamientos rurales que cada vez se vuelven más participativos y fundan sobre bases sanas su desarrollo económico.

El papel estratégico de la ciencia y la tecnología en el proceso de modernización nacional será cada vez más importante conforme México completa la transición de la inestabilidad al crecimiento. Para convertirse y continuar siendo competitivos en precio y calidad en la economía global, el gobierno y la sociedad tendrán que canalizar recursos adicionales para promover la investigación básica y aplicada, con el fin de detener el éxodo de muchos de nuestros científicos y de desarrollar la capacidad de investigación de nuestra industria.

Nuestra política industrial tendrá también que responder al nuevo papel de la sociedad civil en la economía. Una vez terminada la privatización, el siguiente paso es asegurarse de que los beneficios de la competencia se materialicen a través de una mejor asignación de recursos y una más justa distribución del ingreso. Los avances en la desregulación para abatir las barreras a la entrada y una política antimonopólica eficaz que asegure para todos las mismas oportunidades de alcanzar el éxito en el mercado, no representan simplemente un asunto de eficiencia económica, sino también de justicia social.

El proceso de Reforma del Estado no llegará a su punto culminante sino hasta cuando ninguna familia mexicana viva por debajo de un nivel que satisfaga todas sus necesidades básicas. Esto significa que el proceso de consolidación de las finanzas públicas mediante la disciplina en el gasto y el cumplimiento de nuestras obligaciones fiscales tendrá que seguir siendo la clave de nuestra estrategia de desarrollo, en la medida en que a partir del ajuste presupuestal ha sido posible prestar atención a las demandas más apremiantes de la sociedad. Nuestra generación tiene el compromiso de llevar luz a los hogares oscuros ofreciéndoles servicio eléctrico, mejorar las condiciones insalubres instalando sistemas de agua potable y alcantarillado, promoviendo una actitud de excelencia en los servicios de educación y salud, corrigiendo problemas de seguridad pública mediante alumbrado y pavimentación de las calles, y la mejor impartición de justicia.

La Reforma del Estado ha significado la transformación de un gobierno paternalista en una autoridad que gobierna para todos sin distinciones ni excepciones, pero que trabaja especialmente en favor de los que menos tienen. Se trata de una reforma que implica un gobierno que trabaje sin descanso en la adopción de medidas realistas sin olvidar lo mucho que está por hacerse con lealtad a la nación.

Desde una perspectiva histórica, México ha realizado grandes hazañas durante su historia. Hoy en día, la sociedad civil y su gobierno, democráticamente más fuerte y al mismo tiempo más ágil, están encontrando una nueva vitalidad y determinación para tener un progreso todavía mayor, con nuestras aspiraciones firmemente encaminadas hacia un futuro mejor.

REFERENCIAS BIBLIOGRÁFICAS

Hirschman, Albert, *The Strategy of Economic Development*, New Haven, Yale University Press, 1958.
Lucas, Robert, "On the Mechanism of Economic Development", *Journal of Monetary Economics*, 22, 1988, pp. 3-42.
Romer, Paul, *Increasing Returns and New Developments in the Theory of Growth*, Documento de Trabajo 3098: 1-37 NBER, 1989.
Sales, Carlos, *On the Determinants of Foreign Investment in Mexico*, mimeo., Universidad de Harvard, 1991.
Scott, M, *A New View of Economic Growth*, Documentos para discusión 131 del Banco Mundial, Washington D.C., Banco Mundial, 1991.

ÍNDICE DE GRÁFICAS Y CUADROS

CAPÍTULO I

GRÁFICAS   I.1   *Tasa anual de crecimiento del PIB (1951-1991)* 20

I.2   *Tasa anual de inflación (1951-1991)* 21

CUADROS   I.1   *Indicadores macroeconómicos (1978-1991)* 23

I.2   *Indicadores de las finanzas públicas* 23

I.3   *Índice del tipo de cambio real efectivo (1970=100)* 24

I.4   *Balanza de pagos* 25

I.5   *Balanza comercial* 25

I.6   *Índices de empleo y salarios reales (1982=100)* 26

I.7   *El Pacto (cronología)* 31

GRÁFICA   I.3   *Superávit primario (porcentaje del PIB)* 34

CUADROS   I.8   *Calendarización de las finanzas públicas* 35

I.9   *Indicadores de las finanzas públicas (porcentaje del PIB)* 36

I.10   *Indicadores del costo de la deuda externa mexicana (porcentaje del PIB)* 39

GRÁFICAS   I.4   *Vencimiento promedio de la deuda gubernamental* 40

I.5   *Tasas de CETES a 28 días* 41

CUADROS   I.11   *Variables monetarias* 42

I.12   *Cambios porcentuales en los saldos del financiamiento del Banco de México al sector público no financiero (en términos reales)* 44

GRÁFICA   I.6   *Índice de escasez (meses después de la aplicación del programa)* 45

CUADRO   I.13   *Dinámica de la apertura comercial* 46

GRÁFICA   I.7   *Nivel de precios de los bienes comerciables y no comerciables* 47

CUADRO   I.14   *Balanza comercial (variaciones porcentuales con respecto al año anterior)* 48

GRÁFICAS   I.8   *Inflación (diciembre-diciembre)* 49

I.9   *Tasa de inflación mensual anualizada (1982-1991)* 50

I.10   *Producto interno bruto (tasa de crecimiento anual)* 51

I.11   *Actividad industrial (índice ajustado por estacionalidad)* 52

CUADRO   I.15   *Empleo y actividad económica* 53

GRÁFICA   I.12   *Trabajadores asegurados permanentemente por el IMSS (tasa de crecimiento anual)* 54

CUADROS   I.16   *Tasa acumulada del crecimiento anual del índice de salarios reales del sector manufacturero* 54

I.17   *La opinión pública y el Pacto (porcentaje de respuesta)* 55

CAPÍTULO II

GRÁFICAS II.1 *Comparación internacional de la distribución del ingreso y el crecimiento* 63

II.2 *Tipo de cambio nominal (pesos por dólar)* 67

CUADRO II.1 *Indicadores financieros de México (1951-1991)* 69

GRÁFICA II.3 *Tipo de cambio real (índice)* 70

CUADROS II.2 *Comparaciones internacionales de tasas de ahorro e inversión (1980-1989)* 73

II.3 *Comportamiento de la inversión y del ahorro en México (1950-1990)* 75

GRÁFICAS II.4 *Rendimiento real anualizado de Certificados de Tesorería a 30 días* 76

II.5 *Profundización financiera (M4/producción industrial)* 77

CUADRO II.4 *Cambios porcentuales en los saldos del financiamiento del Banco de México al sector público no financiero* 84

GRÁFICA II.6 *Crédito del Banco de México al sector público no financiero* 85

CUADROS II.5 *Marco de financiamiento para micro y pequeñas empresas* ... 88

II.6 *Programa de micro y pequeñas empresas de Nafinsa en cifras (1991)* 91

II.7 *Principales características de las reformas fiscales anteriores* 97

II.8 *Estructura fiscal (1925-1990)* 98

GRÁFICA II.7 *Tasa al Impuesto sobre la Renta. A. Personas Físicas B. Personas Morales* 98

CUADROS II.9 *Comparación de la estructura del Impuesto sobre la Renta* ... 99

II.10 *Esquema de depreciación acelerada fuera de las grandes zonas metropolitanas* 102

II.11 *Ingresos fiscales como proporción del PIB* 104

II.12 *Gasto social del gobierno federal* 106

II.13 *Programa Nacional de Solidaridad: los hechos (1989-1991)* . 108

CAPÍTULO III

CUADROS III.1 *Endeudamiento público externo (1965-1991)* 114

III.2 *Evolución de la deuda externa total (1976-1982)* 115

III.3 *Finanzas del sector público* 115

GRÁFICA III.1 *Causas del sobreendeudamiento externo (1979-1981)* 117

CUADRO III.4 *Indicadores de la balanza de pagos* 118

GRÁFICAS III.2 *Deuda económica externa del sector público (porcentaje del PIB)* 121

III.3 *Valor presente de los flujos de un bono de descuento Brady (centavos por dólar de su valor nominal)* 125

CUADRO   III.5   Valuación de las opciones de la reducción de deuda y de la
                    reducción del servicio de la deuda (por dólar) 126
GRÁFICAS   III.4   Precio de la deuda mexicana en el mercado secundario 127
           III.5   Estructura de la respuesta de los bancos comerciales al menú
                    presentado por México y el comité asesor de bancos 128
           III.6   Reducción de los flujos del servicio de la deuda resultantes del
                    convenio con los bancos comerciales 128
CUADRO   III.6   Emisiones mexicanas seleccionadas en los mercados fi-
                    nancieros 129
GRÁFICA   III.7   Deuda económica externa total (porcentaje del PIB) 130
CUADROS   III.7   Comparación de la producción óptima en una economía
                    cerrada y en una economía abierta 135
           III.8   Valor de las importaciones sujetas a permisos 138
           III.9   Estructura arancelaria 138
           III.10   Principales socios comerciales de México (1990) 139
           III.11   Inversión extranjera total 142
GRÁFICA   III.8   Inversión extranjera acumulada por país 143

CAPÍTULO IV

CUADROS   IV.1   Evolución del sector paraestatal en México (1920-1982) 156
           IV.2   Indicadores de las actividades del sector paraestatal
                   (porcentaje del PIB) 157
           IV.3   Precio obtenido por la venta de los bancos comerciales 181
           IV.4   Ingresos provenientes de la privatización de los bancos
                   comerciales 181
GRÁFICA   IV.1   Número de empresas paraestatales (1982-1991) 183
CUADRO   IV.5   Proceso de desincorporación del sector paraestatal 184
GRÁFICA   IV.2   PIB del sector paraestatal entre el PIB total 184
CUADROS   IV.6   Las diez compañías paraestatales vendidas con el mayor
                   número de empleados 185
           IV.7   Ingresos no recurrentes provenientes de la privatización 185
           IV.8   Subsidios y transferencias del gobierno federal al sector
                   paraestatal (proporción del PIB) 187
           IV.9   Fondo de contingencia (a noviembre de 1991) 187

CAPÍTULO V

CUADRO   V.1   Viejos y nuevos mecanismos de transmisión 192
GRÁFICAS   V.1   Saldo de la cuenta corriente como porcentaje del PIB 193
           V.2   Déficit del sector público como porcentaje del PIB 194
           V.3   Inversión privada como porcentaje del PIB 195
           V.4   Acumulación de reservas internacionales netas como por-
                  centaje del PIB 196

Cuadros   V.2   *Un modelo simple de financiamiento a la inversión privada para la economía mexicana* 198
V.2.1 *Resultados de la ecuación 1* 199
V.2.2 *Resultados de la ecuación 2* 199
V.2.3 *Resultados de la ecuación 3* 199
V.2.4 *Resultados de la ecuación 4* 200
Gráficas V.5   *Modelo básico* 201
V.6   *Efectos de un incremento en el déficit fiscal* 202
V.7   *Efectos de un incremento de un punto porcentual del PIB en el déficit presupuestal, según el viejo mecanismo de trasmisión (simulación)* 202
V.8   *El nuevo mecanismo de transmisión - efecto de una mejora en las expectativas en una economía con mercados financieros liberalizados* 203
V.9   *Simulación del incremento de un punto porcentual del PIB en el déficit presupuestal, en el nuevo mecanismo de transmisión* 205
V.10 *Tasa real de crecimiento del PIB (1951-1991)* 207
V.11 *Tasa anual de inflación (1951-1991)* 207

ÍNDICE

Prefacio 9

I. Ajuste macroeconómico y concertación social:
El programa de estabilización en México (1983-1991) 13

II. Reforma financiera y fiscal 62

III. Cambio estructural del sector externo 111

IV. Reflexiones en torno a la experiencia mexicana de privatización 154

V. Perspectivas económicas de México:
El «nuevo mecanismo de transmisión» 190

Índice de gráficas y cuadros 211

Esta edición, cuya composición realizaron *Mario Daniel Medina* y *Angelina Peña Urquieta* en el Taller de Composición Electrónica del Fondo de Cultura Económica, y cuyo cuidado estuvo a cargo de *Rogelio Villarreal*, se terminó de imprimir en agosto de 1993 en los talleres de Jiménez Editores, 2º Callejón de Lago Mayor 53, Col. Anáhuac, México, D. F. El tiro fue de 5 000 ejemplares.